新编大学生体育与健康

主　审　吕　海
主　编　肖随龙　彭　林　幸世宇
副主编　梁凤云　刘金瑶　黄　河
参　编　孙维增　罗贤吉　李健宁

北京理工大学出版社
BEIJING INSTITUTE OF TECHNOLOGY PRESS

内 容 简 介

本书在汲取国内外先进的专业理论和方法的基础上，结合多年来教学改革的成功经验进行课程建设创新，构建本书的教学体系，力求以最新的理论知识，最科学的学习方法引导学生，并在内容选取上注重将健身与文化相结合。本书共17章，第一章至第八章为理论部分，包括体育与健康概述、体育锻炼与健康、科学锻炼身体和自我医务监督与评价、体育卫生与营养保健、常见运动损伤、疾病的预防与处置、奥林匹克运动、《国家学生体质健康标准》测试的操作方法、体育欣赏；第九章至第十七章主要简述了篮球、排球、足球、羽毛球、乒乓球、田径运动、户外运动、攀岩运动、健美操的基本技术与竞赛规则。

本书体系新颖、内容精练、科学性强、实用性强，适合用作普通高等院校本专科各专业公共体育课程的教材，也可供相关专业人员和广大体育爱好者学习参考。

版权专有　侵权必究

图书在版编目（CIP）数据

新编大学生体育与健康/肖随龙，彭林，幸世宇主编.—北京：北京理工大学出版社，2019.7（2021.7 重印）

ISBN 978-7-5682-7296-4

Ⅰ.①新…　Ⅱ.①肖…　②彭…　③幸…　Ⅲ.①体育-高等职业教育-教材②健康教育-高等职业教育-教材　Ⅳ.①G807.4②G717.9

中国版本图书馆 CIP 数据核字（2019）第 151197 号

出版发行 /	北京理工大学出版社有限责任公司
社　　址 /	北京市海淀区中关村南大街 5 号
邮　　编 /	100081
电　　话 /	（010）68914775（总编室）
	（010）82562903（教材售后服务热线）
	（010）68948351（其他图书服务热线）
网　　址 /	http：//www.bitpress.com.cn
经　　销 /	全国各地新华书店
印　　刷 /	涿州市新华印刷有限公司
开　　本 /	787 毫米×1092 毫米　1/16
印　　张 / 17.5	责任编辑 / 江　立
字　　数 / 405 千字	文案编辑 / 江　立
版　　次 / 2019 年 7 月第 1 版　2021 年 7 月第 6 次印刷	责任校对 / 周瑞红
定　　价 / 36.00 元	责任印制 / 施胜娟

图书出现印装质量问题，请拨打售后服务热线，本社负责调换

出 版 说 明

科技的全面创新和现代社会的迅猛发展，反映了科学理论对新技术的指导作用以及科技对现代社会发展的推动作用。面临着这个难得的机遇和挑战，我国高等教育正进一步深化改革，进行教育理念和教学模式的转变，充分发掘学生的综合能力，构建现代教学模式，并扎实推动基础教育的改革方向。

为顺应我国教育改革方向，服务国家战略全局，本套书以提高毕业生综合素质、提高就业率为出发点，结合当今企事业单位对高校毕业生的要求，强调高校学生综合素质的全面提升；并强调以服务为宗旨，努力提升服务社会的能力和水平，实现了优质教育资源的跨区域共享。

图书定位：

本套教材在内容设置上不断拓展思路，推陈出新。作者依据科学的调研数据及准确的数据分析，编写出全面提升当今大学生综合素质的教材内容；强调在能力培养上突出创新性与实践性，注重学生的自主性及学生发展的全面性。这既是高素质人才培养规律的要求，也是突破教学资源"瓶颈"的有效举措。

图书特色：

- 以就业为导向，培养学生的实际应用能力。
- 以人才培养为中心，围绕学生的全面发展制订内容。
- 以内容为核心，注重形式的灵活性，以便学生易于接受。
- 以提高学生综合素质为基础，注重对学生理论知识体系的构建。

读者定位：

本系列教材主要面向全国高等学校在校教师以及学生。

丛书特色：

- 层次性强。各教材的编写严格按照由浅及深，循序渐进的原则，突出重点、难点，以提高学生的学习效率。
- 实用性强。丛书有较强的指导性，使学生对知识有较准确的把握。
- 先进性强。丛书引进国内外先进的教学理念，使学生在对基础知识有明确了解的同时，提高自主创新能力。

北京理工大学出版社有限责任公司

前　言

作为全面发展教育的重要组成部分，体育在大学教育中有着至关重要的地位和意义。大学阶段是学生人生观和价值观形成的关键时期，这一时期所形成的观念和养成的习惯对于大学生今后的人生有着重要的意义。相对来说，大学校园里有着较为完善的体育锻炼设施和较好的体育锻炼氛围，学生则有着比较充足的时间，因此大学生在校期间应该积极锻炼身体、努力学习体育技能，养成良好的体育锻炼习惯，形成终身锻炼的意识，使体育锻炼行为贯穿于自己的一生。

为了能使大学生通过体育课的学习，树立健康第一的观念，掌握体育的基本理论和基本技能，养成经常锻炼的良好习惯，培养终身体育锻炼的意识，实现高等学校体育教育的目的，编者依据《全国普通高等学校体育课程教学指导纲要》《国家学生体质健康标准》和《学校体育工作条例》，以"全面推进素质教育""健康第一"为基本指导思想，立足于现实及实际需要，总结多年来体育教育、教学改革的理论和实践经验，参考不同版本的教材，结合高等职业院校体育教学的实际情况和特点，编写了本书。

本书共17章，通过大量的体育运动图片，系统地讲述了体育的基本理论、体育锻炼与健康、科学锻炼身体和自我医务监督与评价、体育卫生与营养保健、常见运动损伤、疾病的预防与处置、奥林匹克运动等方面的知识，详细介绍了篮球、排球、足球、羽毛球、乒乓球、田径、户外运动、攀岩运动、健美操等大学体育课程中常见的项目，为大学生的体育学习和运动锻炼提供了内容丰富的知识及切实可行的方法。

本书是江西应用技术职业学院军事体育教学部全体人员通力合作的成果，本书由肖随龙、彭林、幸世宇担任主编，梁凤云、刘金瑶、黄河担任副主编，孙维增、罗贤吉、李健宁参与了本书的编写，吕海老师对本书进行了审阅，编写分工为：肖随龙编写第1、5、7章，彭林编写第2、3、6章，幸世宇编写第4、10章，梁凤云编写第15、16章，刘金瑶编写第12、14章，黄河编写第8、9章，孙维增编写第11章，罗贤吉编写第13章，李健宁编写第17章。同时，本书在编写过程中参考了众多专业著作，采用了部分专家、学者的研究成果，在此表示诚挚的谢意。

由于编者水平有限，书中难免存在不足之处，恳请广大读者批评指正。

编　者

2019年6月

目 录

第一章 体育与健康概述 ·· 1

第一节 体育概述 ··· 1
一、体育的由来与演变 ··· 1
二、体育的本质特征 ·· 2
三、体育的基本形态 ·· 2
四、体育与现代生活方式 ··· 3

第二节 健康概述 ··· 4
一、健康的概念 ··· 4
二、亚健康 ··· 5
三、现代生活方式对健康的影响 ··· 6
四、NEWSTART——"新起点"健康生活方式 ······································· 8
五、健康社会学给我们的启示 ·· 9

第二章 体育锻炼与健康 ·· 10

第一节 体育锻炼与身体健康 ··· 10
一、体育锻炼对呼吸系统的影响 ··· 10
二、体育锻炼对血液循环系统的影响 ·· 10
三、体育锻炼对运动系统的影响 ··· 11
四、体育锻炼对神经系统的影响 ··· 11

第二节 体育锻炼与心理健康 ··· 12
一、大学生心理健康问题 ··· 12
二、大学生心理健康的影响因素分析 ·· 15
三、体育锻炼对大学生心理健康的积极影响 ·· 17
四、提高心理健康的体育锻炼方法 ··· 18

第三节 体育锻炼与社会适应 ··· 19
一、现代社会对人的适应能力的要求 ·· 20
二、体育锻炼对大学生社会适应能力的影响 ·· 20

第三章 科学锻炼身体和自我医务监督与评价 ··· 22

第一节 科学锻炼身体的原则 ··· 22
一、自觉性原则 ··· 22
二、全面性原则 ··· 22
三、循序渐进的原则 ·· 22

四、经常性原则 …………………………………………………………………… 23
　　五、安全原则 ……………………………………………………………………… 23
　第二节　科学锻炼身体的方法 ………………………………………………………… 23
　　一、发展身体素质的方法 ………………………………………………………… 23
　　二、利用自然因素锻炼的方法 …………………………………………………… 24
　　三、跑步锻炼法 …………………………………………………………………… 26
　第三节　体育锻炼的自我医务监督 …………………………………………………… 26
　　一、一般体格检查 ………………………………………………………………… 26
　　二、定期体格检查 ………………………………………………………………… 27
　　三、运动中常见的生理反应及处置 ……………………………………………… 27
　第四节　体育锻炼的自我评价 ………………………………………………………… 30
　　一、身体形态指数评定法 ………………………………………………………… 30
　　二、身体机能指数评定方法 ……………………………………………………… 31
　　三、体能测定的评定标准 ………………………………………………………… 32

第四章　体育卫生与营养保健 ……………………………………………………… 33

　第一节　体育锻炼卫生常识 …………………………………………………………… 33
　　一、体育锻炼的卫生要求 ………………………………………………………… 33
　　二、防止和消除运动性疲劳 ……………………………………………………… 35
　　三、运动环境卫生要求 …………………………………………………………… 37
　　四、女性体育卫生要求 …………………………………………………………… 38
　第二节　营养保健 ……………………………………………………………………… 39
　　一、营养素 ………………………………………………………………………… 39
　　二、体育锻炼与饮食卫生 ………………………………………………………… 51
　　三、各项运动的营养特点 ………………………………………………………… 52
　　四、比赛前运动员的饮食特点 …………………………………………………… 53
　　五、训练期的营养特点 …………………………………………………………… 54

第五章　常见运动损伤、疾病的预防与处置 …………………………………… 56

　第一节　运动损伤的预防与处置 ……………………………………………………… 56
　　一、运动损伤的原因 ……………………………………………………………… 56
　　二、运动损伤的预防 ……………………………………………………………… 56
　　三、常见运动损伤的处置 ………………………………………………………… 56
　　四、急救 …………………………………………………………………………… 58
　第二节　伤后恢复锻炼的原则 ………………………………………………………… 59
　　一、伤后锻炼的目的 ……………………………………………………………… 59
　　二、伤后锻炼的原则 ……………………………………………………………… 59
　　三、伤后锻炼的内容和方法 ……………………………………………………… 60

四、运动处方及其基本原则 …………………………………………………… 61
　第三节　运动性疾病的处理 …………………………………………………… 67
　　一、延迟性肌肉酸痛 …………………………………………………………… 67
　　二、运动中腹痛 ………………………………………………………………… 68
　　三、运动性贫血 ………………………………………………………………… 68
　　四、运动性昏厥 ………………………………………………………………… 69
　　五、运动中暑 …………………………………………………………………… 69

第六章　奥林匹克运动 …………………………………………………………… 71

　第一节　古代奥林匹克运动 …………………………………………………… 71
　　一、古代奥运会的起源 ………………………………………………………… 71
　　二、古代奥运会盛况 …………………………………………………………… 71
　　三、古代奥运会的竞赛章程 …………………………………………………… 72
　　四、古代奥运会的兴衰 ………………………………………………………… 73
　　五、古代奥运会的文化遗产 …………………………………………………… 73
　第二节　现代奥林匹克运动 …………………………………………………… 74
　　一、现代奥林匹克运动的诞生 ………………………………………………… 74
　　二、奥林匹克运动会 …………………………………………………………… 75
　　三、奥林匹克运动的组织体系 ………………………………………………… 76
　第三节　中国与奥林匹克运动 ………………………………………………… 77
　　一、中国早期的奥林匹克运动 ………………………………………………… 77
　　二、新中国与奥林匹克运动 …………………………………………………… 77
　　三、北京奥运会 ………………………………………………………………… 78

第七章　《国家学生体质健康标准》测试的操作方法 …………………………… 80

　　一、身高 ………………………………………………………………………… 80
　　二、体重 ………………………………………………………………………… 81
　　三、肺活量 ……………………………………………………………………… 81
　　四、50 m 跑 ……………………………………………………………………… 82
　　五、800 m 或 1 000 m 跑 ………………………………………………………… 82
　　六、立定跳远 …………………………………………………………………… 83
　　七、引体向上 …………………………………………………………………… 83
　　八、坐位体前屈 ………………………………………………………………… 83
　　九、仰卧起坐 …………………………………………………………………… 84

第八章　体育欣赏 …………………………………………………………………… 85

　　一、体育欣赏的作用 …………………………………………………………… 85
　　二、体育欣赏的内容 …………………………………………………………… 87

三、如何欣赏体育竞赛 ………………………………………………………… 87
四、不同类别运动项目欣赏指南 ……………………………………………… 88

第九章 篮 球 …………………………………………………………………… 91

第一节 概 述 ……………………………………………………………… 91
一、篮球运动的起源 …………………………………………………………… 91
二、篮球运动的发展 …………………………………………………………… 91
三、篮球运动的价值 …………………………………………………………… 92

第二节 篮球基本技术与练习 …………………………………………… 93
一、运球 ………………………………………………………………………… 93
二、传、接球 …………………………………………………………………… 94
三、投篮 ………………………………………………………………………… 96
四、持球突破 …………………………………………………………………… 97
五、防守对手 …………………………………………………………………… 97
六、抢篮板球 …………………………………………………………………… 98
七、抢球、打球、断球 ………………………………………………………… 98

第三节 篮球基本战术与练习 …………………………………………… 99
一、进攻基础配合 ……………………………………………………………… 99
二、防守基础配合 ……………………………………………………………… 100
三、快攻与防守快攻 …………………………………………………………… 101
四、防守快攻 …………………………………………………………………… 101
五、阵形介绍 …………………………………………………………………… 102

第四节 评价与欣赏 ……………………………………………………… 102

第十章 排 球 …………………………………………………………………… 108

第一节 排球运动概述 …………………………………………………… 108

第二节 排球基本技术 …………………………………………………… 108
一、准备姿势和移动 …………………………………………………………… 108
二、发球 ………………………………………………………………………… 109
三、垫球 ………………………………………………………………………… 110
四、传球 ………………………………………………………………………… 111
五、扣球 ………………………………………………………………………… 112
六、拦网 ………………………………………………………………………… 113

第三节 排球基本战术 …………………………………………………… 114
一、阵容配备 …………………………………………………………………… 114
二、交换位置 …………………………………………………………………… 114
三、"一三二"接发球站位 …………………………………………………… 115
四、进攻打法 …………………………………………………………………… 115

五、各种阵形间的战斗和变化 ………………………………………… 115
六、防守的跟进与保护 …………………………………………………… 116
第四节　评价与欣赏 …………………………………………………………… 116

第十一章　足　球 …………………………………………………………… 120

第一节　足球运动基本技术 …………………………………………………… 120
　　一、无球技术 …………………………………………………………… 120
　　二、有球技术 …………………………………………………………… 121
第二节　足球运动基本战术 …………………………………………………… 134
　　一、比赛阵形 …………………………………………………………… 134
　　二、进攻战术 …………………………………………………………… 137
　　三、防守战术 …………………………………………………………… 139
　　四、定位球战术 ………………………………………………………… 140
　　五、战术教学与训练 …………………………………………………… 140

第十二章　羽毛球 …………………………………………………………… 142

第一节　羽毛球运动概述 ……………………………………………………… 142
　　一、羽毛球运动的起源 ………………………………………………… 142
　　二、我国羽毛球运动的发展 …………………………………………… 142
　　三、世界羽毛球运动的发展 …………………………………………… 143
第二节　羽毛球基本技术与教学方法 ………………………………………… 144
　　一、握拍法 ……………………………………………………………… 144
　　二、发球与接发球技术 ………………………………………………… 144
　　三、击球技术 …………………………………………………………… 145
　　四、步法 ………………………………………………………………… 150
第三节　羽毛球基本战术 ……………………………………………………… 152
　　一、单打战术 …………………………………………………………… 152
　　二、双打战术 …………………………………………………………… 152

第十三章　乒乓球 …………………………………………………………… 154

第一节　乒乓球运动概述 ……………………………………………………… 154
第二节　乒乓球基本技术与教学方法 ………………………………………… 155
　　一、握拍法 ……………………………………………………………… 155
　　二、站位与基本姿势 …………………………………………………… 156
　　三、基本步法 …………………………………………………………… 156
　　四、发球与接发球技术 ………………………………………………… 156
　　五、推挡球技术 ………………………………………………………… 159
　　六、正、反手攻球技术 ………………………………………………… 161

  七、搓球技术 …………………………………………………………… 163
  八、削球、弧圈球技术介绍 …………………………………………… 165
 第三节 乒乓球运动基本竞赛规则 ………………………………………… 166
  一、乒乓球器材和场地 ………………………………………………… 166
  二、乒乓球的基本规则 ………………………………………………… 166

第十四章 田径运动（奔跑、跳跃、抛投） ……………………………… 170

 第一节 田径运动概述 ……………………………………………………… 170
  一、田径运动的产生与发展 …………………………………………… 170
  二、田径运动项目分类 ………………………………………………… 170
  三、田径运动的功能 …………………………………………………… 171
 第二节 短距离跑 …………………………………………………………… 172
  一、短跑技术 …………………………………………………………… 173
  二、短跑的练习 ………………………………………………………… 175
  三、规则介绍 …………………………………………………………… 176
 第三节 中长距离跑 ………………………………………………………… 176
  一、中长跑的技术 ……………………………………………………… 177
  二、中长跑的呼吸 ……………………………………………………… 178
  三、中长跑的练习方法 ………………………………………………… 178
 第四节 接力跑 ……………………………………………………………… 179
  一、接力跑的技术 ……………………………………………………… 179
  二、接力跑练习 ………………………………………………………… 180
  三、规则介绍 …………………………………………………………… 181
 第五节 跨栏跑 ……………………………………………………………… 181
  一、110 m 和 100 m 跨栏跑的基本技术 ……………………………… 181
  二、400 m 跨栏跑技术 ………………………………………………… 183
  三、跨栏跑练习 ………………………………………………………… 184
  四、规则介绍 …………………………………………………………… 184
 第六节 跳 远 ……………………………………………………………… 185
  一、跳远的技术 ………………………………………………………… 185
  二、跳远的练习 ………………………………………………………… 187
  三、规则介绍 …………………………………………………………… 187
 第七节 跳 高 ……………………………………………………………… 188
  一、背越式跳高的技术 ………………………………………………… 188
  二、背越式跳高的练习 ………………………………………………… 189
  三、规则介绍 …………………………………………………………… 190
 第八节 铅 球 ……………………………………………………………… 191
  一、推铅球技术 ………………………………………………………… 191

二、推铅球的练习 …………………………………………………………… 193

三、规则介绍 ………………………………………………………………… 194

第十五章 户外运动（定向越野、野营、山地自行车） ………………… 195

第一节 定向越野 ……………………………………………………………… 195

一、什么是定向越野 ………………………………………………………… 195

二、定向运动的起源和发展 ………………………………………………… 195

三、定向越野器材 …………………………………………………………… 196

四、定向越野场地 …………………………………………………………… 198

五、定向越野技能训练 ……………………………………………………… 199

第二节 野　营 ………………………………………………………………… 200

一、制定计划与准备工作 …………………………………………………… 201

二、远足、野营技术和技巧 ………………………………………………… 203

三、野营生活与活动 ………………………………………………………… 205

四、紧急救护知识 …………………………………………………………… 206

五、安全守则 ………………………………………………………………… 209

六、文明守则 ………………………………………………………………… 209

第三节 山地自行车 …………………………………………………………… 209

一、山地自行车概述 ………………………………………………………… 209

二、山地自行车 ……………………………………………………………… 210

三、个人装备 ………………………………………………………………… 212

四、装备保养 ………………………………………………………………… 212

五、山地自行车的骑行技术 ………………………………………………… 213

六、山地自行车的训练方法 ………………………………………………… 214

第十六章 攀岩运动 …………………………………………………………… 217

第一节 攀岩运动概述 ………………………………………………………… 217

一、攀岩运动的定义 ………………………………………………………… 217

二、攀岩运动的起源及发展 ………………………………………………… 217

三、攀岩运动的特点与作用 ………………………………………………… 218

四、攀岩运动的分类 ………………………………………………………… 218

五、攀岩装备 ………………………………………………………………… 222

第二节 攀岩技术 ……………………………………………………………… 225

一、结绳技术 ………………………………………………………………… 225

二、保护技术 ………………………………………………………………… 226

三、攀岩技术 ………………………………………………………………… 229

四、下降技术 ………………………………………………………………… 234

第三节 攀岩的身体训练与战术训练 ………………………………………… 235

一、攀岩的身体训练 235
　二、攀岩的战术训练 237
　三、首攀能力的战术训练 239
　四、比赛战术 240
第四节　攀岩竞赛规则介绍 240
　一、总则 240
　二、难度赛规则 243

第十七章　健美操 246

第一节　健美操概述 246
　一、健美操运动的概念 246
　二、健美操的分类 246
　三、健美操的运动作用 248
第二节　健美操的发展趋势 249
　一、健身性健美操的发展趋势 249
　二、竞技健美操的发展趋势 250
第三节　健美操基本动作 251
　一、基本步伐 251
　二、手型 257
第四节　健美操组合范例 258

参考文献 263

第一章 体育与健康概述

第一节 体育概述

什么是体育？专家学者们的看法都不尽相同。在政治家眼里，体育是政治的，因为体育可以激发起一个国家民众强大的爱国热情和民族自豪感。在经济学家眼里，体育是商业的，因为在世界体育大国中，体育产业已成为国民经济的支柱产业。在生物学家眼里，体育是本能的，因为体育是人类作为自然界一种物种的生命力象征。在宗教学家眼里，体育是神圣的，因为在人类宣称"上帝死了"，物欲粉碎人的所有理想、信仰之后，只有体育还存在着崇高的追求。在诗人眼里，体育是一首流动的诗，因为在体育中到处洋溢着激情、和谐与美。在医学家眼里，体育是健康的，因为体育是人类预防疾病、保持身心健康、长寿的最积极、最有效手段。当然，在一个尚未解决温饱问题的百姓眼里，体育是贵族的，因为体育中的非实用、非功利性的蹦蹦跳跳，是无聊和消磨时光。千百年来，体育就像一个"万花筒"，它恒提恒新，而在每个人的心中总有一个属于自己的体育。

一、体育的由来与演变

"体育"是一个历史的概念，它的产生与发展已有数千年的历史，在这历史的发展过程中，人类对体育功能的认识和自觉地利用、发挥这些功能的效用，却经历了漫长的演变过程。

最初的人类体育（如果称得上体育的话）是伴随在生产、生活和军事活动过程中，对它的需要仅仅是求食图存而已，因为人类要生存和繁衍必须具备与自然界斗争的体能和技能，诸如攀、爬、跑、跳、投和涉水等身体运动，都属于求生本能，这表明体育与生存需要有极为密切的天然联系，此时人类对体育的认识是自然的、盲目的，也是低层次的。到了奴隶社会和封建社会，尽管社会经济水平得到了提高，但体育仍旧没有完全从其他社会活动中分离出来成为具有影响的、独立的社会活动。因此体育对人类自身改善的特殊作用，还没有完全被理解和认识，它从属于一个自然的演变过程。这时的体育，可以称为"自在的体育"。

人类认识体育对人自身改善的特殊作用，是在人类社会进入资本主义社会后才逐渐明朗起来的。首先，是在对人的价值和作用等方面，人们的思想观念发生了根本性的变化。欧洲人文主义的启蒙思想家们主张"以人为中心"，充分肯定人的智慧和才能以及人是现实生活的创造者与享受者。其次，是在新兴资本主义生产方式与生产力不断发展的基础上资本主义经济得到飞速发展，经济的发展极大地促进了近代科学技术的发展，如医学、解剖学、实验科学、血液循环理论、细胞学等与人体相关的科学等。特别是达尔文的生物进化论的创立，极大地推进了生物学、生理学、生命科学的研究与发展，人类对自身生命现象的探求兴趣也与日俱增。再次，是在社会生产力和科学技术高速发展的推动下，体育日渐从生产与生活过程中分离出来，成为一项相对独立的科学体系。生产力的发展和经济的繁荣，给体育的发展创造了物质条件。在此基础上，产生了检测生存能力或生产技能的"成年礼"（逐渐演变成赛会），体能的发展与技能的培养，日渐成为社会生活中的重要事项，并从属于我们今天称为教育的社会文化活动之中。在长期的历史演变中，体育的基本作用经历了传授生存技能、训练军事技能和培养全面发展的人的递进过程，但万变不离其宗，它总体上始终是在教育的范畴之内，从属于教育，服务于教育，服从于教育学的发展规律。它属于一种"自为的体育"。因此有人说体育＝育体。

19世纪末20世纪初，现代奥林匹克运动的兴起，开始使体育超出了教育的范畴，特别是第二次世界大战后，随着社会经济的巨大发展，参加体育活动日益成为人们日常生活的重要内容，休闲体育、终身体育逐步成为社会潮流，从事体育运动完全出于自身的需要。体育突破了教育学原理，超越了教育范畴，成为人类积极、健康、文明的生活方式。体育社会化、生活化的过程，已成为衡量社会进步的一项重要标志。人们对体育的研究，不再仅仅将其视为教育的分支，而将它定位为独立发展的社会文化现象，从而使体育进入了"自觉的体育"的发展阶段。

二、体育的本质特征

从体育的由来与演变过程来看，体育的内涵是很丰富的，既有自然属性，又有社会属性。从自然属性看，世界上万物都离不开自然的孕育，人是大自然孵化出来的生命，人类身体活动的形式表现，促使身体发育与体能提高，从属于一个自然的演变过程。因此它具有无可排斥的自然属性。从社会属性看，从事体育运动的人不仅是自然的存在物，同时也是社会的存在物。自然的影响和作用仅仅是产生体育的基本前提，是一种物质的要素，是人体运动的实际事物和本源。然而，社会则是人体运动活动的舞台，体育是人类文化的一种载体，它反映着人与人之间的各种社会关系，它是人类的一种文化活动，一种不可忽视的社会活动，或社会生活。体育的发展依赖于社会的发展，反之，体育的发展又推动着社会的发展。这种反推动作用力，显示出其极强的社会功能。

综上所述，体育的内涵随着社会的进步和体育实践的不断发展而发展。根据我国体育发展的特点和规律，"体育"一词可以分为狭义和广义两个方面。狭义的概念，体育是教育的组成部分，是通过身体练习，增强体质，培养道德和意志品质的有目的、有计划的教育过程。广义的概念，体育是以身体练习为手段，为了满足社会政治、经济和人类自身文明发展的需要而进行的一种有意识、有组织的社会活动。它是社会文化总体的一部分，其发展受一定的社会政治、经济条件的制约，目的也是为一定的社会政治和经济服务。

三、体育的基本形态

体育形态是指体育实践的相对稳定形式或状态，又称体育形式。体育是人类的一种社会实践活动，这种社会实践既有它的特殊形态和活动特性，又有它的自我发展的基本规律和必然趋势。

从体育发展演变的历史过程来看，有古代体育、近代体育和现代体育3大类。古代体育的宗教性、民族性、地域性、自发性和工具性较强，而其商业性和自觉性较弱。近代体育具有鲜明的以学校体育的崛起为主的特征，其宗教性基本消失，民族性、地域性弱化，商业性、工具性和自觉性都明显增强。现代体育具有鲜明的国际性、产业化和人性化特点，内容更加全面，形式日益丰富，影响不断扩大，它已是现代人生活方式的重要组成部分。

从体育的不同活动主体、不同活动方式、不同活动目标来分类，体育分为学校体育、竞技体育和社会体育。学校体育是以培养学生的体育意识、体育精神和体育技能为主，以增进学生身心健康和提高学生的体育素养为目标的文化过程，它是学校文化教育的一个组成部分。竞技体育是在最大限度地挖掘和发挥人在体力、心理、智力等方面潜力的基础上，以提高运动技术水平和创造优异运动成绩为主要目的的一种体育活动，体现的是人类在追求生命价值过程中不断验证自身极限的一种文化过程。社会体育是以大众自愿参与为主要特征，以强身、健体、娱乐、休闲、社交等为目的，是小型多样的社会文化生活过程。社会体育的范围极广，凡城乡各个地域，社会各个阶层、各种职业和各个年龄阶段的人群的体育活动无不囊括其中。

四、体育与现代生活方式

体育在现代人类社会中蓬勃发展，成为不同人群和不同民族能普遍接受的一种现代生活方式和社会文化现象，背后必定有其存在和发展的客观社会原因。

（一）现代社会的劳动生产对体育的特殊需要

现代社会人类生产劳动的方式与过去相比发生了革命性的变化。现代社会中的生产劳动与人类过去长期建立在体力劳动基础上的生产劳动有本质的区别。现代社会的生产劳动是在高度发达的科学技术基础上进行的，劳动过程进一步社会化、自动化、计算机化，使生产劳动本身的性质和劳动力的结构都发生了巨大的变化。科学技术在生产劳动过程中的广泛应用，使人们从直接的体力劳动中解放出来，成为生产劳动过程中"自动运转"的发动者、管理者，但这并不意味着现代社会的生产劳动降低了对劳动者身体素质的要求，相反，现代社会的生产劳动对人们的身体素质和科学知识提出了更高的要求，它要求人们具有更丰富的知识，掌握更复杂的技术，具有更充沛的精力和体力，更加灵活、准确、协调地控制整个生产过程。从这个意义上说，现代社会的生产劳动方式需要人们有更加健康的身体，更好的身体素质，以适应现代社会劳动和工作的需要。所以，体育成为现代人们生活方式中的重要内容。现代体育能够成为现代人类社会生活中的一种普遍现象，归根结底，是由现代人类劳动生产方式的改变和发展造成的。

（二）体育观念的变化，促进体育与现代生活方式的结合

人类社会是个川流不息、万古常新的变迁过程。因此，体育运动随着社会的变迁自然会涉及体育观念、体育人口、体育群体、体育产业、体育方式，以及体育项目的种种变迁。什么样的社会，就需要什么样的体育，现代社会与古代社会相比较，体育内容、形式、规模和水平都发生了很大的变化。体育从早期增强人类的生存能力发展到丰富、美化

人们的生活，培养全面发展的人，促进劳动生产力的不断优化，建设两个"文明"，到推进人类事业的进步等，都体现出体育观念在不断地丰富和演进。所以，新体育观念的形成和提高，促使人们把"健康、幸福、自由、欢乐"——积极奋斗着的活生生的生存状态，自然投向了人这个主体最为基础的建筑——体育。体育在现代社会中，能成为人们现代生活方式中的一个重要内容，影响和改变着人们的日常生活，是人们对体育功能和社会作用进一步认识的结果。现代体育以它独特的形式、特殊的功能，改变了长期以来人类社会对体育的一些固有看法，使人们对体育运动产生了新的情感、新的爱好、新的理性认识，并对体育在现代社会生活中提高人们的生活水平和生活质量的特殊作用做出新的评价和判断。

（三）社会经济发展，促进体育与现代生活方式结合

在现代社会中，人们享受着人类历史上前所未有的物质文明成果，但经济的发展和科学技术的进步给人类生产与生活带来舒适与方便的同时，也带来了前所未有的问题和挑战，甚至给整个人类生命带来了前所未有的危机。经济的发展和科学技术使生产劳动过程中脑力劳动大大增加，而且分工越来越细，体力活动减少，片面发展加剧，社会竞争更加激烈，工作压力越来越大。在人们的生活中，都市化程度越来越高，使人与人之间的交流减少。以汽车为代表的现代化代步工具的广泛普及，家务劳动中的社会化、自动化和机械化程度的提高，大幅度地减少了人们的日常体力活动，加之环境污染、生态平衡被破坏以及膳食结构中高蛋白、脂肪食品的增加，对人类的身体健康和全面发展带来了严重的威胁和挑战。正是由于现代生产方式中的科学技术高度发达给现代人类生活带来的种种急剧变化，成为引发神经衰弱、肥胖症、心血管疾病和糖尿病等所谓现代"文明病"的主要原因，而体育锻炼正是预防和治疗这些"文明病"的有效良方和积极手段。生活在现代社会中的人们，不得不寻求体育运动的方法来消除现代科学技术给人类自身发展带来的不利影响。从这个意义上说，体育运动进入现代社会人们的生活方式之中，成为人们现代生活方式中的重要内容，是人类社会发展的必然结果，也是解决现代科学技术高度发展给人类所带来的身体危机和健康水平下降问题的唯一选择。

第二节　健康概述

一、健康的概念

> **知识窗**
> 健康是"1"，事业、地位、名利、金钱等都是1后面的无数个"0"，一旦失去了1，则无论多少个0，都无任何意义。

什么是健康？首先我们应该明确的是健康是一个动态概念。健康是我们人类和每一个个体通过自己的努力创造出来的。以往，由于受传统观念和世俗文化的影响，往往将健康单纯理解为"无病、无残、无伤"。早在古希腊时代，医生就相信健康是身体的完全平衡。

我国《辞海》中，将健康定义为"人体各器官系统发育良好，功能正常，体质健壮，精力充沛，并且具有劳动效能的状态。通常用人体体格检查和各种生理指标来测量"。在美国也有类似的叙述，健康专家贝克尔认为，健康是"一个有机体或有机体的部分处于安宁状态，它的特征是机体有正常的功能，以及没有疾病"。然而，随着社会的发展和科学技术的进步，人们完全突破了原先的思维模式，对健康的概念有了新的认识。

世界卫生组织（WHO）将健康定义为"健康不仅是免于疾病和虚弱，而且是保持身体上、精神上和社会适应方面的完美状态"。从而明确地将人类的健康与生理的、心理的及社会的因素联系在一起，形成了全新的生物、心理、社会的医学健康模式。

1989年世界卫生组织又进一步深化了健康的概念，认为健康应该包括躯体健康、心理健康、智力健康、社会适应良好与道德健康。世界卫生组织（WHO）曾经对人的健康标准从10个方面进行概括，如表1-1所示。

表1-1　WHO健康标准的10个方面

类型	序号	健康的主要表现
心理健康与社会适应	1	有足够充沛的精力，能从容不迫地应付日常生活和工作的压力而不感觉到过分紧张
	2	处事乐观，态度积极，乐于承担责任，事无巨细不挑剔
	3	善于休息，睡眠良好
	4	应变能力强，能适应环境的各种变化
躯体健康	5	能够抵抗一般性感冒和传染病
	6	体重得当，身体均匀，站立时头、肩、臀位置协调
	7	眼睛明亮，反应敏锐，眼睑不易发炎
	8	牙齿清洁，无龋齿，无痛感，齿龈颜色正常，无出血现象
	9	头发有光泽，无头屑
	10	肌肉、皮肤富有弹性，走路感觉轻松

二、亚健康

近年来国际医学界提出"亚健康"状态的新概念，这是指机体虽无明确的疾病，却呈现生活能力降低，适应能力呈不同程度减退的一种生理状态，是由机体各系统的生理功能和代谢过程功能低下所导致，是介于健康与疾病之间的一种生理功能低下的状态，国外也称"第三状态"或"灰色状态"。

目前认定，亚健康状态的范围很广，躯体上、心理上的不适应感觉，在相当长的时期内难以确诊是哪种疾病，均可概括其中。从预防医学、临床医学，尤其是精神及心理医学的临床实际工作中发现，处于这种状态的人群数量是相当可观的。对这一点，医学界早已达成共识。有专家估计有半数以上的人常处于"亚健康"状态。据中国保健协会副理事长吴大真教授估算，整体人群中约有15%是健康人群，15%是非健康人群，其余70%则处于"亚健康"状态。同时，"亚健康"状态是一种动态的，它既可能发展为第二状态——生病，也可通过心理、生活行为方式改变和体育疗法、药物疗法等恢复到第一状态——健康。因此，亚健康状态的人群也是在不断变化的。

1."亚健康"产生的原因

危害健康的行为或生活方式，是构成"亚健康"状态的主要原因，体现在以下几个方面：

（1）心理失衡。古人云：万事劳其行，百忧撼其心。高度激烈的竞争，错综复杂的各种关系，使人思虑过度，不仅会引起睡眠不良，甚至会影响人体的神经－体液调节和内分泌调节，进而影响机体各系统的正常生理功能。

（2）营养不全。现代人饮食往往热量过高，营养素不全，加之食品中人工添加剂过多，人工饲养动物成熟期短、营养成分偏缺，造成很多人体内重要的营养素缺乏，并使人群中肥胖症增多，机体的代谢功能紊乱。

（3）环境的干扰。噪声、车辆的增多，空气污染以及人口增长等因素，也使很多居住在城市的人群生存空间变得狭小，从而对人体的心血管系统和神经系统产生很多不良影响，致使人们产生烦躁、郁闷等情绪。

2."亚健康"状态的表现形式

"亚健康"状态主要表现为人体脏器功能下降，身体和精神上感觉不适，症状可以单一出现，也可以合并或交替出现。如失眠或嗜睡、健忘、食欲不振、烦躁不安、情绪抑郁、泌尿系统症状、消化系统症状、免疫功能降低等。由于人们的年龄、健康状况、适应能力、免疫力、经济状况、性格类型、遗传因素等方面的不同，"亚健康"的表现形式也是不同的。

目前，医学专家对"亚健康"的研究尚处于起步阶段，还有待于进一步探索。处于如此的现状，最好的办法就是通过改变自己的行为或生活方式摆脱"亚健康"的困扰。譬如，保证合理的膳食和均衡的营养；调整心理状态并保持积极、乐观；及时调整生活规律，劳逸结合，保证充足睡眠；增加户外体育锻炼活动，每天保证一定运动量等，即形成健康的生活方式。

三、现代生活方式对健康的影响

所谓现代生活方式，指的是人类社会进入工业文明以后所形成的、有别于以前社会形态的基本生活方式。现代生活方式，是现代经济基础在生活领域的体现。从生活方式与人类健康的关系来看，现代生活方式具有以下几个基本特征：

（1）人与自然的疏离。这种疏离存在于两个层面。第一个层面是人与自然界的疏离，这是形式化的疏离。随着大规模的城市化及各种工业污染，人们的生活环境发生了明显的变化。各种与人的生存息息相关的自然要素，如空气、水、森林及空间正逐渐地从人们的感官和生活中退却，取而代之的是林立的高楼、喧嚣的街市、混浊的气体、坚硬的地面以及各种噪声。特别是土壤、水、大气这些直接关系到人类健康的基本自然要素的质量正在急剧地下降。第二个层面是人对自然性的疏离。人与自然界的疏离，是一种生态性的疏离，而人与自然性的疏离则是心态性的。它主要表现为人的价值取向和生活观念受制于技术化和商业化的潮流，而使生活呈现出浓重的人文色彩。

（2）物质与精神的失衡。工业文明的最大成就，就是创造了巨大的社会财富和发达的商品经济，但是伴随着物质财富奇迹般的增长和经济的繁荣，精神却呈现出萎缩和疲软的趋势。在物质与精神的天平上，现代生活发生了严重的倾斜，"信仰危机""道德滑坡""价值失落"已经成为时代的慨叹，自私、狭隘、短视、肤浅等不健康的个性表现，在人与环境、人与社会、人与人之间蔓延。在物质重力的挤压下，人的精神生活成了感官刺激的代名词。

（3）生存竞争的激烈化。当代社会生活的急剧变化、效率意识的空前增长、大众传媒的迅猛发展和信息流量的高度膨胀，更增加了现代人的生存负荷；而物质利益的分化、个人本位的突出，则使现代人际关系越来越复杂、难以把握。在这种大的生存态势下，现代人处于一种躁动不安的状态中，生活注入了更多的盲动性和竞争性，紧张的精神、波动的情绪、疲惫的心灵，使现代人失去了悠然闲适的心情，生活就像一种单调的噪声，没有了节奏，没有了韵律，只是一味地喧嚣，于是"活得真累"便成了现代人的一种普遍性感受。

上述3个方面互相联系、互相作用，不仅带来了一系列生态和社会问题，也对人类自身的健康构成了威胁和隐患，导致生活方式疾病的大量出现和存在。生活方式疾病具有多种表现形式：如高热量、高蛋白、高脂肪的"三高"饮食模式，对珍味美食的贪嗜，食品添加剂的如影随形，都会不同程度地导致疾病。对感官刺激的追求、对营养的片面认识，使得现代人的食物构成和饮食习惯中出现了很多不利于健康的因素。对此，美国专栏作家兰·依萨卡曾感叹道："文明人痛快地吞进了文明病。"

生活方式疾病的另一集中表现形式是在美容和保健方面。种种美容术的兴盛，大量化妆品的采用，是在现代文化的影响下人们拒绝自然形态的一种表现，人们在追求外在"美"的同时把对健康的危害因素揽到了身上。有迹象显示，现代人的体质、体能以及抵抗疾病的能力与前人相比也有所退化。以车代步的生活方式、"四季如春"式的住宅、不加节制的夜生活，使人们付出了健康的代价。有人认为，现代生活方式使人类进入了"半健康时代"。

世界卫生组织的资料证实，人类的健康寿命问题，40%在于遗传和客观环境条件：其中15%为遗传因素，10%为社会因素，8%为医疗条件，7%为生活环境和地理气候条件；而60%需要自己的努力，去"建设"良好的健康生活方式。因此，从年轻时开始，就应该重视健康，选择健康文明的生活方式，懂得自我保健，让自己"不得病、晚得病、少得病"。正如一位健康教育专家曾这样说："健康取决于自己的生活方式。"

综上所述，生活方式不能说明生命健康的一切，但是生活方式是对生命健康的一种最重要的说明。国内外大量的研究表明，影响人类健康的主要因素已经发生根本的变化。社会的发展和生活水平的提高、生活方式的改变，给人类的健康带来了一些不良的影响，产生了一些新的生活方式疾病，或称"现代文明病"或"富贵病"。生活方式疾病病原不是细菌、病毒，而是不良的生活方式，即营养不合理、吸烟、酗酒、缺少运动和心理不健康等多因素相互作用、长期积累的结果。丰富的人生，有着相似的健康生活方式；而不幸的人生，却也有着相似的"经历"——不健康的生活方式导致了不幸，不断产生疾病与痛苦。因此，养成健康、文明、科学的生活方式，加强自我保健，是预防和治疗生活方式疾病的重要手段。

> **知识窗**
> 健康的生活方式＝健康＋长寿
> 不健康的生活方式：疾病、痛苦＋过早地衰老

四、NEWSTART——"新起点"健康生活方式

当今社会，与生活方式密切相关的疾病已构成了威胁人们健康的主要问题。在农业型生产为主的国家和社会里，生产力水平低，物质生活极贫乏，人们的健康主要受传染病、寄生虫病和营养缺乏症等疾病的危害；而在工业型生产为主的国家和社会，生产力水平高，物质生活富裕，人们的健康则主要受心血管疾病、恶性肿瘤、营养过剩和遗传性疾病等疾病的威胁。这就是"穷有穷病，富有富病"。在这两类不同条件下，疾病的发生虽然受各种因素的影响，但有一个共同的因素就是与人们缺乏必要的卫生保健知识，以及生活方式不健康、不科学有很大关系。

"NEWSTART"目前在美国十分流行。NEWSTART——"新起点"是健康八大基本要素英文的第一个字母，N——Nutrition，E——Exercise，W——Water，S——Sunlight，T——Temperance，A——Air，R——Rest，T——Trust。理解NEWSTART的内涵将会帮助人们培养健康的生活方式，并将影响其一生。

（1）NEWSTART中的N代表营养。营养摄取是人体从外界摄取食物，经过消化、吸收和代谢，利用食物中身体所需要的物质以维持生命活动的整个过程。因此，对人的健康经常起决定作用的往往是膳食营养因素。合理的膳食营养，对人一生的健康都起着重要作用。

（2）NEWSTART中的E代表体育运动。长期实践证明，健康长寿的秘诀是"生命在于运动"。体育运动作为人类生命运动的一种高级行为方式，使生命运动成为一种自由自觉的活动。通过体育运动可使人精力旺盛、体魄强健，获得生生不息的活力，奠定了生命全面发展的基础。

（3）NEWSTART中的W代表水。水是一切生物生活上所必需的物质。人体重量的57%~60%是水分。它是构成了人体细胞、组织液、血浆等重要物质。它可以帮助机体消化食物、吸收营养、排除废物、参与调节体内酸碱平衡和体温，并在各器官之间起润滑作用。

（4）NEWSTART中的S代表阳光。通过户外运动接受适量的阳光照射能增强人的体质和抵御传染病的能力，促进体内维生素D的合成，维持正常钙磷代谢和骨骼的生长发育。特别对婴幼儿和孕妇来说，阳光照射更显必需。

（5）NEWSTART中的T代表节制。科技本身并不足以为生命筑起一道坚实可靠的保护网，要真正切实有效地保护生命，必须从日常生活的点点滴滴做起。只有健康的生活方式，才能确保人类健康，即"起居有常，不忘作劳和四气神调"。

起居有常，主要是指日常生活的各个方面要有一定的规律，合乎自然界和人体的生理常度。

不忘作劳，就是要劳逸适度。劳和逸之间具有一种相互对立、相互协调的辩证关系，两者都是人体的生理需要。人们在生活中，必须有劳有逸，既不能过度劳累，也不能过度安逸。

四气神调，是指人们为了顺应自然界春、夏、秋、冬的时令变化，主动采取各种调摄形神的方法，以与自然界保持协调一致，保持身心健康而达到长寿的目的。

（6）NEWSTART 中的 A 代表空气。空气是人类赖以生存的物质。人在生命活动过程中需要吸入足够的氧气、新鲜空气，以振奋精神、消除疲劳、提高学习和工作效率，同时足量的空气还可以改善睡眠，增强呼吸功能，提高基础代谢。在体育运动中，由于人体气体交换充分，特别要摄取更多的氧分，以供给运动中机体的能量消耗。因此鉴于此原因，运动时一定要选择空气新鲜的环境下进行。

（7）NEWSTART 中的 R 代表休息。疲劳是由于活动过度使工作能力及身体机能暂时降低的现象。在紧张的学习和工作之余，选择适当的休息措施和手段，如，选择适合自己的体育运动、社交活动，听音乐、看电影、看电视、看小说等，不但会缓解大脑疲劳，而且可以放松一下紧张的心情，减轻心中的压力。这些积极的休息方法是消除疲劳的有效手段。当然，通过高质量的睡眠减少身体的能量消耗也可加速身体机能的恢复。反之，人体长期疲劳的积累必定会影响身心健康。

（8）NEWSTART 中的 T 代表信念。信念是战胜自我的力量，人只要有信念，有所追求，什么艰苦都能忍受，什么环境也都能适应。当我们想要退缩不前时，信念是最好的老师，是最好的开导者。当我们处于事业巅峰或败于众人脚下时，信念是我们最好的清醒剂，是最好的动机。

五、健康社会学给我们的启示

健康社会学根据长期大量研究得出的结果表明：危及现代人类健康的因素来源于角色、紧张、生活方式和不良健康行为。虽然享受医疗保健的机会平等了，但由于环境和社会生活方式的不同，同样产生健康差异。传统观念把健康定义为没有疾病只不过是一种幻想，彻底地消灭疾病是不可能的，尤其是在当今的工业化社会里，因为生命自身的过程不断地改变着环境。健康是由适应环境的一个相对状态所构成的。因为人们不断地改造着环境，人们就不断地处于一个对环境适应的不良状态之中。所以，专家们提出了必须对社会的生活方式、社会紧张与疾病的关系、对预防性健康行为及有益于健康的社会活动开展研究等观点，特别是防重于治的观点，对我们重新认识现代社会中体育的价值有重要的启迪作用。

第二章 体育锻炼与健康

第一节 体育锻炼与身体健康

一、体育锻炼对呼吸系统的影响

人体在进行体育锻炼时，肌肉要消耗大量的养料和氧气，同时产生较平时多的二氧化碳，这就需要呼吸系统加强工作，吸进新鲜氧气，排出二氧化碳以满足身体的需要。

肺部的呼吸运动，实现了肺与外界环境的气体交换及肺泡与肺毛细血管血液的气体交换，前者称为肺通气，后者称为肺换气。肺活量是指尽最大可能深吸气后再尽最大可能呼气所呼出气体的量，是衡量肺通气功能的指标。健康成年男子肺活量值一般为 3 500 ~ 4 000 mL，平均 3 500 mL，女性一般为 2 500 ~ 3 500 mL，平均 2 500 mL。

体育锻炼能够大大增强人体的肺功能。一般人体在安静状态下，每分钟呼吸 12 ~ 16 次，每次吸入新鲜空气 500 mL，每分钟通气量为 6 ~ 8 L。而人体在进行运动时，由于肌肉活动需要更多的氧气，因而呼吸次数增加，每分钟可达 40 ~ 50 次；呼吸深度增大，每次吸气量达到 2 500 mL，是安静时的 5 倍；肺通气量增大，每分钟可高达 50 ~ 70 L。因此，经常参加体育锻炼，呼吸器官能够得到良好的锻炼与加强。

坚持进行体育锻炼还可以使呼吸肌力量增加，胸廓活动性增强，肺泡具有更好的弹性，提高肺部摄氧能力。一般人在安静时，只需要大约 1/20 的肺泡张开就可以满足需要，因此肺泡活动不足。而体育锻炼时，由于需氧量增加，促使大部分肺泡充分张开，对肺泡弹性的保持及改善十分有益，有助于预防肺部疾病的发生。

二、体育锻炼对血液循环系统的影响

体育锻炼时人体所需要的养料和氧气是由血液运送到全身各处的。而血液之所以能够在血管中流通，是由于心脏肌肉的收缩与舒张活动所产生的动力所致。心脏在人体整个血液循环系统中起着最关键的作用，心脏的健康与人体的健康有着密不可分的关系。

心脏通过收缩和舒张运动将血液不停地射入血管，血液的流动保证全身各组织器官代谢的需要。健康成人每分钟心跳约 75 次，心脏每搏输出量（心脏每搏动一次的血液输出量）大约 70 mL，每分输出量（心脏每分钟搏动的射出血量）大约为 5 L。心脏射出的血液在血管内流动时对血管壁有一定的压力，称为血压。在心脏舒缩的一个心动周期中，血压随心室的收缩与舒张而有所改变。心脏收缩时血液大量射入血管，主动脉压力急剧升高，这时的血压称收缩压；心室舒张时压力降低，称舒张压；收缩压与舒张压之差称脉压差。我国健康成年人安静时收缩压为 13.3 ~ 16.0 kPa，舒张压为 8.0 ~ 10.7 kPa，脉压差为

4.0~5.3 kPa。血压可随年龄、性别和体内生理状况的变化而有所变动。

经常参加体育锻炼的人，心脏肌肉发达，心肌收缩力增强，每搏输出量增多，心脏能用较少的跳动次数去完成所需的工作量，增加了心脏休息的时间，有助于减少心脏的疲劳程度。运动时肌肉不断收缩和舒张，可以促进静脉血液回流加快，有利于心脏工作。

另外，通过体育锻炼，可以增加骨中含有造血细胞（特别是红细胞）的红骨髓，并促进红骨髓的造血功能，红细胞比不锻炼的人要多10%~25%，这样可提高输氧能力，对人体的新陈代谢活动大有益处。白细胞的增加可增强身体抵抗疾病的能力，对于青少年来说尤为重要。

三、体育锻炼对运动系统的影响

人体的运动系统主要包括骨骼、肌肉、关节、韧带等。

经常参加体育锻炼，可以加强体内新陈代谢，加强血液循环，增加血液量。这样可以保证肌肉和骨骼获得充足的营养物质，使肌肉纤维增粗，肌肉变得强壮有力；使骨骼的生长力加强，骨密质增厚，骨骼变得坚固有力；使人体的关节囊、肌腱、韧带增厚，其伸展性和弹性增加，最大抗张力提高，承受力加大，同时加大了关节的活动范围，提高关节的稳定性和灵活性。

进行各种肌肉力量练习时，由于肌纤维的主动收缩与放松，大大促进肌肉中的血液供应和新陈代谢。肌肉中有着丰富的毛细血管。在一平方毫米的肌肉中，就有数千根毛细血管。当肌肉处于安静状态时，肌肉中的毛细血管仅开放很少一部分，只有在进行体育锻炼或体力活动时，肌肉内毛细血管才大量开放。这就使肌肉获得更多血液供应，带来更多氧气和养料，使肌肉代谢过程大大加强。其结果使肌纤维内的蛋白质增加，肌纤维逐渐粗壮，肌肉内供能物质含量也增加，肌肉的结缔组织弹性改善，使肌腱弹性、韧性加强。这不仅使体格健壮，还大大有益于健康。

四、体育锻炼对神经系统的影响

经常参加体育锻炼，神经系统的功能会得到逐步的加强。人体是一个完整的有机体，一切活动均在中枢神经系统的控制和指挥下进行。进行体育锻炼时，人体的各个器官、系统都要较平时复杂，而神经系统为了对运动时错综复杂的变化及时地做出协调的反应，大脑皮层必须对外界的刺激做出准确迅速的反应，久而久之大脑及神经系统的功能就会明显地提高。所以，体育锻炼也是神经活动的体操。体育锻炼还可以减少工作中不必要的肌肉收缩，这是因为运动神经传来的兴奋更精确了，减低并限制了神经系统的过分冲动性，从而对内脏器官有很大好处。体育锻炼又可使神经细胞得到充分的营养，特别是氧的供应能力，从而可使人经常保持充沛的精力和发挥最大的工作效率。

另外，体育锻炼还能加快胃肠的蠕动，促进消化液的分泌，提高胃肠的吸收能力，保证身体对营养的需求，对消化系统有良好的影响。对于内分泌系统、感觉系统、生殖系统等功能也有促进作用。

总之，体育锻炼对人体的各个系统都有良好作用，是日常生活中不可缺少的部分。在儿童、少年、青年时期，它可以促进人体的生长发育。在壮年时期，它可以保持充沛的精力与体力，不至于使机体发生早衰现象。到了老年，它可以防止细胞过早退化，使我们的生命充满活力。另外，体育锻炼可增强人体抵抗疾病的能力，在锻炼时可以忘却一切烦恼和忧愁，培养乐观的情绪，这些对于各个内脏器官和整个机体的新陈代谢有特殊的作用。

体育小幽默

为他人作嫁衣裳

美国射击选手埃蒙斯就是十足的活雷锋，他在射击决赛最后一枪遥遥领先的情况下，把自己的子弹打在了旁边哥们儿的靶子上，也把自己到手的金牌送给了中国队。

第二节 体育锻炼与心理健康

大学生作为中国社会中文化层次较高的群体，一向被认为是最活跃、最健康的群体之一。然而，随着现代社会生活的节奏越来越快，社会竞争的日益激烈，有些大学生开始感到不知所措，无所适从，产生了心理上的不适应。据统计，大学生中因心理健康问题退学的人数占整个退学人数的30%左右，而且这一数字每年都在递增。由此可见，大学生的心理健康状况面临严重威胁，心理健康已直接关系到大学生能否全面发展和早日成才，所以有必要让大学生们掌握心理健康知识，且懂得如何去锻炼，使自己的心理达到健康状态。

一、大学生心理健康问题

（一）大学生主要面临的心理问题

（1）入学不适应引发的心理问题。从中学步入大学，是当代大学生人生之旅的一大转折。当大批新生怀着兴奋的心情进入大学殿堂时，往往踌躇满志地憧憬着美好的未来，仿佛觉得理想与现实已连成一体。然而，入学后的大学生很快面临着许多心理矛盾和冲突，感觉到理想与现实的距离。如生活时空的变化、师友同学的更新、学习方式的改变，角色应激的反应，各方面压力的加大，使他们内心或多或少地感到焦虑和不安。这种因为不适应大学新的生活、学习环境而产生的各种心理问题，在那些性格内向、不善于交往、应变能力较差的学生中表现得更为明显。

（2）学习过程中的心理问题。学习是大学生的主体活动，完成学习任务、实现学习目标是大学生活的核心内容。学习活动极为强烈地影响着大学生的心理过程和心理特征的发展。大学学习任务的紧张，学习内容的广博精深，学习形式的复杂多样，学习方法的自主性，对大学生思想素质、智力素质、心理素质、身体素质等都是考验。有一部分学生在这一过程中，可能会出现某些问题，比如缺乏学习动力、过度学习疲劳、学习焦虑等问题。有些学生从自傲到自卑，从中心到边缘，后来变得自暴自弃。有些学生自学能力差，死记硬背，缺乏独立性和灵活运用能力等，在学习上遇到许多不适与挫折。

（3）人际交往中的心理问题。人际交往是大学生必不可少的行为之一。大学生的交往效果和他们的人际关系直接影响着他们的学习和生活，影响着他们的成长与发展。然而，并不是每个大学生都能处理好人际关系的。在人际交往过程中，有相当一部分大学生会产生困惑、矛盾和障碍等各种问题。如有的大学生在人际交往中由于认识偏差，而对人产生错觉、成见，甚至偏见，给人际交往带来负面影响；有的大学生在人际交往中存在自卑心理、嫉妒心理或猜疑心理，因此在人际交往中屡屡遭到挫折和失败。许多调查表明，80%以上的大学生最想得到的是"真挚的友谊"，70%以上的学生最怕失去的是朋友。可见，人际关系在大学生心目中的位置与重要性。

（4）情感问题引发的心理。情感问题主要是恋爱与性心理问题。恋爱是大学生遇到的最主要的情感问题。爱情是人生的一大课题，由于大学生处于青春发展的中期，随着性功能的成熟已进入了恋爱年龄阶段，恋爱和性的心理活动是必须面对、回避不了的重要问题。但现实生活中不少大学生的心理尚未成熟到能深刻地理解恋爱的意义、正确处理恋爱中的矛盾与冲突，在一些问题上不能做出正确有效的选择，存在着许多心理误区以及由此引发的心理问题。对性的好奇渴望，对性知识、性行为的不恰当认识与理解，形成心理压力与困惑，进而导致心理问题。

（5）就业问题引发的心理问题。就业是大学生学有所成、走向社会的一个抉择点，也是人生道路上的一个转折点。就业环境和竞争等因素，以及来自社会、家庭、朋友恋人、老师同学的各种压力，使大学生在择业问题上表现出复杂的心理状态和内心冲突。特别是高校扩大招生以来，大学生的就业形势非常严峻，在人生的十字路口，这是对心理品质的重大考验，是对人格的挑战，而经济来源、感情纠葛、专业发展、婚姻事业、生活质量等一切也会集中地表现出来。焦虑、自卑、孤傲、冷漠、怯懦无助、失落压抑等心理问题会不同程度地反映在大学生身上，有的导致行为失常、一蹶不振、迁怒于人，甚至对抗、报复，造成严重的后果，这已经成为学校、家庭和全社会特别关注的重要问题。

（二）大学生心理健康标准

（1）正确认识自己，接纳自己。一个心理健康的大学生，应能够体验到自己存在的价值，既能了解自己又能正视自己，对自己的能力、性格和优点能做出恰当、客观的评价，对自己不会提出苛刻、非分的期望与要求。同时，努力发展自身的潜能，即使面对自己无法补救的缺陷，也能安然处之。一个心理不健康的人则缺乏自知之明，由于目标定的不切实际，容易过高或过低地估计自己，总是将自己陷于自傲、自卑的旋涡中，心理无法平衡。

（2）较好地适应现实生活环境。心理健康的大学生能面对现实、接受现实，并能主动地适应现实、改造现实；对周围事物和环境能做出客观的认识和评价，并能与现实环境保持良好的接触；对生活、学习和工作中的各种困难和挑战都能妥善处理。心理不健康的大学生往往以幻想代替现实，不敢面对现实，没有足够的勇气接受现实的挑战，总是抱怨自己"生不逢时"，或责备社会环境对自己不公而怨天尤人，因而无法适应现实生活。

（3）人际关系融洽。心理健康的大学生乐于与人交往，能认可别人存在的重要性和作用，能融于集体中，在与人相处时，积极的态度（如友善、同情、信任）总是多于消极的态度（如猜疑、嫉妒、敌视），因而在社会生活中有较强的适应能力和较充分的安全感。一个心理不健康的大学生，总是与周围的人格格不入，远离集体。

(4) 自我调节能力较强。心理健康的大学生，能适度地表达和控制自己的情绪，合理地宣泄不良的情绪。他们的愉快、乐观、开朗、满意等积极情绪总是占有优势，身心处于积极向上、充满希望的乐观状态。其行为方式与年龄特征和社会角色相一致，他们具备独立的生活能力和独立的思考判断能力，行为始终受到意识的控制。

(5) 人格品质健全。人格即人的整体精神面貌，人格健全是指人格构成要素的气质、能力、性格和理想、人生观等各方面平衡发展。心理健康的大学生具有良好、稳定的个性，并能把自己的需要、愿望、目标和行为统一起来。

(三) 当代大学生心理健康的现状

大学生作为社会文化层次较高的年轻群体，如果仅仅从生理健康的角度来看，各种严重躯体疾病的比例并不高。但从心理健康的角度来分析，情况则大不一样。近年来，许多学者采用各种方法对大学生的心理健康进行研究，结果表明，我国大学生的心理健康状况并不尽如人意。大学生在心理上存在一系列的不良反应和适应障碍，有的甚至到了十分严重的程度，具体表现为恐怖、焦虑、强迫、抑郁和情感危机、神经衰弱等。常见的大学生心理问题还表现为环境应激问题、自我认识失调、人际关系障碍、情绪情感不稳、感情适应不良等。

(1) 当前我国大学生心理障碍的具体表现。从对许多大学休、退学学生人数的统计中表明，不良心理健康状况已成为大学生辍学的主要原因。其比例约占整个休、退学人数的30%，而且这一数字呈逐年递增的趋势。尤其是进入20世纪90年代中期以后，大学生中独生子女增多，心理问题及心理障碍更为突出，具体表现在以下几个方面：

①自我意识明显分化，理想我和现实我出现矛盾。许多大学生抱负高、成就欲望强，但他们对现实认识不深，所以不能较好地把理想和现实有机地结合起来。他们常感到自己的需要得不到满足，在许多事情上会感到迷失了方向，难以做出抉择。

②情绪控制能力降低。表现为情绪起伏较大，遇事不冷静思考，容易冲动，牢骚不满较多。

③缺乏人际沟通能力。表现为人际交往的圈子窄，缺乏基本交往技巧，自我封闭与自傲或自卑心理过重。

④缺乏学习动机和兴趣。缺乏学习的主动性、自觉性，学习目标不明确，缺乏专业兴趣，使自己无法面对学习压力，而丧失自信，产生焦虑等不良心理反应。

⑤社会适应能力差。表现为不能很快地适应新环境，包括学习、生活、人际环境等。

(2) 当前通过对我国大学生心理健康水平进行深入分析，我们可以对大学生的心理状况作如下估计：

从大学生心理健康的总体水平看，在校大学生中出现的心理障碍倾向者比例为10%~40%，而其中存在较严重心理障碍者约占学生总数的10%。大学生中主要存在的心理障碍为神经症的情绪障碍及人际关系敏感和强迫倾向等问题。

心理障碍的发生在年级、专业之间存在差异，竞争压力大的专业，发生心理障碍的人数多。从年级角度看，大学二三年级的学生，心理健康状况最差。一年级次之，四年级最少。来自农村的学生心理健康问题比来自城市的学生多。

尽管大学生中存在如此普遍的心理障碍问题，然而其中只有极少数学生接受了心理咨询方面的专业帮助。这说明在大学生中全面而深入地进行心理健康教育、广泛而策略地推行心理健康咨询、有效地预防并帮助学生掌握保持健康心理方法的重要性。

二、大学生心理健康的影响因素分析

大学生作为社会中一个特殊的群体，在其心理发展和心理健康问题上都有着自己鲜明的特点。我国目前大学生的入学年龄一般在18岁左右，经过3~5年的大学学习，毕业时年龄在22岁左右，这一时期正处在青春期后期与成年初期。这一阶段的大学生虽然在生理发展上已基本成熟，但就其心理发展来说，尚未达到真正成熟的水平，处于从尚未成熟到逐渐成熟并迅速向成人过渡的急剧变化时期。在此阶段，他们的自我意识增强，但由于阅历浅，社会经验不足，独立生活能力不强，对自己缺乏正确全面的认识，因而很容易受到社会上各种思潮的冲击，很容易产生各种各样的心理矛盾和问题。因此，研究大学生的心理特点，帮助大学生自觉地讲究心理卫生，培养健康良好的心理素质，顺利度过大学时代这一人生重要的阶段，使其不仅具有较高的专业知识水平，而且有完善的人格、较强的适应能力和创造能力，是时代赋予高校的一项重要而迫切的任务。

大学生心理问题产生的原因是多方面的，现分析如下：

（一）客观因素

（1）社会发展的影响。当前，我国正处在社会主义的初级阶段，又处在改革的攻坚时期和发展的关键时期，社会发生了复杂而深刻的变化。经济结构和经济来源多样化、生活方式多样化、社会组织形式多样化、就业岗位和就业方式多样化日趋明显。这些都可能对大学生的思想观念、价值观念带来影响。由于生活节奏日益加快，人际关系日益复杂，社会竞争日趋激烈，新事物、新观念、新的生活方式日新月异，这对于人格和价值观尚未定型，生理、心理都在发生迅速变化的大学生来说无疑是个严峻的挑战。大学生群体在心理上正处于从不成熟走向成熟的关键时期，容易对纷繁复杂的社会变化产生种种心理困惑和情绪困扰，出现各种心理问题。不少专家指出，我国当前正处于社会变革时期，社会变迁剧烈，发展变化迅速，许多社会问题令人们始料不及，对大学生心理的冲击巨大、挑战严峻，他们由于心理准备不足、心理素质偏弱、心理承受能力有限、内心困扰很多，又缺乏调控、疏导的方法与渠道，非常容易出现心理问题。

（2）家庭教育的偏差。相当一部分大学生在家里受宠爱，特别是近年来大学校园中独生子女的比例在逐年增加，据统计，大学独生子女人数占学生人数的比例已经高达80%以上。独生子女在家独享家庭所有成员的关爱，是家庭的中心和"宝贝"，拥有各种优越条件，背负着家族望子成龙的期望，人际交往少，性格易于孤僻。而来自家庭过分的爱，容易使学生感情麻木，不懂得爱，不珍惜爱，有的只习惯享受爱，只希望别人爱自己，不知怎样爱别人。许多学生在家只偶尔做一点儿家务，部分同学甚至从来不干家务。由于缺乏锻炼，学生到大学后不知如何计划生活费用，不能恰当地自理生活问题。不少学生在家娇生惯养，脾气大，处理不好与同学之间的关系，遭到挫折就焦躁和失落，不能适应大学的学习生活。

（3）学校教育的缺失。中学阶段的教育往往偏重学生智力因素的培养，而忽视非智力因素（如情感、意志、性格、情趣、爱好等）的培养；注重知识的灌输，忽视能力的培养；注重思想政治教育，忽视心理的沟通与疏导。只要学习好，什么都可以忽略，应试教育模式下形成的这种单一的价值取向，在人才培养方面存在很大的偏颇，重分数轻能力、高智商低情商的情况非常普遍，使这些生理上成熟但心理上尚未成熟，又缺乏锻炼的学生跨入大学后在突然面对自主独力的生活、学习、人际交往时不知所措，在处理感情、择业等种种问题时，更加显得惶惶不安，心浮气躁，没有主见。

（4）生活环境的变迁。进入大学后，绝大多数新生都面临着高校新环境的适应问题，他们要面对学习条件和方法的变化、生活习惯的变化以及人际关系的变化。第一次远离家乡和父母亲友，不仅要学会照顾自己，还要面对一个全新的环境，要面临思想观念和处事方式的改变。新旧环境差异越大，对学生自我调整和改变的幅度越大，对大学生的心理冲击越强烈，处理不好就会形成心理问题。有的高校通过调查发现，来自农村的新生出现心理问题的比率明显大于来自城镇的新生。

（5）学习的压力。在高校大学生中精英云集，高手林立，竞争非常激烈，每个人都想被人承认、尊重，希望在学业上拔尖，因而学习压力很大。一旦不能如愿，可能导致怀疑自己，易走极端，甚至荒废学业。另外，有的学生对所学专业不满意，缺乏自信心，情绪起伏大，学习兴趣不高，目标模糊，动机不强。有的学生学习方法不当，不适应大学的生活节奏，上课思想不能集中，精神疲惫，记忆力下降，对自己的前途过分担忧，又不能解脱出来。因此，学习压力也是诱发心理问题的重要原因之一。

（6）经济的压力。多数来自农村的大学生这方面的问题较多。一些家庭经济比较困难的学生，感到强烈的自卑，存在着严重的心理矛盾：希望得到帮助，又不愿意让别人过多地知道自己的困境；愿意开展勤工助学，又不乐意干服务性工作，怕别人讥笑看不起，由此造成抑郁烦恼，交往退缩。

（二）主观因素

（1）个性缺陷。我们在大学的实际工作中发现，出现明显心理问题的学生在一定程度上存在个性的缺陷，如性格孤僻、敏感多疑、自卑、虚荣心强、情绪波动、依赖性强、优柔寡断、自我中心等。一些高校通过连续多年的调查，发现内向性格者以及情绪不稳定的学生，出现心理问题的可能性较大。

（2）自我认同危机。大学生常常把未来设计得过于完美，而现实中的各种客观条件会妨碍"理想自我"的实现。对这一客观事实认识不足，就会引起认知上的矛盾，从而严重影响大学生的心理状态。由于大学生心理相对不成熟，承受能力较差，容易产生剧烈的情绪起伏并易受到各种消极情绪的影响，如长期或过度的紧张、焦虑、抑郁、自卑等。此外，许多大学生的自我评价往往缺乏客观性，出现高估自我或低估自我的倾向，其结果都易导致严重的心理压力，从而在学习和生活中产生心理困惑。

（3）心理素质较差。绝大多数大学生在中学的成长过程中都比较顺利，缺乏生活的磨炼和社会经验，一般都是"两耳不闻窗外事，一心只读圣贤书"，在班级里都是佼佼者，没有经历风雨，见的世面也不多。中学时代优异的学习成绩所产生的优越感使不少学生集自主精神与依附心理于一身，自我期望值高而自我控制力却很弱，争强好胜心理防线十分脆弱，他们承受挫折的能力和心理调控的能力都不强，适应环境的能力也较差，一旦在学习生活中遇到困难便灰心丧气，受一些波折、打击便萎靡不振，甚至一蹶不振，破罐子破摔。

（4）成长过程中的矛盾与冲突。大学生正处在心理学家称为"心理断乳期"的阶段，这一阶段充满成熟与不成熟的矛盾，如理想与现实的矛盾、独立性与依赖性的矛盾、知与行的矛盾、感情与理智的矛盾、闭塞性与开放性的矛盾、冲动与压抑的矛盾等。当一个人长期处于这种矛盾状态或内心矛盾冲突强度过大时，心理平衡就会被破坏，从而产生心理问题。

三、体育锻炼对大学生心理健康的积极影响

（一）促进智力的发展

正常的智力是正确感知和认识世界的前提，是心理健康的基础。经常参加体育锻炼，不仅使锻炼者的注意力、记忆力、反应力、思维力、想象力等能力得以改善提高，还可以令其情绪稳定、性格开朗，而这些非智力因素对人的智力具有促进作用。科学研究表明：在进行智力活动的过程中，如果伴随着学习与思考的兴奋、激动和对发现真理的诧异和惊讶，产生愉快的心理体验，那么这种健康的情感就能强化人的智力活动，促进智力发展。体育锻炼促进智力发展，概括地讲有以下几个方面：

（1）体育锻炼可增强神经系统的功能，促进大脑的开发与利用。经常参加体育锻炼的人神经系统的调节更加准确、灵活，兴奋与抑制转换更加合理、协调，并能对外界的刺激迅速地做出反应。体育锻炼能有效促进血液循环，提高呼吸系统的功能，这就使大脑获取更多的养分，从而有助于大脑的记忆、思维和想象，最终提高脑力劳动的效率。

（2）体育锻炼能减缓应激反应。应激是指个体对应激源或刺激做出的反应，当个体所感知的环境要求与他所认为的自我能力之间不平衡时，则会出现应激反应。经常参加体育锻炼，可降低肾上腺素受体的数目和敏感性，能降低心率和血压，从而减轻处于消极应激状态下应激源对生理的影响。

（3）体育锻炼可在一定程度上消除疲劳，提高学习效率。疲劳是一种综合性症状，它与人的生理和心理因素有关。人的随意活动主要通过大脑皮层来调节，如学生持续紧张的学习压力极易造成身心疲劳和神经衰弱。而当一个人情绪消极或任务超出个人的能力时，其生理和心理上都会很快地产生疲劳。体育锻炼能够使与文化学习有关的中枢神经得以休息，有利于消除脑力劳动所产生的疲劳，从而提高文化知识的学习效率。

（二）提高调控情绪的能力

情绪调控对人的身心健康具有重要的意义，不良的情绪既可导致心理疾病，还可能导致生理疾病。体弱多病的人常常产生痛苦、烦闷、焦虑和狂躁等心情，他们精神不振、思想迟钝，行动也常为感情所支配，这是生理上的病态导致情绪上的病态。他们体验不到健康人的快乐，往往会产生一种自卑感。面对这种自卑感又可能进一步导致一系列不良情绪，如郁郁寡欢、精神空虚、思想苦闷，且常常产生孤独感，觉得生活没有意义，生命也无希望。善于调控自己情绪的人，往往能自如地表达、控制和改善情绪状态，既有利于自己的身心健康，又有助于自身的发展。

经常参加体育锻炼，可以增强体质、锻炼意志品质、培养良好的个性，这对有效抵制

不良情绪具有积极的作用。体育活动中情境的变化,能量的发泄等都对不良情绪起着重要的调节作用。大学阶段的体育学习,有助于大学生了解不良情绪对身心健康的危害,学会运用所学的方法调控自己在体育活动和比赛中的情绪,如紧张、恐惧、精神不振和疲劳感等,并能在日常的学习、生活和工作中自觉运用适宜的调控情绪的方法。

(三) 有助于树立正确的自我价值观

自我价值观是新时代大学生的一项重要心理品质,自我价值观过高或过低都会对大学生的心理健康产生不良影响,甚至制约着自身的发展。自我价值观过高的人,对自己的认识基本上是不切实际的、不客观的,缺乏自知之明。一个人的自我价值观越高,越容易导致自负、自恋、自我膨胀,通常会为了避免自我价值观的失落而采取一些过激的行为和表现,如攻击他人、情绪低落等。反之,自我价值观过低的人,由于对自己缺乏清楚的认识,很少对自己进行正确的描述,从而导致自卑、嫉妒等心理问题。

积极的自我价值观会促使人更加努力地去克服学习、工作和生活中的种种困难,而不像自我价值观过高的人那样对困难估计不足而导致半途而废,也不像自我价值观过低的人那样知难而退。人生态度是自我价值观的核心,一个人的心理健康首先是建立在正确的人生态度基础之上的。在现实生活中,面对同样的环境和挫折,不同的人会有不同的行为表现。有的人遇到困难和挫折,仍然能保持乐观、奋发向上的情绪;而有的人还没有遭受到严重的打击,就不能忍受,甚至从此一蹶不振。大学阶段的体育学习,有助于大学生正确分析体育活动中成功与失败的原因,在不断进步的过程中培养自尊和自信,形成正确的自我价值观和积极进取的人生态度。

(四) 有助于形成坚强的意志品质

意志品质是指一个人的果断性、坚韧性、自制力以及坚韧顽强和主动独立等精神。意志品质既是在克服困难的过程中表现出来的,也是在克服困难的过程中培养起来的。参加体育锻炼就是不断克服主观和客观上的种种困难,如胆怯、疲劳、气候条件、动作难度等,有助于磨炼人的意志,从而培养人果断、坚韧等优良的意志品质,而且这些从锻炼中培养起来的坚强的意志品质,也会迁移到日常的学习、生活和工作中去。

(五) 有助于消除心理障碍,促进健康心理的形成

健康的心理寓于健康的身体之中。人的焦虑、忧愁、烦恼、抑郁等不良情绪,会影响人的情感、意志、性格和良好的人际关系的建立,容易形成不健康心理。研究表明:体育锻炼有助于摆脱压抑、悲观等消极情绪,降低焦虑、忧郁等心理障碍的程度。美国心理学家德里斯考发现,跑步能减轻大学生在考试期间的焦虑情绪。体育锻炼不仅能有效地促进人体的智力发展和良好的心理品质的形成,而且还能够调节情绪、改善人际关系、消除心理障碍,确立良好自我的概念,从而形成健康心理,达到增进健康的目的。

四、提高心理健康的体育锻炼方法

体育锻炼是大学生保持健康心理、适应社会的一种简便、有效的方法。下面介绍几种调节过度焦虑、孤独、自卑、抑郁、恐惧、暴躁等不良心理状态的体育锻炼方法。

（一）身体活动调节法

身体活动调节法是指通过人的大脑与肌肉之间的信息双向传导，选择不同强度、幅度、节奏的身体练习来调节人的情绪的一种体育锻炼方法。如当情绪低沉时，采用健身操、健身舞、快步走等节奏快、幅度小、强度处于中等偏上的身体练习，用以提高大脑的兴奋性水平，使情绪逐渐活跃起来。每次可进行时间不少于 20～30 min、心率控制在平均每分钟 130～150 次的中等强度的有氧活动。

（二）肌肉放松法

肌肉放松法是一种通过一定方式（呼吸、暗示、表象、音乐等）使肌肉一步步放松，使大脑逐渐平静，从而调节中枢神经系统的兴奋性水平，缓解紧张情绪，增加大脑对全身的控制支配能力的训练方法。具体方法是：选择适宜的姿势，以舒适轻松、全身都不费力为准，通常采用靠背坐姿势，轻松闭合双眼，想象自己正处于一个非常舒适宁静的环境中，变正常呼吸为慢速、加深、均匀而自然的腹式呼吸，在语言的诱引下，按照从右到左、自上而下、先前而后的顺序体验肌肉放松的感觉。同样按上述顺序在语言的诱导下，体验身体各部位温暖的感觉。此刻全身心进入放松安静状态，肌肉放松、心情愉快。这时你可以慢慢睁开眼睛，感觉眼前一切更加清晰，恢复正常状态即结束放松训练。

（三）呼吸调节法

呼吸调节法是通过慢而深的呼吸方法，来消除紧张，降低兴奋性水平，使人的波动情绪逐渐稳定下来的一种方法。具体方法是：站直或坐直，微闭双眼，排除杂念，尽力用鼻吸气，轻轻呼吸，慢数一、二、三，重复以上步骤三次以上。大学生可以根据自己的情绪状况随时进行，特别是在体育比赛或考试前。

（四）身体沉思法

身体沉思法是一种通过把力量、耐力、平衡及注意力集中在内的静静的、有节奏的运动，使人平息激动、放松的方法。具体方法是：呈站立姿势，整个身体保持在一条直线上，双肘和前肩与地面平行，将右脚放至左脚的前面，以身体感觉平衡和舒适为宜，同时全力集中注视你的正前方某一点，然后，左脚慢慢移动到右脚前面，同时呼气，慢慢地将前臂推离身体（掌心朝下），当左脚又返回原来位置时，吸气，掌心转至朝上，将手臂"拉"向自己的身体，重复这一动作，并注意动作的节奏。

（五）其他

通过弈棋、钓鱼等活动，怡情畅志，凝神静气，精诚专一，从而调节情绪，减少抑郁、失眠等不良情绪的干扰，提高自己的心理健康水平。

提高心理健康水平的锻炼方法还有很多，并不拘泥于固定的形式，可以根据自己的心理和身体状况选择适宜的方法进行练习。

第三节　体育锻炼与社会适应

人是否适应社会是决定事业成功与否的关键。不管你拥有多少知识，不管你具备多强的业务能力，不管你坚定了多么高的理想，如果你不具备适应社会的能力，你将会与事业的成功无缘。体育锻炼以其自身特点，对提高人的社会适应性产生着积极影响。

一、现代社会对人的适应能力的要求

（一）现代社会的特征

现代社会是一个社会生产力迅速发展和生产方式发生巨大改变的社会。现代科学技术的发展不断地促使科学技术和生产一体化，使生产朝着机械化、电气化、自动化、智能化的方向发展。人们的体力劳动越来越多地被现代化的技术装置代替，脑力劳动逐渐增多，同时都市化或城镇化使社会生活的社会化程度大大提高，节奏加快，社会生活内容丰富多彩。这一切都给社会生活方式带来了一些不利因素，如人们深居简出，减少了与新鲜空气和阳光的接触，身体活动减少，交通拥挤，人口密集造成的空气环境的污染等，从而改变了社会生产的面貌、劳动条件、生产方式的性质，同时也改变了人们的社会生活方式。表现为人们的闲暇时间大大增加，消费水平大大提高，消费结构发生重大变化。

另外，由于科学技术的日新月异，社会已进入了知识爆炸的时代。面对复杂庞大的网络信息，面对日趋激烈的各类生存竞争，人们在拓宽生活空间，寻求自我发展之际，必然要充分张扬个性和才干，以达到实现自我并不断超越的目的。这一切也使人们普遍感觉到工作和生活的强度大、负担重、心理压力大。

综上所述，不难看出现代社会生活的特征包含着压力大、节奏快、精神紧张、污染增加、消费水平和结构发生变化等诸多因素。

（二）现代社会对人的适应能力的要求

现代社会的特征决定了生活在现代社会中的人们必须具备良好的适应能力。

人的社会适应能力概括起来，表现为下列几个方面：正确的价值观念；良好的竞争意识与竞争能力；较强的合作精神与能力；良好的人际关系；民主、平等和参与意识；积极向上的个性特征；崇尚知识和追求正面文化；丰富的情感生活。

二、体育锻炼对大学生社会适应能力的影响

（一）培养正确的价值观

体育运动有着统一的规则要求，各个运动项目有严格的技、战术分类、锻炼原则和裁判规则，因此参加体育锻炼能够规范人们的行为，使人们在潜移默化中养成公平竞争、遵纪守规的价值取向。

（二）培养竞争意识

在任何体育运动中，竞争都是普遍存在的。对参与者来讲，不论资历、不论国籍、不论贫富，都是在统一的规则与要求下进行的公平竞争，完全凭个体的实力以分胜负。所以参加体育锻炼，能够培养人们吃苦耐劳、勇于拼搏的精神，不断提高自己的身体技能、心理水平和把握机遇的能力，从而形成良好的竞争意识和手段。

（三）培养团体协作精神

现代社会科学技术快速发展，知识与信息纷至沓来，各个学科相互渗透，社会分工既

精细又要求互相合作。因此要求每一个现代人必须具备合作精神与能力。体育锻炼有其明显的群体性，要求参加运动的人们，尤其是参加团体运动项目的人们，必须团结一致、齐心协力、共同拼搏才能取得胜利。所以经常参加体育锻炼能够促进人们的合作精神，提高合作能力。

（四）培养交际能力

体育锻炼的任何一个项目，都有其规定的技术动作和运动要求，所有参与者在锻炼过程中都需要学习和练习，都需要讲解与示范，都需要对技术动作进行纠正和完善。这就要求无论是自我纠正和完善，还是互相纠正与完善，都需要相互配合和主动沟通。特别是在集体项目中，每个人能否在完成自己任务的同时，实现与同伴的协助配合，对竞赛的输赢关系重大，这也要求队员之间必须要有良好的合作配合。所以经常参加体育锻炼能提高人的沟通和交际能力，促使良好人际关系的形成。

（五）培养民主参与意识

人们的年龄阶段、人种肤色、宗教信仰、健康状况、文化程度各不相同，但是人人都有参加体育锻炼的权利，并且这种民主权利已经写入联合国教科文组织的《体育运动国际竞赛》中。另外，体育竞赛的规则和竞赛文件，明确地与参与者形成了一种契约关系，鼓励参与者战胜对手，同时要求相互之间平等竞争，尽管竞赛结果有不确定性，但最终结果必须是透明的、公开的。因此，每一位参加体育活动的人，都能从竞赛活动的组织和运动实践中感受到民主化的作风，从而有助于形成良好的民主参与意识。

（六）培养积极向上的个性特征

参加体育锻炼的人，其体力、智力、心理、情感均要投入到运动中去，促使每一位锻炼者在运动过程中都会发现自己的优点和不足。因此体育锻炼能够形成正确的自我认识、自我发现意识，同时为扬长避短，不断进步，追求完美所表现出的积极主动性，又能够帮助参与者形成自我改造的意识，这些都能够锻炼和培养积极向上的个性特征。

体育小幽默

自　　信

巴比长得很帅，他自信能成为一个杰出的足球运动员。他来到一个足球俱乐部，找到了教练。

教练看了他一眼，对他说："有两样东西妨碍你成为优秀的足球运动员。"

巴比很奇怪："什么东西？"

教练："你的左脚和右脚。"

第三章 科学锻炼身体和自我医务监督与评价

第一节 科学锻炼身体的原则

生命在于运动，运动要讲究科学，按照运动固有的规律，遵循一定的原则，才能达到健身锻炼的目的，获得最佳的效果。体育锻炼的原则是身体锻炼基本规律的反映，也是参加者安排锻炼计划、选择锻炼内容、运用锻炼方法要遵循的原则。因此，在锻炼中，我们应注意坚持以下几条原则。

一、自觉性原则

体育锻炼，是一种业余、自愿、需要克服惰性，运用体育的科学知识，坚持不懈的活动。它不同于人们劳动和日常生活中的一般躯体活动，更有别于动物所具有的自然的本能动作。人们所进行的体育锻炼是具有一定的目的性和意识性的身体活动过程。因此，必须发挥自觉的主观能动性。必须把"要你练"变成"我要练"的长期的运动。"锻炼在于坚持，锻炼在于自觉"，"欲图体育之效，非动其主观，促其对体育之自觉不可"，这是毛泽东同志早年就指出的。

二、全面性原则

全面性原则是指体育锻炼必须追求身心全面和谐发展，即保证身体形态、机能、身体素质及心理素质等方面得到全面协调的发展。因为人体是统一的整体，人体各器官系统、各部位、各种身心素质和活动能力是相互联系、促进、制约的。锻炼身体时，若忽略整体的全面性，目的与活动单一，势必导致身体的片面发展，造成某些部位、器官系统、身心素质和技能的薄弱，既影响体质的增强和水平的提高，还容易发生伤害事故。体育锻炼能促进新陈代谢的普遍旺盛，使身体各系统、组织、器官和谐发展，达到身体相对的完善和完美。

三、循序渐进的原则

体育锻炼的循序渐进是指在学习体育技能和安排运动量时，要由小到大、由易到难、由简到繁，逐渐进行。不少体育爱好者在开始进行体育锻炼时，兴趣很高，活动量也很大，但坚持了几天，就失去锻炼热情，会出现各种不良反应。产生这种现象的原因可能有以下几种：开始时活动量大，机体无法很快适应，身体疲劳反应也大，锻炼者受不了这么大的"苦"而放弃体育锻炼；对体育锻炼的期望值过高，认为只要进行体育锻炼就会立竿见影，结果锻炼几天后，身体机能未见明显变化，因而对体育锻炼大失所望；开始体育锻炼时活动量过大，身体不适应造成运动损伤等。所以，身体锻炼应有目的、有计划、有步骤地实施，在安排运动负荷时应注意由小到大逐步提高，其原则是提高—适应—再提高—再适应。

四、经常性原则

经常性原则是指应坚持长期地、不间断地、持之以恒地进行体育锻炼。经常参加体育活动，锻炼的效果才明显、持久，所以体育锻炼要经常化，不能三天打鱼、两天晒网。虽然短时间的锻炼也能对身体机能产生一定的影响，但一旦停止体育锻炼后，这种良好的影响作用会很快消失。一次性体育活动可以提高人体的免疫机能，增强人体的抗疾病能力，但这种作用在体育锻炼后的第二天或第三天就消失了。所以要想保持身体旺盛的体力和精力，就必须坚持参加体育锻炼。以减肥为主要目的的体育锻炼更应该坚持不懈，因为一旦有了减肥效果，就停止锻炼，会使体重继续增加，体重的过多反复，会使体重出现"超量恢复"，不仅不能减肥反而使身体更胖。

五、安全原则

从事任何形式的体育锻炼都要注意安全，如果体育锻炼安排得不合理，违背科学规律，就可能出现伤害事故。

第二节　科学锻炼身体的方法

随着社会的发展，体育锻炼逐渐成了现代人类生活中不可缺少的内容，国内外体育界十分重视研究体育锻炼的科学性。体育锻炼的方法应根据人体发展的规律，运用各种身体练习和自然因素培育和发展体质，实现锻炼身体的目的。

体育锻炼的方法很多，这里介绍几种常用的方法。

一、发展身体素质的方法

它是最基本和常用的练习方法。运用这种方法能有效地发展身体素质，提高基本活动能力，促进内脏器官的功能，增强体质。

身体素质练习包括：力量、速度、耐力、柔韧和灵敏性的练习。其中力量、速度、耐力尤为重要，现做简要介绍。

（一）发展力量的因素及发展力量的方法

1. 负荷

实践证明，开始练习时以身体最大负荷的 60%～70% 进行练习，增长力量效果最好，随着练习水平的提高，负荷量应不断增加。

2. 动作速度

在力量练习中，动作速度不同，练习效果也不同。如投掷需要爆发力，短跑需要快速力量，它取决于肌肉收缩的力量与速度，这就宜采用较少的负荷做快速的运动。

3. 训练间隔

开始训练时以隔日训练为好。实践证明，隔日训练的力量增长为77%，而每日进行力量训练增长只有47%。每次练习间隔以 3~5 min 为宜。

发展力量的内容（手段）有很多，常见的有投掷重物、举重、引体向上、双臂屈伸、俯卧撑、跳跃、负重下蹲、负重跳等。

（二）发展速度的方法

1. 提高步频

主要是通过加快运动中枢兴奋和抑制的转换速度来提高的。

2. 增加髋关节柔韧性和腿部力量

其练习内容有高抬腿跑、小步跑、加速跑、跨步跑、后踢跑、折返跑、斜坡跑等。

（三）发展耐力的方法

进行耐力训练时，应注意以下几个因素：

1. 心、血管的负荷量

为了提高耐力，使身体处于较长时间的运动状态下而不产生疲劳，首先应提高心、血管的机能，赋予心、血管系统一定的负荷和持续时间。在体育锻炼中应使负荷量达到心、血管系统最大功能的70%，并要求至少持续 5 min。

2. 运动时应有一定的间隔时间

每次负荷之间的间歇时间，一般是以脉搏频率恢复到 120~130 次/min，再进行下次负荷练习为宜（通常需要 3~4 min）。

3. 动作速率，即跑的速度

一般说进行中速运动或者是匀速跑步而脉搏保持在 150 次/min 的训练对耐力的增长较为有效。

其练习内容有定时跑、折返跑、中长距离跑、马拉松跑、越野跑和爬山等。

（四）发展灵敏的方法

1. 提高神经系统的功能

即通过信号刺激的训练提高大脑皮层的反应能力。

2. 增加力量素质

肌肉力量强大可使动作迅速、灵敏。

3. 熟练地掌握运动技能

消除动作的紧张和僵硬，使动作灵敏而协调、精确、省力。

发展灵敏素质应采用多种方法练习。常言道"熟能生巧"，动作技能掌握得越多、越熟练，就越灵敏。体操、技巧、各种球类活动、游戏以及一些专门性辅助练习，都是发展灵敏素质的有效手段。

二、利用自然因素锻炼的方法

人们赖以生存的自然界是千变万化的。人们为了生活和生存，对自然界的适应能力也是很强的。同时，自然界也包括许多对人体健康十分有益的因素。也就是说，人体不仅要适应外界环境的变化，而且还应该利用各种自然条件进行锻炼，以进一步提高对外界的适应能力，增进健康和增强体质。

（一）日光、空气、水对锻炼身体的作用

日光、空气、水等自然条件，对身体健康具有重要意义。如日光，对机体的作用是多方面的，其中紫外线具有杀菌、抗佝偻病等作用，又能提高皮肤抵抗力和关节的活动性。红外线能起温热作用，提高新陈代谢、改善组织营养等。又如气温、湿度、气流对皮肤的刺激，特别是低温的刺激，通过神经的发射作用，改善体温调节系统，促进血液循环。空气中的阴离子，对人体的神经系统、血液循环、呼吸及内分泌活动等，都能产生良好的刺激作用。因为机体对外界环境具有巨大的适应性，变化了的环境条件作用于机体，大脑皮层立刻进行调节，使机体适应变化了的外界环境，保持机体与环境在新的条件下的平衡。新的刺激，又形成新的反射，从而进一步提高机体的适应能力。

日光、空气、水在我们生活中接触机会很多，由于城市中阳离子含量高，阴离子含量少，加之"三废"的污染，不利于人体健康，因此应该多组织一些野外活动。

（二）冷水浴

冷水浴锻炼应从夏天开始，每周至少练习两次以上，时间以早晨为好，坚持经常锻炼如下几方面：

1. 冷水洗脸与洗脚

初练冷水浴，可以从冷水洗脸与洗脚开始，特别是洗脚，应泡在水中数分钟，用以提高对冷刺激的适应能力。每天最好晨起用冷水洗脸，睡前用冷水洗脚，洗后擦干。

2. 冷水擦身

冷水擦身伴随按摩动作，对初练者更为适宜。在擦身过程中，要不断地把毛巾在冷水中浸泡拧干再擦，擦身可作为淋浴、浸浴、冬泳之前的过渡。也可单练擦浴，最好每天睡前进行。

3. 淋浴与冲洗

淋浴的水温，开始不要过低，在锻炼过程中可逐步降低，最后用冷水冲洗。冲洗前先用冷水拍打胸部，再淋上肢，然后从头向全身冲淋，时间不要超过一分钟。经过一段时间锻炼后，再逐步延长时间，每天早晚均可进行。从夏秋开始，浴后用干毛巾擦遍全身。

4. 浸浴

浸浴在室内外均可进行。浸浴前先用冷水拍胸，浸水后用毛巾不断摩擦全身，特别是胸腹部要用力擦。浸泡时间根据个人情况而定，以不出现寒战为度。浴后用干毛巾擦腰、肩、膝关节部位，擦到发热为止。

5. 冬泳

冬泳在天然水域进行，是日光、空气、水的综合利用，也是冷水浴锻炼的最好形式。下水后不能停止活动，可以进行一定强度的游泳活动，然后再在水中擦摩全身。冬泳的时间应根据个人锻炼的基础而定，以不出现寒战为标准。由于冬泳能量消耗大，每天进行时间不宜过长，并适当控制运动量。出水后应迅速擦干擦热全身，并立即穿衣。

三、跑步锻炼法

（一）跑步锻炼对人体的好处

1. 跑步对正在成长的青少年学生来讲，是发展速度、耐力、灵敏、协调等身体素质，促进运动器官和内脏机能的发展，增强体质的有效手段。对中老年人来说，跑步也是增强各器官系统的机能、延年益寿、强身祛病的最好方法。

2. 跑步可以锻炼心脏，保护心脏，预防冠心病。据观察，长期练习跑步的人，心肌的代谢比较正常，能保证有足够的血液供给心肌，不易发生缺血性心脏病。

3. 跑步还能促进代谢，控制体重，预防肥胖症。

（二）跑步的方法

体弱者开始练习跑步时，可先进行短距离慢跑。从 50 m 开始，逐渐增至 100 m、200 m 以至更多，速度一般为 30~40 s 跑 100 m。体力稍好的可进行长跑，距离从 1 000 m 开始，适应后再逐步增加距离，一般可增至 3 000~5 000 m，速度为 6~8 min 跑完 1 000 m。

跑步最好早晨进行。运动量要根据跑时每分钟最高脉搏数来掌握。

第三节　体育锻炼的自我医务监督

一、一般体格检查

（一）自我监督

自我监督是指参加锻炼者采取简单易行的医学检查方法，对本人的健康状况和身体反应进行观察。自我监督是综合医学观察的重要内容之一，也是掌握运动量、科学地安排体育锻炼的重要依据，对预防伤病、提高运动成绩和健康水平有重要意义。

自我监督的内容包括主观感觉和客观检查。

1. 主观感觉

（1）运动心情。正常时，精神饱满，体力充沛，渴望锻炼。健康状况不佳或进行了过度训练时，就会出现心情不佳、厌烦锻炼的现象。

（2）自我感觉。正常时自我感觉良好，身体无不适感觉。如果在运动中或运动后出现异于寻常的疲劳，感到恶心甚至呕吐、头晕，身体某些部位疼痛，则说明体力不好或患病了。

（3）睡眠。良好的睡眠是入睡快，醒后精力充沛。如果入睡迟，夜间易醒、失眠，睡醒后仍感疲劳，表明睡眠失常。

（4）食欲。因运动时能量消耗大，运动后食欲良好，食量大。如运动后不想进食，食量减少，在一段时间内不能恢复食欲，表明胃肠消化和吸收机能下降，可能与运动量安排不合适或身体机能的健康状况不良有关。

（5）排汗量。运动时排汗量的多少与运动量大小、训练程度、饮水量、气温、气湿、衣着厚薄以及神经系统状态有密切关系。在客观条件相同的情况下，随着训练程度的增长，排汗量可减少。如果在相同情况下，排汗量比过去明显增加，特别是夜间大量出冷汗，表明身体极度疲劳，也可能是内脏器官患病的征兆。

2. 客观检查

（1）脉搏。测脉搏时除注意频率外，还应注意节律。在训练时期，若每分钟晨脉比过去减少或无明显改变，节律齐，表明身体功能反应良好，有潜力；若每分钟比过去多12次以上，表明机能反应不良，可能与疲劳未消除或身体有病有关；如晨脉数比过去增加明显且长期不恢复到原数，可能是早期过度训练的表现。

（2）体重。在锻炼期间，体重出现"进行性下降"现象，并伴有其他异常征象（睡眠失常、情绪恶化等）时，可能为早期过度训练或身体有消耗性病变的表现。

（3）运动成绩。运动成绩长期不增长或下降可能是身体机能状况不良或早期过度训练的表现。

二、定期体格检查

定期进行比较全面的体格检查，可以帮助自己了解身体发育水平、健康状况和身体功能的变化以及锻炼方法是否正确、运动量是否合适等。

1. 定期体格检查的时间

（1）初检。初次参加体育锻炼的人，在开始训练前应进行体格检查。通过检查，对被检查者过去和现在健康状况、身体发育、功能水平进行全面的了解。初检查结果对制订锻炼计划、选择训练方法有重要的参考价值。

（2）复查。对一般学生可每学期或每年检查一次身体，经过一定时期训练后进行复查，复查体格的时间应与身体素质测验安排在同一时期，这样便于将医学生理指标检查结果与技术测验结果进行对比。

（3）补充检查。学生健康分组转组时，以及伤病痊愈重新参加训练前都应作补充检查。

2. 定期体格检查的主要内容

体检内容依检查时间不同而有不同要求。初检须包括下列几方面内容。

（1）既往史。包括既往病史和运动史。

（2）医学检查。①一般检查：应包括身体各系统物理检查、胸部X光线检查、血尿常规化验以及心电图检查。②直立姿势检查和形态测量：除三项基本发育指标（身高、体重、胸围）为必测项目外，可根据要求选测其他指标。③功能检查：重点是心、肺功能检查。可根据实际选择检查方法。此外，根据需要进行生化检查。

复查的内容最好与初检相同，但也可根据设备条件和需要选择几种主要指标进行检查。

补充检查的内容可根据具体情况而定。如果只是想了解一下身体功能状况，则只进行简易的心血管系统功能检查和心电图检查即可，必要时再进行更深入仔细的检查。

三、运动中常见的生理反应及处置

由于运动使人体生理活动过程的有序性受到暂时性破坏，从而常常出现某种生理反应，简称"运动生理反应"。常见的运动生理反应及处置办法如下：

（一）运动中腹痛

1. 原因和症状

多数在中长跑时产生。主要因准备活动不充分，开始时运动过于剧烈或者跑得过快，内脏器官功能尚未达到竞赛状态，致使脏腑功能失调，引起腹痛；也有的因运动前吃得过饱，饮水过多，以及腹部受凉引起胃肠痉挛；少数因运动时间过长或过于剧烈，使下腔静脉压力上升，引起血液回流受阻，或者因肝脾瘀血，膈肌运动异常，致使两肋部胀痛。

2. 处置和预防

（1）处置。如果没有气质性病迹象，一般可采用减慢跑速，加深呼吸，按摩疼痛部位或弯腰跑一段等方法处理，疼痛常可减轻或消失。如疼痛仍不减轻，甚至加重，就应停止运动，并口服十滴水或普鲁苯辛（每次一片），或揉按内关、足三里、大肠俞等穴位。如仍不见效，应送医院作进一步检查。

（2）预防。饭后至少一小时后才可进行运动；做好准备活动，运动量要循序渐进，并注意呼吸节奏；夏季运动要适当补充盐分；对于各种慢性疾病引起的腹痛应就医检查，病愈之前，应在医生和体育教师的指导下进行锻炼。

（二）运动性贫血

1. 原因和症状

血液中红细胞数与血红蛋白量低于正常值，称为贫血。因运动引起的这种血红蛋白量减少，即称为运动性贫血。

运动性贫血的指数。男性的血红蛋白量低于 12 g，女性低于 10.5 g。在通常情况下，运动性贫血的发病率女性高于男性。由于贫血，常引起多种不良的生理反应，危及健康。所以这部分学生常常恐惧体育锻炼，特别害怕中长跑锻炼。

运动性贫血发病的主要原因为：

（1）运动时，由于肌肉对蛋白质和铁的需求量增加，一旦需求量得不到满足，即可引起运动性贫血。

（2）运动时，由于脾脏释放的溶血卵磷脂能使红细胞的脆性增加，加上剧烈运动时血流加速，易引起红细胞破裂，致使红细胞的新生与衰亡之间的平衡遭到破坏，从而导致运动性贫血。

运动性贫血发病缓慢，其症状表现有头晕、恶心、呕吐、气喘、体力下降以及运动后心悸、心率加快、脸色苍白等。

2. 处置和预防

（1）处置。如运动中（后）出现头晕、无力、恶心等现象，应适当减小运动量，必要时暂停运动，并补充富含蛋白质和铁的食物。口服硫酸亚铁对缺铁性贫血的治疗有明显的效果。

（2）预防。遵循循序渐进和个别对待原则，调整膳食。如运动时经常有头晕现象，应及时诊断医治，以便能正常参加体育锻炼。

（三）运动性昏厥

1. 原因和症状

在运动中，由于脑部突然血液供给不足而发生的一时性知觉丧失现象，叫作运动性昏厥。

产生运动性昏厥的原因在于剧烈运动或长时间运动引起的大量血液积聚在下肢，回心血量减少，也和剧烈运动后引起的低血糖有关。

运动性昏厥的症状为：全身无力、头昏耳鸣、眼前发黑、面色苍白、失去知觉、手足发凉、脉搏慢而弱、血压降低、呼吸缓慢等。

2. 处置和预防

（1）处置。应立即使患者平卧，足略高于头部，并由小腿向大腿心脏方向推摩或拍击。同时用手指点压人中、合谷等穴位，必要时给氨水闻嗅。如有呕吐，应将患者头偏向一侧。如停止呼吸，应立即进行人工呼吸。轻度休克者，应由同伴搀扶慢慢走一段时间，帮助进行深呼吸，一般即可消除症状。

（2）预防。平时要坚持体育锻炼，以增强体质；久蹲后不要突然起立；不要带病参加剧烈运动；疾跑后不要立即停下来；不要在饥饿的情况下参加剧烈运动。只要遵循上述要求，运动性昏厥是可以避免的。

（四）肌肉痉挛

肌肉痉挛俗称抽筋，是肌肉不自主地强直收缩，变得坚硬的现象。运动中最容易发生痉挛的肌肉是小腿腓肠肌，其次是足屈拇肌和屈趾肌等。

1. 原因和症状

在体育锻炼时，肌肉受到寒冷的强烈刺激时，会发生肌肉痉挛。常在游泳或冬季户外锻炼时发生；有时准备活动不够或肌肉猛力收缩，或收缩与放松不协调，也可发生肌肉痉挛；有时也会因情绪过分紧张所致。

肌肉痉挛时，肌肉突然变得坚硬、疼痛难忍，而且一时不易缓解。

2. 处置和预防

（1）处置。对痉挛部位的肌肉做牵引。例如，腓肠肌痉挛时，伸直膝关节，并配合按摩、揉捏、叩打以及点压委中、承山、涌泉穴等方法，以促使痉挛缓解和消失。

（2）预防。运动前做好准备活动，对容易发生痉挛的部位，事先应当做适当按摩；夏季进行长时间运动时，要注意补充盐分，冬季锻炼时，要注意保暖；游泳下水前，应先用冷水淋浴；游泳时，不要在水中停留时间太长；疲劳和饥饿时，不要进行剧烈运动。

（五）"极点"和"第二次呼吸"

1. 极点

在剧烈运动时，特别在中长跑时，能量消耗大，下肢回流血量减少，缺氧不断积累，达到一定程度时就会出现呼吸急促、胸闷难忍、下肢沉重、动作不协调，甚至有点恶心的现象，这在运动生理学上称为"极点"。

2. 第二次呼吸

"极点"出现后，适当减慢运动速度，并注意加深呼吸，坚持下去，上述生理反应将逐步缓解与消失。随后机能重新得到改善，氧供应增加，运动能力又将提高，动作变得协调和有力。这种现象标志着"极点"已经有所克服，生理过程出现新的平衡。此种现象，运动生理学上称为"第二次呼吸"。"第二次呼吸"出现后，循环机能将稳定在新的较高的水平上。

"极点"与"第二次呼吸"是长跑运动中常见的生理现象，无须疑虑和恐惧，只要坚持经常锻炼和处理得当，"极点"现象是可以延缓和减轻的。

（六）运动中暑

1. 原因和症状

（1）原因。在高温环境中，长时间体育锻炼易中暑，尤其在温度高、通风不良、头部缺乏保护、被烈日直接照射的情况下最容易发病。

（2）症状。中暑早期有头晕、头痛、呕吐现象，逐步发展为体温升高，皮肤灼热干燥，严重者可导致精神失常、虚脱、抽搐、心律失常、血压下降，甚至昏迷，危及生命。

2. 处置和预防

（1）处置。首先将患者扶送到阴凉通风处休息，同时采取降温消暑手段，如解开衣领、额部冷敷作头部降温，喝些清凉饮料、十滴水，并补充生理盐水或葡萄糖生理盐水等。严重患者，经临时处理后，应迅速送医院进一步治疗。

（2）预防。在高温炎热季节锻炼时，应适当减少运动量和锻炼时间；避免在烈日下长时间锻炼；夏天在室外锻炼时，应戴白色凉帽，穿宽松薄衣；在室内锻炼时，应保持良好通风并备有低糖含盐的饮料。

第四节　体育锻炼的自我评价

系统的锻炼对身心产生的影响和结果，表现为身体形态和机能的改善、身体素质水平的提高、某项技能技术的掌握与巩固、适应环境和抵抗疾病的能力增强以及健康水平的提高等方面。体育锻炼效果的评定是评价科学锻炼水平的重要内容之一。通过评定可以及时了解锻炼的效果，掌握身体的发展、变化情况，从而使锻炼的计划和采用的方法更为合理有效。这里仅就身体发展自我评定的几种简单方法进行介绍。

一、身体形态指数评定法

1. 身高/体重指数（又称克托莱指数）的评定

身高/体重指数的计算公式为：

$$克托莱指数 = 体重（kg）/身高（cm）\times 100$$

克托莱指数表示每厘米身高的体重数，反映体重与身高的比例关系，指数越大体重相对越重。我国成年男子的指标值应在 348～450 g 之间，成年女子在 325～420 g 之间。男子超过 450 g、女子超过 420 g 则属肥胖，男女低于 300 g 均属瘦弱。

2. 身高、胸围指数的评定

身高/胸围指数的计算公式为：

$$身高/胸围指数 = 胸围（cm）/身高（cm）\times 100$$

身高/胸围指数表示胸围占身高的百分比，反映胸围与身高的比例关系，指数越大，表示相对于身高的胸围越大。指数≥1 说明胸廓和胸部肌肉发育良好；指数介于 0~1 之间为发育中等；指数≤0 说明发育较差，胸廓狭窄。

3. 体重/身高/胸围指数（又称维尔维克指数）的评定

身高、体重、胸围是反映人体形态发育水平的基本指数。通过这三项指数即能反映人体的长、宽、围厚度和密度，详见表 3-1。体重/身高/胸围指数计算公式为：

$$维尔维克指数 = 体重（kg）+ 胸围（cm）/身高（cm）× 100$$

表 3-1　身体形态（维尔维克指数）评分表

性别	年龄	10	8	6	4	2
男	19 岁以下（含 19 岁）	79.55≤x≤88.25	88.25<x≤90.43 79.55>x≥77.38	90.43<x≤92.6 77.38>x≥75.2	92.6<x≤94.78 75.2>x≥73.03	94.78<x 73.03>x
男	20 岁以上（含 20 岁）	81.11≤x≤89.13	89.13<x≤91.14 81.11>x≥79.11	91.14<x≤93.14 79.11>x≥77.1	93.14<x≤95.15 77.1>x≥75.10	95.15<x 75.10>x
女	19 岁以下（含 19 岁）	78.13≤x≤88.53	88.53<x≤91.09 78.31>x≥75.76	91.09<x≤93.64 75.76>x≥73.2	93.64<x≤96.2 73.2>x≥70.65	96.2<x 70.65>x
女	20 岁以上（含 20 岁）	78.24≤x≤88.5	88.5<x≤91.07 78.24>x≥75.68	91.07<x≤93.63 75.68>x≥73.11	93.63<x≤96.2 73.11>x≥70.6	96.2<x 70.6>x

如一个 19 岁的男性学生，体重 60 kg，胸围 80 cm，身高 170 cm，该生维尔维克指数为：60 kg + 80 cm/170 cm × 100 = 82.35

查表 3-1 得，评分 10 分，表示该生身体形态发育甚佳。

二、身体机能指数评定方法

1. 肺活量指数评定

肺活量是指身体尽全力吸气后再尽力呼出气体的总量。

查表时，先计算肺活量/体重指数，然后在身体机能评分表（表 3-2）中查找对应的分值。计算公式如下：

$$肺活量指数 = 肺活量（mL）/体重（kg）$$

表 3-2　身体机能（肺活量指数）评分表

性别	年龄	15	12	9	6	3
男	19 岁以下（含 19 岁）	88.55<x	80.12<x≤88.55	63.26<x≤80.12	54.83<x≤63.26	x≤54.83
男	20 岁以上（含 20 岁）	90.28<x	81.96<x≤90.28	65.32<x≤81.96	57<x≤65.32	x≤57
女	19 岁以下（含 19 岁）	70.70<x	63.55<x≤70.7	49.25<x≤63.55	42.10<x≤49.25	x≤42.10
女	20 岁以上（含 20 岁）	73.32<x	65.49<x≤73.32	49.83<x≤65.49	42<x≤49.83	x≤42

如一个男性学生 19 岁，体重 60 kg，肺活量 3 700 mL，该生肺活量指数为：

$$3\ 700\ \text{mL}/60\ \text{kg} = 61.67$$

查表3-2得，评分6分，表示该生身体机能属下限，较差。

2. 台阶试验指数评定

台阶试验是一种定量负荷试验，用于了解心胸功能情况。台阶试验有多种，这里推荐日本台阶试验。台阶高度男子为40 cm，女子为35 cm，运动时间为3分钟，上下台阶的频率为每分钟30次。然后测量恢复期第2、第3、第4分钟前30秒的脉搏，代入公式：

$$\text{评定指数} = 踏台上、下运动的持续时间（秒）/2 \times (3\ 次测定脉搏的和) \times 100$$

指数大于90为优，89～80为良，79～65为中，64～55为合格，小于55为差。

三、体能测定的评定标准

体能测定的评定标准为12 min慢跑评定法，此方法是通过在12 min内能跑或走多少距离来评定一个人的身体功能。一般采用"库珀12 min跑评定法"，根据跑的距离对照评定标准判断体力级别。参见表3-3。

表3-3　12 min 跑测验评定表

性别	体质状况	30岁以下	30～39岁	40～49岁	50岁以上
男	非常差	1 600 m以下	1 500 m以下	1 400 m以下	1 300 m以下
女		1 500 m以下	1 400 m以下	1 300 m以下	
男	不及格	1 600～1 999 m	1 500～1 799 m	1 400～1 699 m	1 300～1 599 m
女		1 500～1 799 m	1 400～1 699 m	1 300～1 599 m	
男	及格	2 000～2 399 m	1 800～2 199 m	1 700～2 099 m	1 600～1 999 m
女		1 800～2 199 m	1 700～2 099 m	1 600～1 999 m	
男	良好	2 400～2 799 m	2 200～2 599 m	2 100～2 499 m	2 000～2 399 m
女		2 200～2 599 m	2 100～2 499 m	2 000～2 399 m	
男	优良	2 800 m以上	2 600 m以上	2 500 m以上	2 400 m以上
女		2 600 m以上	2 500 m以上	2 400 m以上	

第四章 体育卫生与营养保健

第一节 体育锻炼卫生常识

体育锻炼必须遵循人体运动时的生理变化规律，符合运动卫生的要求，才能获得良好的效果。由于体育运动是促进健康的一种手段，所以体育运动就不可避免地与卫生保健有着密切的关系。锻炼者掌握一些运动生理学、运动损伤的预防与急救等有关的卫生保健知识，用以指导体育锻炼，从而获得最佳的锻炼效果，是非常必要的。

一、体育锻炼的卫生要求

（一）运动前的体检和心理准备

制订运动健身计划的前提条件，是需要准确地掌握自己的身体健康状况。以确保锻炼者的健康，防止运动意外伤害的发生。锻炼者在参加运动或康复运动前，都必须进行运动前的体检。

1. 运动前的自我评价测验

为了保证锻炼者能安全、愉快、有效地参加健康的体育运动，为此，锻炼者在运动前填写一份准备参加锻炼的问卷是很必要的，如表4-1所示。问卷包括6个问题的自陈量表，它能有效地确定你参加运动是否有危险。

表4-1 锻炼问卷

序号	问题	是	否
1	是否有医生曾说过你的心脏有问题，并只能在医务人员监督下进行运动		
2	当你运动时，是否感到胸部疼痛		
3	你是否出现过因头晕而摔倒甚至昏迷		
4	你是否有因改变健身活动项目而加重的骨或关节问题		
5	医生是否正在为你的血压或心脏状况开处方药物		
6	你是否知道你为何有不能参加运动的其他任何原因		

资料来源：ACSM、运动监测和处方指南（第4版），1991。

说明：

(1) 第4个问题是一个骨或关节问题，是一个你确定或修改运动方案要涉及的问题。

(2) 如果你对所有问题的回答都是否定的，那么，就有理由确信你能参加更多的有规律的健康促进运动；但需要注意循序渐进，这是一个既安全又容易有效果的方法。

(3) 参加体适能评价测验，是一个测定你的基本体适能，并据此制定最佳的运动处方的最好办法。

(4) 如果你因暂时有病如感冒或发热而感觉不好，可推迟参加更多的运动，一直等到你感觉好一些再开始。

2. 心电图运动试验

标准的心电图运动试验，常用来诊断和评价一个人是否具有潜在的冠心病危险因素，或是对已证实患有心血管疾病的人评价治疗效果，或用来检测心血管病人进行康复运动时的能力。它可为运动处方的设计与制定提供信息。

（二）做好准备活动和整理活动

体育运动过程是人体由静态—动态—静态的变化过程。准备活动和整理活动就是实现这种"变化"的过渡手段。

1. 准备活动

准备活动是体育锻炼前进行的有目的的身体练习，它能有效地使人体各部位、各系统，从静止、抑制状态逐步过渡到兴奋、紧张状态，克服机体的生理惰性，使体温和肌肉温度升高，从而为身体锻炼加大负荷和提高心理适应做好准备。

一般性准备活动通常采用慢跑、伸展性练习与各种徒手或器械操等一般性身体练习。专门性准备活动应安排在准备活动的最后阶段。准备活动的时间一般控制在 10~15 min，运动强度以心率为 100~120 次/min 为宜，准备活动要根据运动项目的特点、季节气候、运动水平及个性特点等因素加以调整，通常以身体发热或微微出汗为宜。

2. 整理活动

整理活动是锻炼者在完成运动锻炼后，进行的中、小强度的运动，通过轻松、缓慢的整理放松活动过程，使人体由紧张状态逐步恢复到相对安静的状态，以达到调节机能、减轻肌肉酸痛、消除疲劳的效果。

整理活动应侧重于全身性放松。一般性的整理活动包括调整呼吸运动和自然放松地走、慢跑、徒手放松练习、简单的舞蹈动作组合、自我按摩和相互按摩等。

（三）夏季体育锻炼卫生常识

1. 忌锻炼后立即洗凉水澡

夏天由于气候炎热，在体育锻炼过程中往往汗流浃背，锻炼者有时为了贪图一时痛快，体育锻炼后立即就去洗凉水澡。其实这样做对身体健康是有害无益的。因为体育锻炼时，全身的新陈代谢十分旺盛，体内所产热量大增，皮肤中的毛细血管扩张，以利于体热的散发，如果体育锻炼后立即去洗凉水澡，会使毛细血管骤然收缩，不利于体热的散发，虽然在洗凉水澡的一刹那会觉得凉爽，但过后又会使人感到热不可耐。同时，突然遇到冷的刺激会使体表已张开的汗孔骤然关闭，容易生病。

2. 忌大量饮水

夏季体育锻炼时由于出汗多，会感到口干舌燥。但这个时候千万不可大量饮水，否则对身体健康有害。因为体育锻炼时机体各个器官、系统进行了紧张的工作，此时需要休息，以便及时消除疲劳。如果这时大量饮水，会给消化系统、血液循环系统，尤其是给心脏增加沉重的负担。同时，由于天气炎热，锻炼时出汗过多，体内的盐分已随着排汗而大量丧失，如果这时再大量饮水，出汗会更多，盐分也会进一步丧失，从而出现抽筋、痉挛等现象。

3. 忌大量吃冷饮

体育锻炼时由于肌肉的运动，会引起体内血液的重新分配，使体内大量的血液流向运动肌肉和体表，而消化器官则处于相对的贫血状态。冰冻饮料由于温度过低，如果这时大量吃进去，对于已经处于暂时贫血状态和胃酸浓度不足的胃脏刺激过于强烈，容易损伤其生理功能。如果夏天体育锻炼之后大量吃冷饮，轻者会使食欲减退，重者则会导致急性胃炎，甚至为日后发生慢性胃炎、胃溃疡等疾病埋下祸根。

4. 忌在强烈的阳光照射下锻炼

夏天如果常在强烈的阳光照射下进行体育锻炼，对身体将会产生不良的影响。因为阳光中的紫外线，在夏天格外强烈，人体如果长时间受到照射，紫外线将会透过毛发、皮肤、头骨而辐射到脑膜和脑细胞中去，容易使大脑发生病变，也会导致类似中暑的症状。因此，夏天体育锻炼的时间，最好安排在早晨或下午 4 点以后进行。

（四）冬季体育锻炼注意事项

1. 忌不做准备活动

在体育锻炼前做些简单的四肢运动，对安全有效地锻炼身体有好处。因为在寒冷的冬天，人体因受寒冷的刺激，肌肉、韧带的弹性和伸展性明显降低，全身关节的灵活性也较夏秋季节差得多。锻炼前不做准备活动，则会引起肌肉韧带拉伤或关节扭伤，致使锻炼不能正常进行。锻炼前，身体各部位及运动系统的有关区域都处于安静和抑制状态，做准备活动会使人体各部位及运动系统从静止、抑制状态逐步过渡到兴奋、紧张状态，从而为身体为锻炼加大负荷做好准备。

2. 忌雾天锻炼

雾是由无数微小的水珠组成的，这些雾珠中含有大量的尘埃、病原微生物等有害物质。如在雾天进行锻炼，会产生呼吸困难等症状，严重者会引起鼻炎、气管炎、结膜炎以及其他病症。雾天湿度大，还会影响皮肤对体热的散发，对锻炼也不利。

3. 忌锻炼时用嘴呼吸

无论是锻炼时还是在平时，都应养成用鼻子呼吸的习惯。因为鼻孔里有很多毛，能够滤清空气，使气管和肺部不受尘埃、病毒的侵害。冬季锻炼，空气温度低，冷空气经过鼻腔时，已经得到加温、湿润，再进入肺部就不会产生强烈的刺激了。用嘴呼吸则会使冷气直接进入肺部而产生强烈刺激，从而引起不良后果。

4. 忌不注意保暖

冬季锻炼，不可忽视保暖，否则会引起伤风感冒。开始锻炼时不必立即脱掉外衣，待身体发热时再逐渐减衣。也不要等大汗淋漓时再脱衣服，因为那时内衣已被汗水浸湿，经冷风一吹，容易感冒。锻炼结束时，应擦干身上的汗水，并立即穿上衣服，以免身体着凉引起感冒。

二、防止和消除运动性疲劳

运动性疲劳是指人体运动到一定程度时，运动能力及身体功能暂时下降的现象，经过适当的休息和调整可以恢复到正常的机能水平。体育锻炼的过程就是：运动—疲劳—休息—恢复。运动性疲劳是人体运动过程中发生的正常生理现象，对人的身体并无害。它是一种警报信号，或者是一种健康的保险阈。它提示锻炼者不能过度疲劳。但是，如果人经常处于疲劳状态，前一次运动产生的疲劳还没来得及消除，而新的疲劳又产生了，疲劳就可能积累，久之就会产生过度疲劳，影响运动员的身体健康和运动能力。如果运动后能采取一些措施，就能及时消除疲劳，使体力很快得到恢复，消耗的能量物质得到及时的补充甚至达到超量恢复，就有助于训练水平的不断提高。

（一）运动性疲劳的判断

判断运动性疲劳的出现及其程度，对科学地锻炼身体、增强体质，合理地安排运动强度及提高运动成绩都有着重要意义。在学校体育运动和自我锻炼中，对运动性疲劳程度的判断，通常采用自觉症状（例如：疲乏、头晕、心悸、恶心等）和客观体征（例如：面色、排汗量、呼吸、动作、注意力等）以及客观指标：各器官、系统的生理，生化指标的变化情况（例如：肌肉力量、肌肉硬度、握力、心电图、心率、反应时肌腱反射、肺活量、血压、尿蛋白等）来综合评定。通常为了锻炼者在运动中便于判断运动性疲劳及其程度，可采用比较直观简易的方法来判断，如表4-2所示。

表4-2　运动性疲劳及其程度的判断方法

内容	轻度疲劳	中度疲劳	重度疲劳
自我症状	无任何不舒服	疲乏、腿痛、心悸的感觉较红	除疲乏、腿痛、心悸外，尚有头痛、胸痛、恶心甚至呕吐等征象，而且这些征象持续时间较长
面色	微红	中量伴汗	面色苍白或发青
排汗量	微量排汗	明显加快	过量排汗
呼吸	稍有加快	速度及动作稳定性稍有下降	加快并节奏紊乱
动作	保持正常的速度，动作轻松自如	执行指令不准确，改变	动作摇摆，稳定性差，速度明显下降，动作不协调
注意力	能明确执行指令	方向有时出现错误	执行指令缓慢，只有大声口令才能接受
恢复速度	睡一夜即可恢复	休息一两天后即可恢复	休息近1周才能恢复

（二）消除疲劳的方法与措施

1. 消除运动性疲劳的方法

（1）改善代谢法。此类方法，指用各种方法使肌肉放松，改善肌肉血液循环，加速代谢产物的排出。常用方法有整理活动、水浴、蒸汽浴、理疗、按摩等。

（2）调节神经系统法。通过调节中枢神经系统，降低交感神经兴奋性，增加迷走神经的兴奋性，加强机体的合成代谢功能，使机体尽快恢复。方法主要有睡眠、放松练习、音乐疗法。

（3）补充法。通过补充机体在运动中大量失去的物质，促进疲劳消除，可采用营养物质补充法、中医药的调理等方法。

消除运动疲劳的方法很多，单独使用某一种方法，是很局限的，必须综合应用才能有较好的效果，因为产生疲劳的原因很多，而又有个体的运动能力等方面的差异，所以对疲劳的分析必须整体综合考虑。运用消除疲劳的方法也因人而异，并有针对性地进行。

2. 消除疲劳的措施

锻炼后产生的运动疲劳，如得不到及时消除，体力恢复不充分，势必影响到继续锻炼及工作学习的精力。因此，在运动疲劳之后，为加速疲劳的消除，可采取下列措施：

（1）静止性休息——睡眠。锻炼导致身体疲劳之后，保证良好而充分的睡眠是使身体得到恢复的重要措施。同时，身体劳累之后，坐下或躺下做安静休息，也有助于疲劳的消除。

（2）活动性休息——适宜运动。早在20世纪，生理学家就发现，当局部肢体疲劳之后，可通过使另一部分肢体肌肉的适当活动来加速已疲劳的肌肉的体力恢复，故称为活动性休息。之后很多生理实验研究证实，当局部疲劳后，可利用未疲劳的另一些肌肉进行一些适当活动，借以促进全身代谢过程，加速疲劳消除。当全身疲劳时，也可通过一些轻松的、兴趣高的体力活动，来达到加速消除肌肉代谢产物的目的。

（3）物理性恢复手段。按摩、光疗、电疗等对促进疲劳肌肉的代谢过程、加速疲劳消除有积极意义。此外，如热水浴、吸氧、空气负离子吸入等对疲劳消除也有益。

（4）合理补充营养。在运动疲劳后，饮食中要有较充分的糖和蛋白质补充。如果是长时间的锻炼，体内能源供给大部分来自脂肪，这类耐力性运动疲劳后，应根据负荷的程度适当食用一些脂类食品。此外，疲劳后要注意维生素和无机盐的补充，维生素C、维生素B_1、维生素B、维生素A、维生素E等对疲劳的消除有重要作用。同时，各种高能运动饮料、电解质运动饮料及一些营养滋补剂等对体力恢复也有益。

（5）心理调节。情绪因素对疲劳的消除也有不容忽视的作用，积极向上、乐观愉快的情绪有助于加速疲劳的消除。如欣赏优美动听的音乐，做些自我心理控制与放松调节等对体力恢复都有促进作用。

运动性疲劳的恢复是一个复杂的过程，恢复过程中要做到全面、系统、科学。

三、运动环境卫生要求

运动环境是指人们进行体育运动时所处的外界条件，如空气、水、场地和建筑设备等。良好的运动环境，可以激发锻炼者的运动情绪和提高锻炼效果。反之，可抑制锻炼者的情绪，还可以引起生理异常反应或诱发运动损伤。

（一）运动场地、器材的卫生要求

运动场地、器材是否符合卫生要求，关系到体育锻炼的效果和锻炼的安全问题，必须加以重视。

1. 运动场地卫生要求

首先，运动场地的位置选择要避开污染区，交通方便，利于群众开展体育活动，靠近水源。运动场地周围应合理栽种树木花草，这样可以改善体育场地的空气环境。室外田径场要求跑道平整，富有弹性，无浮土，无积水。选择篮球、排球运动场地应平坦结实，无碎石、浮土、不滑，最好是三合土地面。足球场最好有草皮，球场周围不应有任何障碍物。

室内场馆要求地面应平整结实不滑，无浮土，光线应充足。室内应经常保持清洁卫生，要通风透气，空气新鲜。

室内外体育器材必须经常检查维护，确保锻炼者能安全使用。

2. 运动器械卫生要求

运动器材的好坏不仅关系到锻炼者的安全问题，同时也会对锻炼者的心理产生很大的影响，如技术水平的发挥和运动情绪等。因此，锻炼者使用运动器械既要符合卫生要求，也要符合技术要求，对器材的卫生、重量、大小以及稳固性等都有着标准要求。

（二）运动服装卫生要求

锻炼者身着合适的运动服装，不仅有助于体育锻炼和提高运动成绩，而且可以减少伤害事故的发生。锻炼者选择运动服装应合体，并且要注重服装的保温性、透气性、吸湿性、溶水性和其他性能。夏季运动服装应色浅轻薄，透气而易于散热。经常从事体育锻炼的人，要勤洗勤换运动衣裤，尤其是内衣裤，以免汗液和细菌侵害机体健康。

运动鞋袜的大小要合适，应轻便、弹性好，具有良好的透气性。运动时切勿穿凉鞋、皮鞋或赤脚。硬、滑或过松的鞋袜容易造成运动损伤。

四、女性体育卫生要求

女性由于身体结构和生理特点上均不同于男性，因而在参加体育锻炼时，对运动项目的选择、运动量的控制应有别于男性。

（一）女性体育锻炼的一般要求

女性在生理结构上有其自己的特点，从体型方面来看，肩部较窄，骨盆较宽，躯干相对较长，这使得女性的身体重心较低，有利于维持平衡，对完成下肢的平衡动作较为有利。但因臂力较弱，故对多支撑、悬垂和大幅度的空中摆动等动作的能力低于男性。从内脏器官生理功能水平来看，女性的心脏、胸廓的体积都小于男性，因此呼吸深度浅，频率快，容易产生疲劳。因此，根据女性的生理、心理、身体机能和身体形态的特点，选择合适的运动项目和运动量，克服和改善女性的生理弱点，采用积极的手段和选择科学的锻炼方法，才能收到良好的锻炼效果。女性参加体育锻炼应考虑以下特点：

（1）利用女性爱美心理和柔韧性较好的特点，可侧重选择一些节奏性较强、轻松活泼的练习，例如艺术体操、健美操、体育舞蹈等项目的运动。但对于两臂支撑、悬垂、静力性等练习应适当降低要求。

（2）为塑造形体美，可选择一些增强腰背肌、腹肌和骨盆肌的力量练习，例如仰卧起坐、仰卧举腿、踢腿、摆腿之类的练习以促进正常发育。但选择力量性练习时，注意负荷不宜过重，时间不宜过长。一些对腹腔、盆腔震动较大的动作不宜练习。

（3）女性皮下脂肪较多，因而耐冷，用脂肪做能源的利用率较高，故热能供给较充足，非常适宜从事游泳健身运动。但经期要注意保暖，不宜参加水下活动，以免细菌从阴道进入子宫、输卵管等，引起炎症，影响身心健康。

（4）运动时还应注意保护乳房。跑步时，未加保护的乳房的颤动可对胸部产生约30磅（133.5 N）的撞击力，如不加保护，长期运动会导致乳头发炎，致使乳房组织松弛。特别是在从事身体接触性对抗运动项目中，更应加强自身的自我保护，防止不必要的撞击和损伤。

（二）月经期体育锻炼的卫生要求

月经是女性的正常生理现象。身体健康、月经正常者，一般没有明显的生理变化，在经期做适当的体育锻炼对促进新陈代谢、改善盆腔的血液循环、减少经期的盆腔充血、缓解小腹下坠及腰痛等感觉是有益处的。运动时腹肌的收缩与放松交替进行有助于经血的排出。另外，经期参加适当的体育运动可使大脑皮层兴奋和抑制作用更加协调，有利于调节经期的情绪，使人精神愉快，从而减轻经期易激动、烦躁的症状。所以，身体健康、经期正常的人不必停止必要的体育运动，但可适当调整运动量和运动项目。女性在月经期间参加体育锻炼，应注意以下几点：

（1）经期运动量要适宜，避免做剧烈的跑、跳、腹压加大的练习，也应避免做强度大的力量、耐力性练习。

（2）经期不宜参加游泳、长跑、跳跃和持续性较长或较快的运动。

（3）经期要避免寒冷刺激，如冷水浴锻炼，以免发生痛经、闭经或月经淋漓不净等状况。

（4）如果出现月经紊乱、痛经等现象，则应暂停体育锻炼。

第二节　营养保健

一、营养素

营养素是指能在人体内被消化吸收，并且有供给热能，构成机体和具有调节生理功能的化学成分，是机体新陈代谢进行的基础。人体所需的营养素有蛋白质、脂肪、糖、维生素、无机盐和水，其中蛋白质、脂肪、糖为供能物质，水、维生素、无机盐在人体中起到调节生理功能的作用。

营养素一般来自食物，但任何一种食物不可能包含人体所需要的各种营养素，任何一种营养素也不可能具备各种营养功能。因此，人体需要从多种食物中获得必需的各种营养素。

（一）蛋白质

1. 蛋白质的组成

蛋白质由碳、氢、氧以及硫、磷等元素组成，主要特点是含氮，蛋白质是人体中唯一的氮元素供应源。

蛋白质的基本单位是氨基酸。在人体及自然界中常见的氨基酸有二十几种，人体和各种食物中的各类蛋白质，都由这些氨基酸组成。不同蛋白质中所含的氨基酸的种类不同，组成蛋白质分子的氨基酸数量和排列顺序也不一样。所以，蛋白质的种类是千变万化的，人体所需的氨基酸并非都从食物中摄取，一部分要在人体内合成，或由其他氨基酸转变而成。但有的氨基酸在人体内不能自行合成或合成速度不能满足身体的需要，必须从膳食中摄取，这种氨基酸被称为"必需氨基酸"，它们分别是异亮氨酸、亮氨酸、色氨酸、赖氨酸、苏氨酸、蛋氨酸、苯丙氨酸和缬氨酸。此外，组氨酸是婴儿必需的氨基酸。

2. 蛋白质的生理功能

（1）构成机体组织。蛋白质是构成细胞的主要成分，占细胞内固体成分的80%以上，约占人体质量的18%，蛋白质是肌肉血液、骨、软骨以及皮肤的主要组成成分，机体组织的新陈代谢和损伤修补，都必须依靠蛋白质。

（2）调节生理功能。蛋白质与体内许多生理功能有关，如血浆蛋白的浓度与维持渗透压有直接关系；球蛋白中有着人体所需的多种抗体；蛋白质是体内缓冲体系的组成部分，有维持酸碱平衡的作用；某些氨基酸是合成能源物质（磷酸肌酸）和组成神经介质（乙酰胆碱）的重要成分。此外，对代谢过程起催化和调节作用的酶和激素，运输氧和二氧化碳的血红蛋白等重要物质，也都由蛋白质构成。

（3）供给热能。蛋白质的主要功能不是供给热能，但由于机体内旧的或已破坏的蛋白质发生分解，在分解代谢中将同样可释放出部分能量供给人体的需要。此外，食物供给的蛋白质过多，或不能形成机体组织的蛋白质时，也将被分解、氧化放出热能，每1 g 蛋白质在体内可产生 16.742 kJ 热能。

蛋白质是人体生命活动的重要物质，当蛋白质长期供给不足时，机体将发生蛋白质缺乏症，其首先影响肠黏膜的吸收功能，使之出现消化吸收不良、慢性腹泻等症状，还会造成肝脏功能下降，血浆蛋白合成障碍，血浆蛋白浓度下降，可出现浮肿，酶的活性降低，致使抵抗力下降，机体的应激能力降低、儿童的生长发育迟缓，甚至智力发育障碍等。

3. 食物蛋白质的营养价值评定

由于各种食物所含蛋白质的组成成分不同，因而营养价值也不一样，通常把营养价值较高的蛋白质称为完全蛋白质，较低的称为不完全蛋白质。一般地说，蛋类、乳类、鱼类、瘦肉类和大豆蛋白质的营养价值较高，而一般植物性蛋白质的营养价值较低。具体分析食物中蛋白质的营养价值，则要对食物中蛋白质含量、氨基酸种类和比例、蛋白质的消化率以及蛋白质的生物价四个方面，进行综合评价，才能得出可靠的结论。

（1）食品中蛋白质含量。评定某种食品蛋白质营养价值高低时，首先应考虑其蛋白质的含量，因为即使营养价值很高的蛋白质，若含量过低也无法满足机体的需要。

各种食物中蛋白质的含量差异较大，在每千克食物中，粮谷类含蛋白质80 g 左右，豆类300 g，蔬菜类10～20 g，肉类160 g，蛋类120 g，鱼类120～180 g。

（2）氨基酸的种类和比例。在各种不同食物蛋白质中，所含氨基酸的种类和数量都不同，食物中所含必需氨基酸的种类越多，含量越高，必需氨基酸数量和人体所需的氨基酸的种类和比例越接近，则蛋白质的吸收和被利用率越高，营养价值也越高，鸡蛋蛋白质中所含的必需氨基酸种类较齐全，相互间比值也较接近人体的需要。因此，常用鸡蛋蛋白质作为标准与其他食物作比较。

（3）蛋白质消化率。蛋白质消化率是指一种食物蛋白质可被消化酶分解的程度。蛋白质消化率较高，则被身体吸收利用的可能性越大，营养价值越高。食品中蛋白质的消化率，可以用蛋白质中能被消化吸收的氮的数量与该种蛋白质含氮的比值来表示：

$$蛋白质消化率 = 食物中被消化吸收的氮量 / 食物中含氮总量 \times 100\%$$

影响食品中蛋白质消化率的因素较多，一般植物性食品中的蛋白质，由于被纤维素包围，使之与消化酶接触程度较差，因而其蛋白质消化率较低。植物性食品经过加工烹调，其纤维素可被破坏、软化或去除，消化率也就相应地提高，如大豆整粒食用时，其蛋白质消化率仅为60%，将大豆加工为豆浆或豆腐，蛋白质消化率可高达90%。

按一般常用方法烹调食品时，蛋白质消化率分别为：奶类97%~98%、肉类92%~94%、蛋类98%、米饭82%、面包79%、马铃薯74%、玉米面窝头66%。

（4）蛋白质的生物价。蛋白质的生物价是指食物蛋白质在身体内被吸收的氮量与吸收后在体内储留利用的氮量的比值。

生物价是表示蛋白质价值最常用的方法，它取决于该食物氨基酸含量的相互比值。构成人体各种组织蛋白质的氨基酸有一定的比例，只有从食物中摄取的各种必需氨基酸与此种比值相一致时，才能被机体充分利用，可见，食物蛋白质所含的必需氨基酸越接近人体的需要，则生物价越高；反之，其营养价值就越低（表4-3）。

表4-3 常用食物蛋白质的生物价

食物	生物价	食物	生物价
鸡蛋	94	小米	57
牛奶	85	玉米	60
猪肉	74	大豆	57
牛肉	76	马铃薯	67
牛肝	77	白薯	72
鱼	76	高粱	56
虾	77	绿豆	58
大米	77	花生	59
面粉	67	白菜	76

几种蛋白质混合食用时，由于各种蛋白质所含氨基酸的相互配合，取长补短，改善了氨基酸的比例，从而使混合蛋白质的生物价提高，这种现象称为"蛋白质的互补作用"，如粮食食物蛋白质中赖氨酸含量较少，限制了它的生物价，若它与含赖氨酸较多的大豆或肉、蛋类同时食用，生物价则可明显提高（表4-4）。

表4-4 蛋白质的互补作用

食物	混合蛋白质 原生物价	混合比例/%	混合后生物价	食物	混合蛋白质 原生物价	混合比例/%	混合后生物价
小麦	67	40	70	大豆	57	70	77
玉米	60	40		鸡蛋	94	30	
大豆	57	40		奶粉	85	33	83
小麦	67	67	77	面粉	67	67	
大豆	57	33					

4. 膳食中蛋白质供给量与食物来源

蛋白质在体内储存量甚微，营养充分时可储存少量的蛋白质（约1%），当饮食中过多的蛋白质进入体内后，则会被肝脏分解为尿素等排出。因此，应每天供给适量的蛋白质，才能满足机体的需要。

蛋白质的需要量与身体的活动强度、年龄及不同的生理状况等条件有关。一般来说，从事重体力劳动的人，运动员和处在生长发育期的青少年以及在特殊生理状况时的女性（孕妇、乳母），蛋白质的需要量相对增高。

根据我国营养学会 1981 年修订的标准，蛋白质供给量为每日每千克体重 1~1.5 g，由蛋白质供给的热量，应占一日膳食总热量的 10%~14%，儿童少年应为 12%~14%，成人为 10%~12%（表4-5）。当利用生物价较低的蛋白质时，供给量则应相应提高。

表4-5 蛋白质供给标准量

类别	供给量/g	类别	供给量/g
婴儿	2.0~4.0/kg 体重	成年男子 极轻体力劳动	70
儿童 1 岁以上	40	轻体力劳动	75
2 岁以上	40	（18~40 岁）中等体力劳动	80
3 岁以上	45	重体力劳动	90
5 岁以上	50	极重体力劳动	105
7 岁以上	60	成年女子 极轻体力劳动	65
10 岁以上	70	（18~40 岁）轻体力劳动	70
少年男子 13 岁	80	中等体力劳动	75
16 岁	90	重体力劳动	85
少年女子 13 岁	80	孕妇	15~25
16 岁	80	乳母	25

蛋白质来源于食物中的肉、鱼、奶和蛋类，豆类含有丰富的植物蛋白质。在粮谷类食物中，蛋白质含量虽不高，但往往由于食用量比较大，因此，也成为人体蛋白质的主要来源。

（二）脂肪

1. 组成与分类

脂肪由碳、氢、氧三种元素组成。脂肪可分为中性脂肪和类脂质两大类。通常所说的脂肪是指中性脂肪，它由 1 分子甘油和 3 分子脂肪酸组成，故称为甘油三酯。类脂质有磷脂和固醇两类化合物。

脂肪酸的种类很多，可分为饱和脂肪酸与不饱和脂肪酸两类。在不饱和脂肪酸中，亚油酸在体内不能合成，必须由食物供给，故称为必需脂肪酸。

2. 生理功能

（1）构成机体组织。脂肪是人体组织细胞的一个重要组成成分。如细胞膜是由磷脂、糖脂和胆固醇组成的类脂层；脑组织和中枢神经组织内都含有硝磷脂；固醇是体内合成固醇类激素的必需物质。这部分脂质在体内是相对稳定的，即使长期热量不足，也不会被利用。

中性脂肪构成了人体的储备脂肪，如皮下脂肪等。此种脂肪在机体需要时可氧化分解，释放出的能量被机体所利用。同时，中性脂肪还可起到隔热保温、支持和保护体内各种脏器、关节等作用。

（2）供给脂溶性维生素。人体所需的某些维生素，如维生素 A 和胡萝卜素、维生素

D、维生素 E 以及维生素 K 都溶解于脂肪，故称为脂溶性维生素。脂肪中含有一定量的脂溶性维生素。膳食中的脂肪可以促进并协助脂溶性维生素的吸收和利用。

（3）提供热能。脂肪是一种含热量很高的营养素，每克脂肪在体内氧化分解可产生 37.669 kJ 的热量。因此，在某些情况下，如耐久性运动时，脂肪是人体的主要能源。

（4）增加食物的美味和饱腹感。脂肪可使食物酥软、香脆、增进食欲。脂肪在胃中停留时间较长，因而有较高的饱腹感。此外，脂肪的产热量高，可减少进食的量。

3. 膳食中脂肪的供给量及食物来源

膳食中脂肪供给量受饮食习惯、季节和气候的影响，变动范围较大。为满足人体一定数量的脂溶性维生素，必需脂肪酸的需要以及保证脂溶性维生素的吸收利用，每日膳食中有 50 g 脂肪即可满足。一般认为由脂肪供给的热量应占每日总热量的 17%～20%，不宜超过 30%，在寒冷条件下可以适当增加摄入量。

经过研究证明，机体摄入过多的脂肪，尤其是动物性脂肪，是导致高脂血症和动脉粥样硬化的主要原因之一。而且，过多的脂肪容易使身体肥胖，引起一些诸如糖尿病等代谢性疾病。

脂肪主要来源于动物性食物，如猪油、牛油、羊油、奶油、鱼油、骨髓及蛋黄等，植物性食物中如芝麻、菜籽、大豆、花生和茶子也含有丰富的植物性脂肪。

（三）糖（碳水化合物）

1. 组成与分类

糖是由碳、氢、氧三种元素组成的一大类化合物。根据其不同的分子结构可分为单糖（葡萄糖、果糖、半乳糖）、双糖（蔗糖、麦芽糖、乳糖）和多糖（淀粉、糖原、纤维素、果胶）。除果胶和纤维素不能被人体吸收外，其他双糖和多糖必须经过人体的消化，转变为单糖后（主要是葡萄糖）才能被吸收利用。

2. 生理功能

（1）供给热能。每 1 g 糖在人体内氧化分解可产生 16.742 kJ 的热能，糖比脂肪和蛋白质容易消化吸收，并且分解迅速，产热快，耗氧少（氧化 1 g 糖耗氧 0.33 L，而氧化 1 g 脂肪和 1 g 蛋白质耗氧分别为 2.03 L 和 0.9 L）。因此，糖是人体的主要能源。糖作为供能量，对于进行体育运动（尤其是在缺氧状态下进行运动）有十分重要的意义。另外，糖氧化的最终产物是二氧化碳和水，机体较易排出。

（2）糖是构成机体组织细胞的重要物质。糖蛋白是细胞膜的组成成分之一，粘蛋白是结缔组织的重要成分，神经组织中含有糖脂，而糖是糖蛋白、粘蛋白和糖脂不可缺少的成分。糖还参与了人体遗传物质和遗传信息传递物质——脱氧核糖核酸和核糖核酸的构成。

（3）维持中枢神经的功能。人体的大脑新陈代谢旺盛，虽然其质量仅为体重的 2%，而能量消耗却占身体基础代谢的 25%。脑组织中的能量储备，全靠血糖供能，每天需要 100～120 g 葡萄糖。当血液中糖的成分减少时，首先影响神经系统的功能。另外，当血糖过低时，会发生低血糖症甚至昏厥。

（4）糖在蛋白质的代谢过程中起重要作用。当蛋白质与糖一起被摄入人体时，在体内储留的氮量比单独摄入蛋白质时所储留的氮量要多。这是因为摄入蛋白质后，组织中游离氨基酸的浓度增高，而氨基酸在体内被重新合成人体所需要的蛋白质，以及进一步代谢时，都需要较多的能量。当摄入蛋白质并同时摄入糖类时，可增加 ATP 的形成，有利于氨基酸的活化及合成蛋白质，使氮在体内的储量增加。

（5）糖参与脂肪的代谢过程。脂肪在体内代谢所产生的乙酰基，必须与草酰乙酸结合进入三羧酸循环才能被彻底氧化。草酰乙酸的形成，是葡萄糖在体内氧化的结果，因此，脂肪在体内的正常代谢，必须有糖的存在。

（6）维持肠道的正常功能。纤维素和果胶虽然在体内不能被消化吸收，但能促进肠道蠕动，有利于排泄。根据研究，在膳食中含有大量纤维素的人群中，出现结肠炎和结肠癌的概率较低。

3. 膳食中的供给量与食物来源

膳食中糖的供给量，主要决定于饮食习惯和生产生活水平。一般认为，糖提供的热量可占人体总需热量的 60%~70%。膳食中糖的主要来源是谷类和根茎类食品，如粮食和薯类。它们含有大量的淀粉和少量的双糖和单糖。蔬菜和水果除含有少数单糖外，也是纤维素和果胶的主要来源。

上述各种食品中，应尽量以粮食和薯类为主要来源，因粮食和薯类，除含有大量淀粉外，还含有蛋白质、无机盐和维生素，而蔗糖和麦芽糖的营养价值远不如它们，为了得到一定数量的纤维素，还应多吃水果和蔬菜。

（四）维生素

维生素是维持正常生命活动和生理功能必需的一种营养素。它们的种类很多，按其溶解性质，可分为水溶性和脂溶性两大类。脂溶性维生素主要有维生素 A、维生素 D、维生素 E、维生素 K，水溶性维生素主要有维生素 B、维生素 B_2、维生素 C 及维生素 PP 等。

维生素在体内不提供能量，也不是机体的构成成分。维生素在体内的主要作用是调节物质代谢，保证人体的正常生理功能，维生素一般在体内不能合成或合成数量较少，无法满足人体需要。所以，必须由食物来供给，当膳食中某种维生素长期缺乏或不足，即可引起代谢紊乱以及出现病理状态，导致维生素缺乏症。这不仅影响运动能力，而且危害健康。

1. 维生素 A（视黄醇）

在生活中，人们习惯于将胡萝卜素与维生素 A 等同看待，这是因为胡萝卜素在体内可转变为维生素 A，所以在体内与维生素 A 具有相同的生理功能。

（1）理化性质。维生素 A 和胡萝卜素在热和酸碱环境下较稳定。在一般烹调过程中不至于被破坏。但容易被空气中的氧气所氧化破坏，紫外线可促进此种氧化过程。当食物中含有磷脂、维生素 E 和抗坏血酸等抗氧化剂时，维生素 A 和胡萝卜素较为稳定。

（2）生理功能。维生素 A 与正常视觉有密切关系，视网膜中杆状细胞和锥状细胞都存在着对光敏感的色素，而这些色素的形成和表现出的生理功能，均有赖于适量的维生素 A 的存在。例如，杆状细胞外节中的视紫红色素，实际上是一种含有维生素 A 衍生物的复合蛋白质。若维生素 A 缺乏，视紫红色素的再生慢而不完全，于是产生夜盲症。

维生素 A 的第二个生理功能，是与上皮细胞的正常形成有关。近年来，通过体外实验证明，肝脏中存在着一种含视黄醇—磷酸—甘露糖的糖脂，说明维生素 A 可能通过糖基转移酶的作用，影响黏膜细胞中糖蛋白的生物合成。因此，维生素 A 不足，可以影响黏膜的正常结构，引起上皮组织的改变。如腺体的分泌减少，皮肤干燥、角化以及增生，最终导致相应组织器官功能障碍。

长期摄入过多的维生素 A，可以引起维生素 A 过多症，表现为厌食、过度兴奋，头发稀疏、肝肿大、肌肉僵硬等。如每天摄入维生素 A 50 000～75 000 国际单位 3～6 个月。即可出现上述症状。饮用普通膳食，一般不会引起维生素 A 过多症。

（3）膳食中的供给量及食物来源。世界卫生组织建议每日维生素 A 的供给量，成人男女均为 700 μg。根据我国人民的营养状况，卫生部门暂定我国的维生素 A 供应量标准如表 4-6 所示。

表 4-6 我国暂定的维生素 A 标准

不同的人群	维生素 A 国际单位	μg	胡萝卜素/mg
成年男女、少年男女、5 岁以上儿童	2 200	660	4.0
孕妇（后五个月）	3 300	990	6.0
乳母（一年以内）	3 900	1 170	7.0
儿童 3～5 岁	1 700	510	3.0
2～3 岁	1 330	399	2.4
1～2 岁	1 100	330	2.0
<1 岁	660	198	1.2

在上述供给量中，至少有 1/3 应来自维生素 A，其余 2/3 可来自胡萝卜素，胡萝卜素的来源一般是有色蔬菜及水果，如胡萝卜、辣椒、豌豆苗、杏、柿子等（1 国际单位相当于 0.6 μg 胡萝卜素或维生素 A）。

2. 维生素 D

（1）理化性质。维生素 D 包括维生素 D_2 和维生素 D_3，前者是由胆固醇经紫外线照射后的产物。人和动物的皮肤和脂肪都含有 7-脱氢胆固醇，故皮肤被紫外线照射后即可生成维生素 D，然后被运到肝、肾，并转化为具有生理活性的形式发挥作用。

维生素 D 能溶于脂肪和脂肪溶剂，在中性及碱性溶液中能耐高温和氧化，在酸性溶液中则逐渐分解，故通常的烹调不会引起维生素 D 的损失，但脂肪酸可引起维生素 D 破坏。

（2）生理功能。维生素 D 对骨骼形成极为重要，它不仅可促进钙和磷在肠道中的吸收，还作用于骨骼组织，使钙和磷最终成为骨质的基本结构。缺乏维生素 D 可以导致儿童患佝偻病，成年人可引起骨质软化病。

维生素 D 摄入过多，可产生食欲不良、恶心、呕吐、易兴奋等症状，甚至可出现动脉、肾、小血管、心、肺等处的钙化现象。

（3）膳食中的供应量及食物来源。维生素 D 的需要量必须与钙、磷的供应量联系起来考虑。在钙磷供给充分的条件下，成人每日获得 300～400 国际单位的维生素 D，即可达到最高的程度。如果不是生活或工作在不易接触日光的地方，以上数量很容易通过紫外线的照射而获得，不必考虑由膳食供应维生素 D。当妇女怀孕和哺乳期时，由于对钙、磷的需要量增多，此时必须由膳食补充维生素 D。

世界卫生组织建议 6 岁以下儿童、孕妇和乳母的维生素 D 供给量为每日 400 国际单位,相当于 10 μg。

含维生素 D 的食物有动物肝脏、鱼肝油和禽蛋等。奶类含维生素 D 不高,故 6 岁以下的儿童应补充适量的鱼肝油,有利生长发育,但不可过量。对成人来说,经常接受日照是最好的维生素 D 的来源,一般不需要另外补充。

3. 维生素 B_1(硫胺素)

(1) 理化性质。硫胺素溶于水,在空气中稳定,比较耐热,特别是在酸性介质中极其稳定。但在碱性介质中,则对热不稳定,在 pH 值大于 7 的情况下煮沸,可以使其大部分或全部破坏。故在煮粥、煮豆或蒸馒头时,若加入过量的碱,会造成硫胺素的大量损失。

(2) 生理功能。硫胺素参与细胞中碳水化合物的中间代谢,是构成脱羧辅酶的主要成分。硫胺素能促进糖原在肝脏和肌肉中的积聚,在能量代谢过程中,加速糖原和磷酸肌酸分解,有利于肌肉活动。当硫胺素不足时,丙酮酸的氧化脱氨作用受到限制,影响糖的继续氧化而引起神经组织能量供应不足。缺乏硫胺素使胆碱酯酶的活性增强,加速乙酰胆碱的水解,干扰正常的神经传导。如果长期食用精白米粉,而又缺乏其他杂粮和多种副食品的补充,就容易造成硫胺素的缺乏而患脚气病,表现为多发性神经炎、肌肉萎缩、水肿、食欲不佳、头痛、失眠、心率过速等。

硫胺素有减轻疲劳、改善运动能力和加速消除疲劳等作用。

(3) 膳食中的供给量及食物来源。由于硫胺素的需要量与机能热能总摄入量成正比,一般认为硫胺素的供应量应根据热能总摄入量来确定,世界卫生组织建议以 0.42 mg/4 185.5 kJ 为供应标准。由于我国膳食中糖的比例往往大于总热量的 60%,所以,我国是按 0.5 mg/4 185.5 kJ 为标准。一般成人每日硫胺素需要量为 1.5 ~ 2 mg,在过度脑力劳动、高温、缺氧及膳食中糖的摄入量增加时对硫胺素的需要量也需增加,运动员特别是从事耐力性项目的运动员更需要考虑硫胺素的补充,当人体摄入过多的硫胺素时,多余部分则从尿中排出。

含硫胺素丰富的食物有粮谷、豆类、酵母、干果及硬果、动物心脏、肝、肾、脑、瘦猪肉及蛋类、蔬菜,水果中也含有硫胺素。

4. 维生素 B_2(核黄素)

(1) 理化性质。核黄素溶于水,对热稳定,在中性和酸性溶液中,即便短期高压加热,也不至于被破坏,而在碱性溶液中易被破坏。游离核黄素对光敏感,特别是紫外线对游离核黄素的破坏较严重,其破坏程度随温度及 pH 值增高而加大。食物中的核黄素主要是结合型,即与磷和蛋白质等结合而成的复合化合物,对光比较稳定。

(2) 生理功能。核黄素是机体中许多重要辅酶的组成成分,它们与特定蛋白质结合,形成黄素蛋白。黄素蛋白是组织呼吸过程中不可缺少的物质,若机体中核黄素不足,则物质代谢紊乱,将表现出多种多样的缺乏病,如口角炎、唇炎、舌炎、阴囊皮炎、皮脂溢出性皮炎等。

(3) 膳食中的供给量及食物来源。由于核黄素是很多呼吸酶的组成部分,与能量代谢有着密切的关系,则以多数人认为应以每 4 185.5 kJ 热量所需核黄素为标准。我国暂定供给量标准为 0.5 mg/4 185.5 kJ。

动物性食物一般含核黄素较高,其中又以肝、肾和心为最多,奶类、蛋类、豆类及绿叶蔬菜含量也较多。

5. 维生素PP（尼克酸）

（1）理化性质。尼克酸溶于水，性质稳定，不易被酸、碱和热破坏。

（2）生理功能。尼克酸以尼克酰的形式在体内构成辅酶Ⅰ及辅酶Ⅱ，是组织中极其重要的递氢体，电子转移系统的起始传递者，能促进物质代谢的进行。如果人体缺乏尼克酸，可引起癞皮病，其症状是皮炎、腹泻及痴呆，有些患者精神明显失常。

（3）膳食中的供给量及食物来源。我国暂定尼克酸供给量标准，各种劳动强度和各年龄组均相当于硫胺素供给量的10倍，即5 mg/4 185.5 kJ。

尼克酸广泛地存在于动植物组织中，但含量较少，其中含量比较丰富的有酵母、花生、全谷、豆类，特别是肝脏。

6. 维生素C（抗坏血酸）

（1）理化性质。抗坏血酸溶于水，在酸性环境中较稳定（pH<4），易被碱和热所破坏，在干燥条件下稳定，当受潮时或在光照下不稳定。在抗坏血酸氧化酶的作用下，维生素C很易被氧化而分解，在日常烹调中，食物中的维生素C可随水洗而丢失，还可因使用具有微量二价铜和三价铁游离子的器皿而加速氧化。蔬菜、水果中的维生素C在常温下，也可受酶的作用而被破坏。

（2）生理功能。抗坏血酸的氧化和还原反应为可逆反应，是呼吸酶系统的重要组成部分，能维持细胞的正常代谢。抗坏血酸能促进组织中胶原的形成，保持细胞间质的完整，促进创伤愈合及骨折愈合。抗坏血酸可将传递蛋白质的三价铁还原为二价铁，从而与铁蛋白结合，对治疗缺铁性贫血有一定的作用。抗坏血酸能促进抗体生成，提高人体对传染病的抵抗力，参与解毒，使酶系统免受毒物的破坏。抗坏血酸还能提高ATP的活性，增加人体的应激能力。若严重缺乏抗坏血酸，将引起坏血病，表现为牙龈出血，皮下、肌肉、关节出血及血肿形成，还可导致钙化不正常及伤口愈合减慢等情况。

（3）膳食中的供给量及食物来源。通过实验发现，每日摄入10 mg抗坏血酸，不仅可以预防坏血病，还可治疗坏血病。考虑到抗坏血酸摄入量较高可以增进健康，提高机体对疾病的抵抗力，加速创伤愈合，世界卫生组织建议成人、孕妇和乳母的供给量都是每日30 mg。

我国供给量标准为每日成年男子75 mg、成年女子70 mg、孕妇100 mg、乳母150 mg。

抗坏血酸的主要来源是新鲜蔬菜、水果。只要经常吃足够的蔬菜和水果，采用合理的烹调方法，一般不会出现缺乏抗坏血酸的情况。

（五）无机盐和水

存在于人体中的多种元素，除碳、氢、氧和氮主要以有机化合物的形式出现外，其余各种元素无论其含量多少，均统称为无机盐。其中含量较多的有钙、镁、钾、钠、氯、磷、硫7种元素，其他如铁、钼、锌、碘、锰和钴等由于存在数量极少，有的甚至只有痕量（百万分之一以下），故称为"微量元素"。无机盐是构成人体组织的重要材料，如磷、钙、镁是牙齿和骨骼的重要成分；磷和硫是构成组织蛋白的成分；无机盐与蛋白质协同，以维持组织细胞的渗透压和对体液的转移和储留，起着重要作用，各种无机离子，特别是保持一定比例的钾、钠、钙、镁离子，是维持神经肌肉兴奋性和细胞膜通透性的必要条件；酸性、碱性离子的适当配合，加上重碳酸盐和蛋白质的缓冲作用，维持着人体的酸碱平衡；无机元素是维持身体某种特殊生理功能的重要成分之一。如血红蛋白和细胞色素酶系中的铁，甲状腺激素中的碘等无机离子还是多酶素的激活剂或组成成分，如盐酸对于蛋白酶，氯离子对于唾液淀粉酶等都是不可少的成分。

由于新陈代谢，每天都有一定数量的无机盐，通过各种途径排出体外，因而有必要通过膳食予以补充。无机盐在食物中分布很广，一般能满足机体。从实用营养的状况看，比较容易缺乏的无机盐有钙、铁、碘，在生长发育期的儿童和青少年身上表现得尤为明显，孕妇和乳母也较容易缺钙、铁，还有，运动中缺铁现象也时有发生。

1. 钙

（1）生理功能。成人体中含钙总量为 1 200 g 左右，其中约 99% 集中于骨骼与牙齿中，是构成骨骼、牙齿的主要材料。若肌体缺钙，骨和牙齿的生长将受到影响，其余约 1% 的钙存在于软组织、细胞外液及血液中。钙是维持所有细胞正常生理状态所必需的元素之一。若血清钙量下降，可使神经和肌肉的兴奋性增高并引起抽搐，反之，若血清钙量过低，则可抑制神经、肌肉的兴奋性。此外，钙还参与凝血过程，并对很多酶有激活作用。

（2）膳食中的供给量和食物来源。世界卫生组织推荐的每日标准为成年男女 0.4~0.5 g，孕妇、乳母 1.0~1.2 g，我国规定的每日钙供给量为成年男女 600 mg，孕妇 1.5 g，乳母 2 g。

食物中钙的来源以奶和奶类制品最好，不但含量高，而且吸收率也高，一些海产品，如海带、小虾米等也含有较丰富的钙。蔬菜水果类也是钙的一种来源，只是这类食物中含有草酸和植酸，使钙的吸收受到影响。维生素 D 和蛋白质可以促进钙的吸收。

2. 磷

（1）生理功能。磷是骨骼和牙齿重要的构成材料，正常人骨骼中含磷总量为 600~900 g，约占体内含磷总量的 80%。磷也是构成组织细胞中很多重要成分的原料，如核酸、磷脂和某些辅酶等。磷还参与许多重要生理功能，如糖、脂肪的吸收和中间代谢，都需要有磷酸化合物的存在，ATP 和 CP 中的磷，具有储存和转移能量的作用。磷在血液中以酸或磷酸盐和碱或磷酸盐的形式存在，是维持血液酸碱平衡的缓冲体系。磷与能量代谢和神经肌肉活动关系密切，是运动员膳食中的重要营养之一。维生素 D 可帮助磷的吸收。

（2）膳食中的供给量和食物来源。国家一般无明确规定的供给量，这是因为磷广泛地存在于各类食物中，只要膳食中钙和蛋白质含量充足，机体对磷的需要量也能得到满足。成人每日需磷 1.5 g，运动员需要量较大，尤其是能量消耗大和神经高度紧张的项目，如体操运动员，每日需磷 2.5 g 左右。

磷广泛存在于动植物组织中，一切蛋白质含量高的食物都含有磷。如蛋类、肉类、鱼类等，豆类和绿色蔬菜含磷量较高。

3. 铁

（1）生理功能。成人体内含铁 4~5 g，72% 以血红蛋白、3% 以肌红蛋白、0.2% 以其他化合物形式（包括细胞色素酶、过氧化氢酶和过氧化物酶等）存在，其余以储备铁的形式存在。储备铁主要以铁蛋白形式储存于肝脏、脾脏和骨髓的网状内皮系统中。

铁在体内参与氧的转运、交换和组织呼吸过程。如果铁的携氧能力被阻断，或铁的数量不足，可对机体产生不同程度的影响，一般表现为缺铁性或营养性贫血。

（2）膳食中供给量和食物来源。铁的吸收主要在小肠上部，当身体需铁缺乏时，吸收的铁也增加，需铁少时，吸收也减少。

铁在体内代谢过程中，可反复被身体利用。在一般情况下，除肠道分泌和皮肤、消化道及尿道上皮脱落可损失一定数量的铁外（平均每日约 1 mg），几乎不存在其他途径损失。因此，只要从食物中吸收的铁能弥补这些损失，就满足机体对铁的需要，妇女在月经期和孕期损失铁较多，铁的供给量应适当增加。

世界卫生组织建议铁供给量为成年男子每日 5~9 mg，成年女子每日 14~28 mg。我国每日铁供给量为成年男子 12 mg，成年女子平时 12 mg，孕期和哺乳期 15 mg。

膳食中铁的良好来源为动物肝脏、蛋黄、豆类等。

4. 锌

（1）生理功能。人体内的锌主要存在于骨骼和皮肤中。血液中的锌有 75%~85% 分布在血细胞中，血浆中的锌往往与蛋白质相结合。锌是很多金属酶的组成成分或酶的激活剂，经研究表明，锌与 RNA、DNA 和蛋白质的生物合成有密切关系。人体缺锌可引起生长停滞、自发性味觉减退和创伤愈合不良等。

（2）膳食中的供给量和食物来源。成人每日需要约为 2.2 mg 锌，如按混合膳食中锌平均吸收率为 20% 估计，则成人每日锌供给量为 11 mg。

5. 水

（1）生理功能。水是机体中含量最大的组成成分，约占体重的 60%。水是维持人体正常生理活动的重要物质，一旦机体丧失水分至 20%，就将危及生命甚至死亡。水是细胞和体液的重要成分，是机体物质代谢必不可少的物质，细胞必须有组织液运送和排泄，所以，水对于营养物质的消化、吸收、运输和代谢废物的排泄，均有重要作用；水对人体内外环境温度的改变具有明显传递缓冲作用；水在体内还有润滑作用，如泪液可以防止眼球干燥，唾液及消化液有利于吞咽及咽部湿润以及胃肠消化，关节滑液、胸膜和腹膜的浆液，呼吸道和胃肠道黏液等也都有良好的润滑作用。

对运动员来说，当肌肉失水 2% 时，体液渗透压增高，血浆容易减少，导致运动能力下降。当体内失水量达体重的 4%~5% 时，肌力将下降 20%~30%。在运动时，常会有口渴的感觉，这是因咽部干燥而并非体内缺水，称为"假渴"，漱口即可解渴。一般来说，在运动中和运动后不宜大量饮水，大量的水分进入体内，会使胃部膨胀而妨碍运动。再则大量摄水使短期内血量急剧增加，导致心脏、肾脏的负担加重，继之出现排汗量和排尿量增加情况，大量的排汗同时又增加了能量消耗，这对节省能量和消除疲劳都十分不利。运动员进行较大运动量训练或在高温环境下进行活动时，体内产热量大，在大量排汗时会伴有水、盐、维生素及氨基酸等物质的损失。因此，在运动过程中，可适量地补充一些水分和无机盐，可以有效地预防体温升高和血液浓度升高，有助于运动能力的有效维持。

（2）水的供给量及来源。水的需要量随体重、年龄及劳动强度而异。正常人每日需 2 400~4 000 mL，在一般情况下，水的出入量保持平衡（表4-7）。体内水分来源于饮水、饮食和体内氧化水。每天饮水的多少，往往随气候、体力消耗和各种生理情况而异。食物水因各种食物的含水量不同，故亦随所进食的食物种类而有不同。体内氧化水量由糖、脂肪、蛋白质在体内氧化时生成（亦称代谢水），每 100 g 糖氧化时可产生 55 mL 水，100 g 脂肪可产生 107 mL 水，每 100 g 蛋白质可产生 41 mL 水，一般混合性食物产热 418.5 kJ 的可产生 12 mL 水。

表 4-7　成人每天水分出入量

水的入量/(mL)		水的出量/(mL)	
食物	1 000	呼吸蒸发	350
饮料	1 200	皮肤蒸发	500
代谢水	300	粪便排出	100
		肾脏排出	1 500
合计	2 500	合计	2 450

（六）热能的摄取与消耗

人体在生命活动过程中，或在从事各种工作和体育运动的过程中，都不断地消耗热能。因此，须从食物中摄取热能以补充机体的消耗。

营养学上所用的能的单位是"焦耳"，它表示 1 N 的力将 1 kg 重的物体移动 1 m 所消耗的能量。

1. 热能物质

供给人体热能的物质有糖、脂肪和蛋白质，故又称"热源物质"。它们在体内的氧化过程和在体外的燃烧有类似之处，但由于在体内的最终产物不同，所以释放热能的量与体外有所不同。糖和脂肪氧化的最终产物都是二氧化碳和水，而蛋白质在体内氧化时，最终产物除二氧化碳和水以外，还有尿素、肌酐和其他含氮有机物，其分解没像在体外燃烧那么彻底。此外，三种热源物质的消化吸收率各不相同，这也影响它们在体内产生的热量。以生物能计算，每 1 g 糖、脂肪、蛋白质在体内氧化的净得热能各为 16.72 kJ，37.669 5 kJ，16.72 kJ。

2. 人体的热能消耗

人体的热能消耗，包括维持基础代谢所需的热能，维持体力活动和食物摄取过程中的特殊动力作用。

（1）基础代谢的能量消耗。人体在空腹清醒安静的状态下，在适宜的气温（18℃～25℃）环境中，维持基本的生命活动的热能需要量，称为基础代谢。而把单位时间内，人体每平方米体表面积所消耗的基础代谢热量，称为基础代谢率。基础代谢率不仅和人的性别、年龄、体表面积有关，而且还受高级神经活动、内分泌系统状态和外界气候条件等因素的影响。在一般情况下，成年男子每千克体重每小时约消耗 4.185 5 kJ，体重 60 kg 的人，24 h 的基础代谢率为 4.185 5×60×24＝6 027.12（kJ）或每立方米体表面积每小时消耗 167.42 kJ。妇女的基础代谢比男子低 2%～12%；老年人比成年人的低 10%～15%；儿童则比成人高 10%～12%；在寒冷气候下，基础代谢率比温热气候时高，在一般情况下，基础代谢可以有 10%～15% 的正常波动。

（2）体力活动。从事各种运动、劳动及生活活动所消耗的能量，是人体能量消耗的主要部分，它与活动的幅度及持续的时间成正比，如重体力劳动每小时消耗的能量为 825～

1 255 N，而轻体力劳动每小时则为 313~9 125 N。人体进行各种活动及某种运动时，因其强度与持续时间的不同，在消耗能量上，也存在明显的差异。

（3）摄食特殊动力作用。人体由于摄取食物而引起体内能量消耗增加的现象称为摄食的特殊动力作用，其本质至今仍未有一致的看法，它似乎与体内蛋白质合成关系最大，各种营养的特殊动力不一样，其中以蛋白质的特殊动力作用最大，相当于其本身所供热量的 20% 左右；脂肪和糖分别为 4%~5% 和 5%~6%，摄入普通混合膳食时，食物的特殊动力作用约为人体每日基础代谢的 10%。

3. 热能供给标准

热能供给标准应以消耗为准，热能供给过多或不足都影响健康，甚至引起疾病。长期热能不足，可发生营养不良症，表现为基础代谢降低，逐渐消瘦，精神萎靡，皮肤干燥，肌肉软弱，脉搏减慢，对疾病的抵抗力下降等现象。热能过剩，则在体内转变为脂肪而导致肥胖，并有可能诱发高血压、冠心病、糖尿病等。

二、体育锻炼与饮食卫生

体育锻炼与营养，是影响人体健康的两个重要因素。体育锻炼时，体内物质能量消耗明显增大。注意饮食卫生，保证营养物质的充分供给，对提高体育锻炼的效果，具有十分重要的意义。不注意饮食卫生，如偏食、不遵守饮食制度等，将会影响营养物质的正常供应和吸收。由此可见，饮食卫生与体育锻炼有着不可分割的联系。

（一）热能平衡的意义

饮食摄入的热能，是人体进行活动的能源，供给充足，才能保持人体的健康。保证体育锻炼者充足的营养，将有利于提高锻炼效果，否则影响人体健康，但摄入过多会导致身体肥胖，对健康也不利。所以，应根据人体能量消耗的情况来确定摄入量，以维持热能的平衡。

饮食中摄入热能是否恰当，应根据食物的发热量和人体能量的消耗来计算，也可用人体体重的变化来做粗略的估计。锻炼者与不锻炼者相比，在热能消耗上有明显的差异。据调查，我国大学生平均热能消耗男生约为 10 463.75 kJ，女生约为 8 789.55 kJ，积极参加锻炼的男生可达 13 812.15 kJ，女生也可达 10 463.75 kJ。据全国 1979 年及 1985 年两次体质调研表明，不经常参加体育锻炼的人中，身体瘦弱、营养不良和身体肥胖的比例，明显高于经常锻炼的人。

（二）摄入的热源物质比例适当

在膳食中，人体所需要的热源物质的比例是否适当，对机体的代谢、生长发育、工作能力有很大影响，如从事耐久项目的训练者应适当增加脂肪食物的比例，一般体育运动参加者膳食中蛋白质、脂肪和糖可按质量以 10∶7∶5 的比例配合，或按热量百分比 13%∶21%∶66% 合理安排膳食。为保证每日摄入的热源物质的比例适当，应养成不偏食的好习惯。

（三）保证摄入充足的维生素和矿物质

维生素不仅对人体的生命活动具有重要意义，对体育锻炼的效果也有明显的影响。体育锻炼者对维生素和矿物质的需要量较大,一方面是由于进行体育锻炼时,体内代谢加强,消耗较大;另一方面由于大量出汗,维生素和矿物质的损失也较多。因此,体育锻炼者饮食中的维生素和矿物质含量应适当增高。实验证明,合理的增加维生素和矿物质供给量,可以改善和提高机体的调节和工作能力,并有利于体育锻炼后疲劳的消除,但应防止维生素摄入量过多给人体带来某些不良影响。一般来说,体育锻炼者每日维生素需要量稍高于普通人,按正常标准或稍高于正常指标供给即可。

(四) 建立合理的饮食制度

良好的饮食制度有利于食物的消化吸收和体内的物质能量代谢,并有利于预防消化系统的疾病,饮食制度应包括每日三餐的时间应基本稳定,并力求做到与体育锻炼有一定的时间间隔:运动后,一般应休息 30 min 以上再进食;进食后,一般要间隔 1 h 以上才可进行体育锻炼。在一日三餐中,食物所含的热能,各种营养素的配比情况,应根据个人一天的身体活动情况决定。原则上,体育锻炼前的一餐适宜安排易于消化,含有较多的糖、维生素和磷的食物,但量不宜过多。锻炼后的一餐食物量可多一些,但晚餐不宜过多。各餐热量分配要科学合理。

(五) 合理的烹调加工

食物的烹调加工具有消毒、利于消化和促进食欲等作用。因而,食物的烹调加工,既要做到易于消化,又要避免营养素的损失,还要注意食物的色、香、味、形等因素,以增进食用者的食欲。不同的食物有不同的加工方法,如肉类、豆类和粮食要充分加热以利于营养物质的消化吸收,而蔬菜则应急火快炒以免加工过程丢失过多的维生素。

(六) 注意食物的清洁卫生

俗话说"病从口入",许多病菌、病毒都是通过消化道而侵入人体的,应十分重视饮食过程中的清洁卫生,做到进食前洗手,餐具经常消毒,熟食应烧透,冷食瓜果用凉开水洗净或去皮,不吃霉烂变质物品,不饮生水等。

(七) 体育锻炼时应注意饮水卫生

体育锻炼的人排汗量明显加大,尤其是在较热的环境里进行锻炼,会造成人体水分大量丢失,进而影响机体的工作能力。因此,根据需要在运动时补充水分,但都不宜采用一次暴饮的补水方法,因为暴饮将会增加心脏循环系统和肾脏的负担和无机盐的丢失等,从而引起心率过快、恶心,甚至中暑和肌肉痉挛,影响神经肌肉的兴奋性。一般地说,每小时的饮水总量应控制在 0.8 L 以下,以每 15 min 补水 150~200 mL 为宜,为防止机体无机盐丢失过多,可用 0.5% 的盐水作饮料。

三、各项运动的营养特点

1. 田径

田径项目较多,根据其不同的代谢特点可分为下列三种:

(1) 短跑与中距离等速度性项目。运动时主要是由糖的无氧酵解供应能量,体内酸性产物较多。另外,对神经系统的要求较高,要求兴奋与抑制转化速度快。因此,其营养特点是要求供给能量要迅速,减少酸性物质的形成。为此,饮食应增加含糖、维生素 B_1 和维生素 C、磷以及蛋白质丰富的食物，还应供应大量的蔬菜和水果。

（2）长跑和超长跑等耐力性项目。运动时能量消耗大，热能主要来自糖原的有氧分解。因此，要供给充分的糖，保持充足的糖原储备。另外，耐力项目对循环呼吸等机能要求也高，血红蛋白要维持较高水平，要保证蛋白质、维生素、无机盐尤其是铁的充分供给。

（3）投掷等力量性项目。由于肌肉蛋白质增长的需要，对蛋白质的需要量较高，其供给量每天每公斤体重可达 2.5 g。

2. 体操

动作复杂，要求技巧、协调、和谐为一体，特别是高难动作，对神经系统机能要求较高。另外，女体操运动员，还要控制体重。因此，体操运动员的营养要做到食物体积小，含热量高，脂肪少，维生素 B_1 和维生素 C、磷、钙和蛋白质的量要充足。维生素 B_1 在 4 mg/日以上，维生素 C 在 140 mg/日以上，磷在 400 mg/日以上，蛋白质食物发热量应占总热量的 14%～15%。

3. 游泳

运动消耗能量多，代谢强度很大，膳食中要补充增加维生素 B_1 和维生素 C。短距离游泳时，蛋白质摄入量为每日 150 g，长距离游泳时，为每日 700 g，并适当增加脂肪比例，可以减少散热。

4. 球类

对身体素质要求较全面，要求速度快、力量大、反应灵敏、耐力好，所以食物中蛋白质、维生素 B_1 和维生素 C 等供给量要充分。如足球运动员的运动量大，所以要求热量要多些。

5. 举重

热能消耗多，糖类食物要求高，可达 800 g/日。蛋白质及脂肪供给量需要适当增加，注意补充动物性蛋白质及钾、钠、钙等物质。

6. 射箭、击剑等项运动

对视力要求高，应供给充足的维生素 A 以保持视力。

四、比赛前运动员的饮食特点

比赛使运动员机体处于高度紧张状态，能量消耗大，因而比赛前的饮食十分重要。但往往因为比赛前神经紧张，出现食欲不振，消化紊乱等现象，所以赛前应提高饮食质量。比赛前，饮食中要注意充分地补充糖，使糖原储备达到最高水平。同时，还要充分补充无机盐，不要过分补充蛋白质及脂肪等酸性食物，以免体液偏酸，对运动不利。在比赛前可以食用葡萄糖和维生素 C，维生素 C 每日供给量为 140 mg。

比赛前的饮食制度应逐步过渡到比赛期的膳食。但由于比赛前一般都是减量训练，能量消耗减少，所以比赛前不宜吃得过多，以免体重增加，不利于比赛。

比赛当天的饮食要求应当是食物体积小，发热量高，易消化吸收。不要多食难于消化及产气的食物，如肥肉、豆类等。食物含磷、糖、维生素 C、维生素 B_1 丰富，以糖作为主要能源，特别是长时间的耐力项目，除了在食物中含有丰富的糖外，还要有一定量的脂肪，以维持饱腹感，且由于脂肪代谢参与能量供应，不致使血糖下降，可推迟疲劳的出现。

比赛前进餐的时间要根据比赛时间而定，一般要在比赛前 2.5~3 h 前完成。比赛后，运动员需要补充热量和水分。超长距离赛跑后即刻可补充 100~150 g 的葡萄糖，这不仅能补充运动员的能量消耗，还能促进肝糖原储备的扩充，预防肝脂肪浸润。比赛后 2~3 天应补充高热量的饮食以及维生素 B_1、维生素 C，主要能源是糖，其次是蛋白质，水分以及无机盐也需连续补充，但饮食中脂肪应少些。

从事某些时间长、热量消耗较大的项目，如马拉松、长距离公路自行车、竞走及划船等，机体在运动过程中失去大量水分及能量，若不及时补充，不仅有损于健康，而且也直接影响运动成绩。因此，为了维持机体的正常循环，调节体温，这些项目途中可以补充饮料和食物，运动规则中已明文规定。

（1）途中饮料一般采用葡萄糖、维生素 C、少量蔗糖、盐类（磷及氯化钠）及果汁等食物进行配方，要等渗或低渗，含糖量不宜过高。下面举一例配方仅供参考：

葡萄糖 25~60 g，蔗糖 25~60 g，鲜果汁 100 mL，食盐 1 g，柠檬酸 1 g，加水至 1 000 mL。

（2）途中饮食大都采用易吸收的流质或半流质食物。食量宜小，发热量高，可略带酸味以消除口咽部干燥。一般离起点 15 000 m 处设立第一个饮料站。以后每隔 5 km 均有一个站。两饮料站之间设一个饮食站。有的运动员没有途中进食的习惯，不必勉强，可在赛后补充。

五、训练期的营养特点

夏季训练期气温较高，因此，水、盐、维生素及蛋白质的代谢都旺盛。同时，由于高温的影响，运动员的食欲下降，这样势必造成体内热量的收支不平衡，从而影响运动能力以及身体健康。为了避免这些不良的影响，在饮食方面要特别加以注意。夏季训练期，因高温使蛋白质分解代谢加强，排汗量增加致使排氮量也相应增加，为此应增加蛋白质供给量。另外，由于代谢旺盛，维生素 B_1、维生素 B_2、维生素 C 等需要量也明显增加，再加上排汗量多，一些水溶性维生素损失也增加，所以要额外补充维生素，特别是维生素 B_1、维生素 B_2、维生素 C。由于气候炎热，加上运动量大，排汗量就会明显增大，水分损失较多。同时，无机盐也随水分的损失而损失较多。例如，4 h 长跑训练可损失水分 4.5 L，补充水分非常必要。对水分的补充不能一次暴饮，而是少量多次地补充，水中可加适量食盐（一般为 0.2% 较好），也可加以蔗糖、钾、果汁等做成饮料，供运动员随时饮用。

夏季训练期的膳食具体安排可注意：①食物要调配好，多样化，清淡可口，促进食欲。②适当地吃些凉拌盘，但要注意卫生，防止污染。黄瓜、西红柿、萝卜可以糖拌生吃。③主副食要注意含丰富的 B 族维生素、维生素 C 和矿物质。④可配制含盐分的清凉饮料，放在运动场供运动员随时饮用，但不可在饭前或饭后暴饮。⑤主餐可放在早上或晚上凉爽的时间，也可采用一日四餐的办法，以增加热能的补充。

冬季训练期正处在寒冷季节，由于气温低，机体的散热量大，基础代谢相应升高，加上运动量较大，所以热能消耗比较多，因此运动员一日的总热能较高，可达 2 500 kJ~

20 925 kJ。脂肪的摄入量也应增加，以保温御寒。同时还要增加维生素 B_1、维生素 B_2、维生素 C 的摄入量。维生素 C、维生素 B_1 可增加 30%~50%，维生素 B_2 可增加到 5 mg/日。北方地区冬季青黄不接，蔬菜供应往往不足，为补充体内维生素的不足，可以补充维生素制剂。运动员冬训时的膳食要注意：食物要温热、丰富、利于消化吸收。食物应保证充足的热能，可适当增加脂肪或肉类，缩小食物体积。

第五章　常见运动损伤、疾病的预防与处置

第一节　运动损伤的预防与处置

在运动中所发生的损伤，统称为运动损伤。

一、运动损伤的原因

造成运动损伤的原因是多方面的，既与锻炼者的运动基础、体质水平有关，又与运动项目的特点、技术难度以及运动环境等因素有关。其主要原因有以下几点：

（1）思想麻痹大意。这是所有运动损伤因素中最主要的因素。包括运动前不检查器械、预防措施不得力、好胜好奇，常在盲目和冒失行动中受伤。

（2）运动前准备活动不充分，特别是缺乏针对性准备活动，使运动器官、内脏器官机能没有达到运动状态而造成损伤。

（3）运动情绪低下，或在畏难、恐惧、害羞、犹豫以及过分紧张时发生伤害事故。有时因缺乏运动经验、缺乏自我保护能力致伤。

（4）内容组合不科学，方法不合理，纪律松散以及技术上的错误等致伤。

（5）运动场地狭窄，地面不平坦，器械安置不当或不坚固，锻炼者拥挤或多种项目在一起活动，容易相互冲撞致伤。

（6）空气污浊、噪声、光线暗淡、气温过高或过低，以及运动服装不符合要求等原因，也可直接或间接造成伤害事故。

二、运动损伤的预防

（1）加强运动安全教育，克服麻痹思想，提高预防损伤意识。

（2）认真做好准备活动，对可能发生运动损伤的环节和易伤部位要及时做好预防措施。

（3）合理组织安排锻炼，合理安排运动量，防止局部运动器官负担过重。

（4）加强保护与帮助，特别要提高自我保护能力。如摔倒时，立即屈肘低头，团身滚动，切不可直臂或肘部撑地。由高处跳下时，要用前脚掌着地，注意屈膝、弯腰，两臂自然张开，以利于缓冲和保持身体平衡。

三、常见运动损伤的处置

（一）软组织损伤

这类损伤可分为开放性损伤和闭合性损伤两类。前者有擦伤、撕裂伤、刺伤等，后者

有挫伤、肌肉拉伤等。

1. 擦伤

因运动时皮肤受搓致伤。如跑步时摔倒、体操运动时身体擦摩器件受伤、擦伤后皮肤出血或组织液渗出。

小面积擦伤，可用红药水涂抹伤口。大面积擦伤，先用生理盐水洗净，后涂抹红药水，再用消毒布覆盖，最后用纱布包扎。

2. 撕裂伤

常发生在剧烈、紧张运动时，或突然受到强烈撞击，造成肌肉撕裂。包括开放伤和闭合伤两种。常见有眉际撕裂、跟腱撕裂等。开放伤顿时出血，周围肿胀。闭合伤触及时有凹陷感和剧烈疼痛感。

轻度开放伤，用红药水涂抹伤口即可；裂口大时，则须止血和缝合伤口，必要时注射破伤风抗毒血清，以防破伤风症；如肌腱断裂，则须手术缝合。

3. 挫伤

常因撞击器械或练习者之间相互碰撞而造成。单纯挫伤在损伤处出现红肿，皮下出血，并有疼痛感。内脏器官损伤时，则出现头晕、脸色苍白、心慌气短、出虚汗、四肢发凉、烦躁不安，甚至休克。

发生挫伤后，可在 24 h 内冷敷或加压包扎，抬高患肢或外敷中药。24 h 后，可按摩或理疗。进入恢复期后，可进行一些功能性锻炼。如果怀疑内脏损伤，则做临时性处理后送医院检查和治疗。

4. 肌肉拉伤

通常在外力直接或间接作用下，肌肉过度主动收缩或被动拉长时会引起肌肉拉伤。准备活动不充分，动作不协调以及肌肉弹性、伸展性、肌力差者更易拉伤。损伤后伤处肿胀、压痛、肌肉痉挛，诊时可摸到硬块，严重的肌肉拉伤是肌肉撕裂。

对于肌肉拉伤，轻者可即刻冷敷，局部加压包扎，抬高患肢。24h 后可施行按摩或理疗。如果肌肉已大部分或完全断裂，在加压包扎急救后，应立即送医院手术治疗。

（二）关节、韧带扭伤

1. 肩关节扭伤

肩关节扭伤一般因肩关节用力过猛或反复劳损所致。也有时因技术错误，违反解剖学原则而造成损伤，如投掷、排球扣球、大力发球时常出现这类损伤。其症状有压痛、疼痛，急性期有肿胀症状，慢性期三角肌可能出现萎缩，肩关节活动受限。

对于单纯韧带扭伤，可采用冷敷，加压包扎。24 h 后可采用理疗、按摩和针灸治疗。出现韧带断裂时，应立即送医院缝合和固定处理。当肩关节肿胀和疼痛减轻后，可适当施行功能性锻炼，但不宜过早活动，以防转入慢性期。

2. 髌骨劳损

髌骨具有保护股骨关节面、维护关节外形、传递股四头肌力量的作用，是维护膝关节正常功能的主要结构。髌骨劳损是膝关节长期负担过重或反复损伤累积而成的，也可由一次直接外力撞击所致，如篮球滑步急停、跳高和跳远时踏跳不合理或摔倒受击都可导致这种损伤。

发生髌骨劳损后，可采用中药外敷、针灸、按摩等方法。平时加强膝关节肌群力量练习，如采用高位静力半蹲，每次保持 3~5 min。病情好转时，可逐渐增加时间，每日进行 1~2 次。

3. 踝关节扭伤

运动中跳起落地时失去平衡，使踝关节过度内翻或外翻致伤。在准备活动不充分、场地不平坦的情况下，更易发生这类损伤。主要症状为伤处疼痛、肿胀、韧带损伤处有明显压痛、皮下瘀血。

受伤后，应立即冷敷，用绷带固定包扎，并抬高伤肢。24 h 后，根据伤情采取综合治疗的方法，如外敷伤药、理疗、按摩等，必要时采取封闭疗法。待病情好转后，施行功能性练习。对严重患者，可用石膏固定。

（三）骨折

骨折常由运动中身体某部受到直接或间接的暴力撞击而造成。例如，在踢足球时，小腿被踢造成胫骨骨折；摔倒时，手臂直接撑地引起尺骨或桡骨骨折；跪倒时，可造成髌骨骨折等。

骨折是比较严重的损伤，但发病率很低。骨折分不完全性骨折和完全性骨折两种。常见的骨折有肱骨骨折、前臂骨折、手骨骨折、大腿骨折、小腿骨折、肋骨骨折、脊柱骨折和头部骨折等。

骨折发生后，患处立即出现肿胀，皮下瘀血，有剧烈疼痛感（活动时加剧），肢体失去正常功能，肌肉产生痉挛，有时骨折部位发生变形，移动时可听到骨摩擦声。严重骨折时，伴有出血和神经损伤、发烧、口渴甚至休克等全身性症状。

若出现休克，应先进行处理，即点按人中穴，并进行口对口人工呼吸或心脏胸外按摩。若伴有伤口出血，应同时实施止血和包扎。骨折后暂勿移动患肢，应用夹板或其他代用品固定伤肢，及时护送到医院检查和治疗。

四、急救

（一）急救方法

运动损伤的急救是指对运动中突然发生的严重损伤进行紧急、初步和临时性处理，以减轻患者痛苦，预防并发症，为转送医院进一步治疗创造条件。急救对保护患者生命安全具有十分重要的意义。

1. 冷敷法

冷敷可以使血管收缩，减少局部充血，降低组织温度，抑制神经感觉，从而有止血、止痛和减轻局部肿胀的作用。冷敷止血法常用于急性闭合性软组织损伤。最简便的方法是用冷水冲洗或用冷毛巾敷于伤处，有条件的可使用氯乙烷喷射。

2. 抬高伤肢法

抬高伤肢，可使伤处血压降低，血流量减少，以达到减少出血的目的。采用加压包扎后，仍应注意抬高伤肢。

3. 压迫法

可分为指压法、止血带法、包扎法等。

指压法包括直接指压法和间接指压法两种。直接指压法，即用指腹直接压迫出血部位。但由于手指直接触及伤口容易引起感染，所以最好敷上消毒纱布后进行指压。间接指压法，即用指腹压迫在出血动脉近心端搏动的血管处，如能压迫在相应的骨头上更好，以阻断血流，达到止血的目的。

（二）溺水的急救方法

在游泳时，有时因肌肉痉挛或技术上的原因导致溺水。溺水时，水经过口鼻进入肺内，造成呼吸道阻塞，或者因吸水的刺激，引起喉部肌肉痉挛，使气体不能进出，导致窒息和昏迷。如果时间稍长，则因缺氧而危及生命。

窒息后，脸色苍白而肿胀，眼睛充血，口鼻充满泡沫，四肢冰冷，神志不清，胃腹吸满水而鼓起，甚至呼吸、心跳停止。

溺水的急救步骤如下：

（1）立即将溺水者救上岸后，清除口腔中的分泌物和其他异物，并迅速进行倒水，但不要过分强调倒水而延误了宝贵的抢救时间。

（2）立即进行人工呼吸。若心跳已停止，应同时施行心脏胸外挤压法。人工呼吸和心脏胸外挤压以1:4的频率进行，急救者之间应密切配合，进行积极而耐心的抢救，直至溺水者自主恢复呼吸为止。

（3）待溺水者苏醒后，将其立即送至医院，做进一步检查和治疗。在运送途中，必要时继续进行人工呼吸。

第二节　伤后恢复锻炼的原则

对患者来说，除严重的损伤需要绝对卧床休息治疗外，一般的损伤在不加重损伤程度的前提下，不必绝对停止锻炼。患者进行适当的锻炼，不影响损伤的愈合，而有目的的、有针对性的、适当的功能锻炼，对于加速损伤的愈合和促进功能康复有着积极的作用。

一、伤后锻炼的目的

尽快地缩短恢复的时间，一旦损伤康复，便能立即投入正常的锻炼中，保持在长期锻炼中已经获得的良好体能状态。通过适当的锻炼，可以加强关节的稳定性，改善伤部组织的代谢与营养，加速损伤的康复，促进功能的恢复和机能与形态结构的统一。

二、伤后锻炼的原则

无论进行何种功能锻炼，均应以不加重损伤、不影响损伤的康复和正常的治疗为前提。应尽量不停止全身的和局部的活动。而且，对损伤部位肌肉的锻炼开始的时间越早越好。

（一）个别对待的原则

在制定伤后锻炼计划时，要根据患者的年龄、损伤的部位和特点、机能及运动技术水平来选择伤后锻炼的手段和内容，恰当安排局部和全身的锻炼时间及运动量。

（二）循序渐进的原则

伤后锻炼的运动量安排，必须遵守循序渐进的原则。特别是在进行损伤康复过程中的局部锻炼时，其动作的幅度、频率、持续时间、负荷量、强度的大小等都应逐渐增加。否则，会加重损伤或影响损伤的康复，甚至会使损伤久治不愈而形成陈旧性损伤。

（三）全面锻炼的原则

伤后康复锻炼必须注意局部专门运动与全面身体运动相结合，交替进行。在损伤初期，因局部肿胀充血、疼痛、功能障碍等，锻炼应以全面身体运动为主，在不加重局部肿胀和疼痛的前提下，进行适当的局部运动。随着时间的推移，损伤逐渐好转或趋向愈合，局部运动的量和时间可逐渐适当增加。

三、伤后锻炼的内容和方法

（一）主动运动

主动运动是患者在没有辅助的情况下完成的一种运动。分为等张训练、等长训练和等动训练。等张训练可引起关节活动的肌肉收缩和放松运动，又称动力性运动，在康复体育中应用最广；等长训练是一种静力性肌肉收缩训练，无明显的关节活动，能有效地增长肌肉力量，特别用于被固定的肢体和软弱的肌肉及神经损伤后的早期；等动训练是等张和等长训练的综合，它是利用专门器械（如等动练习器）进行的有效发展肌力的一种练习，在训练时肌肉以最大的力量做全幅度的收缩运动，依靠器械的作用，运动速度基本维持不变，使肌肉在整个运动过程中持续保持高度张力，从而获得更好的锻炼效果。

主动运动是伤后锻炼的主要内容之一，它是由患者自己主动完成的一种运动，包括静力练习、动力练习和等动练习。

（1）静力练习。肌肉的收缩方式属于等长收缩，练习时只是肌肉保持在一个固定的长度上，关节不活动。

（2）动力练习。关节产生活动，收缩时肌肉缩短，其产生的活动是属于等张运动。

（3）等动练习。是利用一种特殊的器械（等动练习器）进行的一种肌肉练习法，练习时肌肉以最大的力量，做全幅度的收缩运动。此练习依靠器械的作用，把运动的速度限制在适宜的水平上，使肌肉在运动的过程中保持高度的张力，从而得到更好的锻炼效果，它兼有等长与等张收缩两者的优点。

（4）肌肉的向心收缩。即肌肉从伸长位向缩短位收缩，例如，肱二头肌的向心收缩，肘关节由伸肘位到屈肘位。

（5）肌肉的离心收缩。与向心收缩相反，肌肉由缩短位向伸长位活动。

（6）肌肉的向心收缩和离心收缩都属于等张收缩运动，肌肉所受张力相同，区别在于前者是肌肉缩短，后者是肌肉伸长。故与等长收缩不同。一般规律为，提起重物是"正向工作"，而放下重物为"负向工作"，前者耗氧量比后者大两倍，因此，训练心脏机能一般采用"正向工作"的练习方法。

（二）被动运动

被动运动是一种完全依靠外力帮助来完成的运动。外力可以是机械的，也可以是由他人或本人健康肢体的协助。进行时，被动运动的肢体肌肉应放松，利用外力固定关节的近端和活动关节的远端，根据病情需要尽量作关节各方向的全幅度运动，但要避免动作粗暴。适用于各种原因引起的肢体运动功能障碍，能起到放松痉挛肌肉，牵引挛缩的肌腱、关节囊和韧带，恢复和保持关节活动幅度的作用。

被动运动适用于伤后所导致机体机能的各类功能障碍。通过各种被动活动，使痉挛的肌肉得到放松，收缩的肌肉、韧带和关节囊得到牵伸，增大关节的活动度，恢复关节功能。

（三）渐进抗阻运动

渐进抗阻运动是一种逐渐增加阻力的训练方法，即肌肉的力量增强时给予的负荷也随之增加。训练前，先测出受训肌完成连续 10 次等张收缩所能承受的最大负荷值，该值称为 10 RM 值。每天训练 3 组 10 次，每组训练先后运用 10 RM 值的 1/2、3/4 和全量，每组间休息 1 min。

此练习可以增进肌力和耐久力，抗阻练习可以增加关节的活动范围及柔韧性，对伤愈后从事正规训练时防止损伤有益。

（四）助力运动

助力运动是患者患肢尚无足够力量完成主动运动时，由医务人员、患者本人的健侧肢体或利用器械提供力量来协助患肢进行的一种运动。助力要与主动用力配合一致，避免以助力代替主动用力，遵循主动运动为主，助力运动为辅的原则。适用于创伤后无力的肌肉，或不全瘫痪肌肉的功能锻炼，以及体力虚弱的病人。最常用的方式有滑轮、各种回旋器、水的浮力和治疗人员的帮助。

在损伤愈合的过程中，肢体力量较差，可以由医务人员或使用器械帮助肢体活动，使动作得以完成。

四、运动处方及其基本原则

（一）运动处方及其分类

众所皆知，生病去医院，医生会给患者开治疗处方，看病吃药是人们已经习惯的恢复健康的方式。很多人也知道体育锻炼有益于身体健康，可是对如何运动，运动什么却不清楚，对于运动对疾病的治疗和恢复方面所能够起到的作用更是知之甚少。运动处方在 20 世纪 50 年代才被美国生理学家提出，而直到 1969 年世界卫生组织才正式使用"运动处方"，使之得到国际上的普遍承认。

1. 运动处方

运动处方的完整概念可概括为："对从事体育锻炼者或病人，根据医学检查资料（包括运动试验及体力测定），按其健康、体力以及心血管功能状况，结合生活环境、条件和运动爱好等个体特点，用处方的形式规定适当的运动种类、时间及频率，并指出运动中的注意事项，以便有计划地经常性锻炼，达到健身或治病的目的，即为运动处方。"

相比于医疗活动，体育运动更积极、更主动，体育运动是人通过自身的活动来达到优化体质的目的，而医疗则是采用外在的手段来达到这个目的的。在运动处方的制定中因人而异是关键,即运动要讲科学,这和医疗过程中开方子应对症下药一样,唯有如此才能取得更好的效果。具体而言就是要根据每个个体的不同情况,开出适合于有助于个体健康和治疗的方子。表5-1总结了运动处方在一般情况下所应考虑的基本内容。

表5-1 运动处方的基本内容

个人状况	处方程序
性别、年龄	运动、种类
体格、体形、肥胖度	项目、场地
体力	运动量、强度、持续时间
健康情况、血压、血液	频度
生活习惯、劳动量	准备、整理活动
运动习惯	生活中的时间段
体育史	营养、水分
爱好	伙伴、指导者
运动项目	设施、服装、用具

2. 运动处方的分类

在前面有关健康内容的部分章节中已介绍了,随着人类社会文明的进步,人们对健康的认识早已超越了"没有疾病就是健康"的陈旧观念,而将健康定义为"一种个体上、精神上、社会上的完全安宁状态",认为健康包括身体健康、心理健康、社会适应良好和道德健康。也随之将未来医学的任务从以防病治病为主逐步转向以维护和增强健康、提高人的生命质量为主。

鉴于以上人们对于健康的认识,运动处方按应用的目的和对象可分为三类。

(1)竞技训练运动处方。运动员根据运动处方进行训练,以提高身体素质和运动技术水平。

(2)预防保健运动处方。健康人和中老年人按运动处方进行锻炼,以增强体质、提高健康水平。

(3)临床治疗运动处方。对成年人患者应用运动处方,以治疗疾病提高康复医疗效果。

在以上的三种分类中,第一种和第三种在各自的适用对象中已经有着较为广泛的认可和应用,然而预防保健运动处方则仍需要大力地推广,使更多的健康人和亚健康人从意识上认识运动处方的优点。目前在实践上已经有大量的实例可以证明按照运动处方进行科学锻炼,可使人们获得多快好省的效益,并且既安全可取,又有计划性地达到健康保健和治疗疾病的目的。运动处方的优点可总结如下。

(1)又多又快是指普及推广收效快。运动处方可广泛适用于男女老少、不同体力水平的人。持续进行6~8周的锻炼,就能提高全身耐力水平。最长不出16周即可达到良好的效果。

(2)又好又省是指科学性强,省时间。按要求的强度锻炼12~20 min,花费很少时间,就可获得最佳效果。

（3）安全可靠是指针对性强，效果好。可以科学地监控运动量和评价运动效果，并能有效地防止运动伤害。

（4）有计划性是指目的明确，可使运动安排得当，锻炼得法，做到心中有数，提高运动兴趣，易于坚持。

3. 运动处方的内容

运动处方一般包括下列六项：运动的目的、运动种类、运动强度、持续时间、运动频度、注意事项及微调整。

（1）运动的目的。在运动处方的分类中，竞技训练运动处方和临床治疗运动处方的目的都十分明确也非常单一，然而预防保健运动处方的运动目的则依性别、年龄、职业、爱好和身体健康状况而有所不同，有强身保健、防止疾病、健美减肥、促进生长、消遣娱乐等。运动目的的不同决定了处方内容上的差异。

（2）运动种类。从运动生理学中氧的代谢程度来看，对健康有效的运动项目可分为三类：即有氧运动、无氧运动及混合运动，具体参见表 5-2。

表 5-2　有氧、无氧及混合运动项目示例

有氧运动	无氧运动	混合运动
步行	短距离全力跑	足球
慢跑	举重	手球
自行车	拔河	篮球
网球	跳跃项目	乒乓球
排球	投掷	羽毛球
高尔夫球	肌力训练	冰球
远足	潜泳	间歇训练

在运动实践中，两者不规则而混合存在的也不少，而且也有同一项目，由于方法不同，分为有氧运动或无氧运动。例如长跑，轻松慢跑是有氧运动，而竞赛时全力跑即为无氧运动。

运动处方的最终目的就是对锻炼者提供最适宜的运动项目，也就是要能很好地提高人们的身体素质。所谓身体素质是指人体在运动活动中所表现出来的力量、速度、耐力、协调性、柔韧性等一种综合能力的表现。因此现代新兴的运动处方又将运动分为三种类型，即有氧运动、伸展运动及力量性运动。

第一类：有氧运动。也可称为耐力性的运动项目，包括步行、慢跑、上下楼梯、游泳、骑自行车、划船、跳绳、高尔夫球、网球等，其目的是训练和提高耐力。

第二类：伸展运动。这一类项目包括有太极拳、气功、舞蹈、劲舞、健身操以及各种医疗体操和矫正体操等。

第三类：力量性运动。这包括以举重拉伸等中等强度的足以发展和维持去脂体重的力量训练，以增粗肌纤维为目的。

（3）运动强度。运动强度，即单位时间内的运动量，运动量是运动强度和运动时间的乘积。运动强度是运动处方中定量化和科学化的核心问题。而运动量也是取得锻炼效果与安全的关键，二者表示方法有多种，可根据需要分别使用。

$$运动强度 = \frac{运动量}{运动时间}$$

运动量 = 运动强度 × 运动时间

运动强度的确定方法，可以通过运动中心率变化的关系来进行判定，对于不同年龄阶段的男女，其体力、年龄、性别、运动强度与心率的关系可见表5-3。

表5-3 体力年龄性别运动强度与心率的关系

运动强度	%	100		80		60		40		20	
	负荷强度	最大强度		强度		中等度				轻度	
	运动的大致目标	运动强度的极限值		中老年人增进健康应在此范围内持续运动				初学者可以以此水平运动		这种程度算不上运动	
体力年龄组	性别	男	女	男	女	男	女	男	女	男	女
	10～19	202	195	174	168	146	141	117	114	88	87
	20～29	195	186	168	131	141	136	114	110	87	85
	30～39	188	175	162	152	137	129	111	106	86	83
	40～49	181	165	157	144	133	123	108	102	84	81
	50～59	175	155	152	136	139	117	106	98	83	79
	60～69	168	146	146	127	125	112	103	94	82	7
	70～	161	136	141	121	121	106	100	90	80	75
运动感觉		非常费力		很费力		慢跑程度		轻松运动		很轻松	

表示运动强度的指标有很多种，通常采用最实用最简易的心率来确定。按心率确定运动强度的方法主要有以下三种。

①运动量百分比分级法计算公式：

$$运动后净增心率 = \frac{运动后心率 - 运动前心率}{运动前心率} \times 100\%$$

评定运动后净增心率达71%以上者为大运动强度。

运动后净增心率达51%～70%者为中等运动强度。

运动后净增心率达51%以下者为小运动强度。

②靶心率法

靶心率是指能够获得最佳效果并能确保安全的运动心率。为了较精确地确定心率，则必须先做极限性运动试验以确定最大心率，而后取最大心率的85%作为运动适宜心率。根据上海瑞金医院的研究，中国人最大预计心率见表5-4。

表5-4 中国人按年龄最大心率估测值

年龄组	男性最大心率/（次·min^{-1}）	女性最大心率/（次·min^{-1}）
20～29	206	207
30～39	199	199
40～49	192	191
50～59	185	183
60～69	178	175

计算最大心率：
男性预计最大心率（次/分）= 220 − 0.7 × 年龄
女性预计最大心率（次/分）= 223 − 0.8 × 年龄
计算运动时心率：
运动时心率：（按年龄最大心率 − 安静心率）× 100% + 安静心率
此方法也是国际上通用的方法（表5-5）。

表 5-5　按年龄预计最大心率

年龄/岁	30~39	40~49	50~59	60~69
最大心率/（次·min^{-1}）	182	178	167	164

（4）运动时间。指每次持续运动的时间，由于运动时间和运动强度的乘积决定运动量，因此，即使等量的运动量，因运动目的不同而有运动强度和时间不同的处方。以健身为目的的运动，以强度小而时间长的处方效果好（中老年人或体质较差者），对于青少年来说短时间的激烈运动反复多次进行的处方，对增进健康有很好的作用。

据研究每次进行 60~80 min 的耐力性运动是比较适宜的。从运动生理来说，5 min 是全身耐力运动所需的最短时间，60 min 对于坚持正常工作的人是最大限度的时间，库珀研究认为，心率达到 150 次/min，最少持续 5 min 即可开始收到效果，如果心率在 150 次/min 以下，那就需要 5min 以上才会有效果。

①必要的运动时间。一次必要的运动时间，也是根据运动强度、运动额度、运动目的、年龄及身体条件等而不同，不能一概而定。这要看某种强度的刺激对呼吸、循环功能从运动开始达到恒常运动所需的时间。为了给予呼吸、循环系统有效的刺激，使各种生理功能充分发动起来，达到恒常运动的时间轻运动时为 5 min 左右，强运动时需 3 min 左右。由此可见，5 min 以内的运动对呼吸、循环系统的刺激还是不充分的。因此，在达到恒常运动以后需要继续运动一些时间，这样合计运动时间则为 10 min 以上。再加上准备活动及整理活动，至少需要 5~8 min，所以，实际所需要的时间为 15~20 min。这是比较客观的最低限度。

一般可在持续有氧运动 20~60 min 范围内，按运动强度及身体条件决定必要的运动时间，便是运动处方的要点。

②时间与强度的配合。每次持续时间和运动强度的配合，可明显地改变运动量，一般来说，健康成年人宜采用中等强度、长时间的运动；体力弱而时间充裕的人，可采用小强度、长时间的运动；体力好但时间不富裕者，可采用大强度、短时间的运动。经实践证明采用中等运动量的锻炼，是一种有效的锻炼方法（表5-6）。

表 5-6　运动时间与强度的配合（最大摄氧量）

运动时间/min		5	10	15	30	60
运动强度	小强度	70	65	60	50	40
	中强度	80	75	70	60	50
	大强度	90	85	80	70	60

(5)运动频率。指每周的锻炼次数,每周锻炼几次为好,有人研究观察,当每周锻炼多于3次时,最大摄氧量逐渐趋于增加,到5次以上时,最大摄氧量的提高就很小,而每周锻炼少于2次时,通常不引起改变。由此可见,每周锻炼3~4次是最适宜的频度。但由于运动效应和蓄积作用,间隔不宜超过3天。作为一般健身保健或处于疗养条件者,坚持每天锻炼一次当然更好。

研究结果表明,一周运动一次时,运动效果不蓄积,每次都发生肌肉痛和疲劳,运动后1~3天身体不适,且易发生伤害事故;一周运动2次,疼痛和疲劳减轻,效果一点一点蓄积,但不显著;一周运动3次,基本上是阴天运动,不仅效果可以充分累积,也不产生疲劳,如果频率为每周4次或5次,效果也相应提高。

那么,是否每日运动好呢?也不一定,只有小运动量或次日不残留疲劳的,每日运动才是可取的,关键是运动习惯或运动生活化,即各人可选择适合自己情况的锻炼次数,但每周最低不能少于2次。

经科学家们研究证实,肌肉一旦停止锻炼,退化速度是惊人的。一个人3天不运动,他的最大肌肉力量会消失1/5,运动效果要靠不断运动来取得,而无法把它储存起来。实验表明,在48~72 h之后,一个人必须使他的肌肉再次取得合乎需要的物理效果,否则就会前功尽弃。因此,必须每天坚持几分钟,才能保持锻炼效果。若因故中断,每周至少也得锻炼3次(表5-7)。

表5-7 可以取得相同效果的运动方案

运动量	取得相同效果的方案				
锻炼持续时间/min	180	90	45	20	10
运动强度(最大用力)/%	20	30	40	50	60
心率/(次·min^{-1})	110	120	130	140	150

(6)注意事项。对于体育锻炼者,在参加任何体育运动项目之前应进行身体健康诊断和运动医学检查,使锻炼者明确自身身体状况和可能达到的预期目标,全面精确地制定出适合自身的运动处方,使锻炼者有目的、有计划、身体力行地选择运动项目和合适的运动量,避免盲目参加体育锻炼而造成对身体的危害。譬如,一位同学经体质(身体形态、机能和素质)诊断,通过参照大学生健康评价标准确诊为肥胖,心功能低下,并伴有驼背现象,则建议该生应参加健身操和力量健美的锻炼,并在锻炼过程中对参加锻炼前所进行诊断的各指标(身高、体重、胸围、体脂百分比、肺活量和台阶指数等)进行监控,利于有效地获取反馈信息并及时调整运动内容、运动量和运动程序。

在参加锻炼之前及结束时,都要进行充分的准备和放松活动,使机体逐渐适应新的运动量,降低肌肉黏滞性,避免关节肌肉韧带等创伤或心肺承受能力突然加大而受损。对于锻炼效果,据观察,在开始锻炼后15~30天会出现变化,但需要执行运动处方数月或更长时间,才能取得明显而巩固的效果。通过取得的锻炼效果,也可反过来验证所用运动处方是否科学合理,以便发现问题及时处理。

在锻炼过程中还应注意观察精神、情绪、睡眠、食欲、安静时的心率和运动后的心率恢复时间、疲劳程度的变化以及各种不良反应等。

（二）运动处方的基本原则

由于竞技训练运动处方和临床治疗运动处方均有其极为复杂的特殊性，适用对象范围较窄，无统一规则可循，在此主要针对面向大多数适用对象的预防保健运动处方来总结一下制定运动处方应该遵循的基本原则。

为了健康的运动，必须具备三个基本条件：一是安全性，二是效果好，三是有兴趣的运动。在体育运动的竞赛中，由于激烈竞争有时会损害健康也要尽力夺标，然而保健体育，不在于取胜，而是注重健康。所以，运动结果不利于健康则无意义，如果没有效果或效果小的运动，不论如何爱好，如何安全，也不符合增进健康的目的。而从运动生理学的角度来看，虽然有些运动既科学又有效，但是如果感到不愉快、无兴趣，也不能持久进行，不能持之以恒的运动，也就不能得到真正的效果。

运动的安全性和有效性，还要从运动种类、运动强度及个人的身体条件方面（体力、健康状况）来考虑。即使是同一种类、同一强度的运动，也因实施方法（准备活动等）、环境条件（高温等）或当日身体情况（睡眠不足）等，对安全性有很大影响。然而安全性与有效性有相反的关系，如把二者统一起来，能同时满足这两个条件的正是运动处方的最大特点。因此制定运动处方应遵循以下基本原则。

（1）处方应因人而异。由于每个人的身体条件、个人喜好、生活环境千差万别，因此对于每个人的运动处方也就不相同，不能生搬硬套，盲目跟风，而应切合实际的制定真正适于个体的运动处方，否则难以达到预期的效果。

（2）处方应及时调整。处方对象在初定处方的实行过程中要善于进行调整，使之成为符合自己实际情况的运动处方，唯有制订者和执行者双方结合才能获得安全、有效、愉快的处方，才能使处方对象享受到运动的乐趣，得到锻炼的效果。

（3）处方应保持安全界限和有效界限。为了提高体质，促进健康，就必须改善心血管和呼吸功能，因此就必须有一定的有效运动强度，超过这个强度界限，就会对健康构成危害，这个运动强度或运动量界限被称为安全界限；而达到最低的有效运动强度界限，称为有效界限。安全界限和有效界限之间就是运动处方安全而有效的范围。

第三节　运动性疾病的处理

由于体育运动会使人体生理活动过程的有序性受到暂时性破坏，从而常常出现某种特殊的生理反应，现将这些常见的运动生理反应与处置办法介绍如下：

一、延迟性肌肉酸痛

（一）原因与症状

延迟性肌肉酸痛是运动时肌肉活动量过大而引起的局部肌纤维及结缔组织的细微损伤，以及部分肌纤维痉挛。运动后在 24 h 后出现的肌肉酸痛在运动医学上称为"延迟性肌肉酸痛症"。一般情况下由于这种酸痛现象只是局部肌纤维的细微损伤和痉挛，不会影响整块肌肉的运动功能，所以，酸痛经过 5~7 天后肌肉内部对细微损伤的修复，肌肉疼痛会基本消失，肌肉组织也会变得更加强壮，以后同样负荷将不易再发生肌肉酸痛。

延迟性肌肉酸痛的症状除酸痛外，还会发生肌肉僵硬，轻者仅是压疼，重者肌肉会肿胀。

（二）处置与预防

1. 处置

出现上述症状时，对酸痛部位局部热敷和局部涂擦油剂或按摩擦剂，还可配合做一些牵伸肌肉的运动。另外，针灸、电疗等方法也有一定作用。

2. 预防

做好锻炼时的准备活动，把握好运动负荷的递进性原则，尽量避免局部肌肉负担过重。锻炼后，要有针对性地放松整理和按摩。

二、运动中腹痛

（一）原因与症状

运动中腹痛常在中长跑和剧烈运动时发生。据发病的大量资料表明，主要是因为运动前准备活动不充分；或者因运动前吃得过饱、饮水过多；或者因腹部受凉，致使脏腑功能失调，引起腹痛；或者因运动时间过长或过于剧烈，而使下腔静脉压力上升，导致血液回流受阻；或者因呼吸节奏紊乱，而引起膈肌运动异常；或者因肝脾积气郁血，而导致两肋部胀痛等。

（二）处置与预防

1. 处置

出现上述症状时，如果没有器质性疾病，一般采用减慢运动速度，进行腹式呼吸，按压疼痛部位等方法治疗，短时间内即可减轻疼痛，直至疼痛消失。数分钟后，如果疼痛仍不减轻，甚至加重，就应停止运动。

2. 预防

运动前应避免饮食或饮水过多，并做好准备活动（特别是腹部按摩），坚持循序渐进，注意呼吸节奏，夏季运动要适当补充盐分。

三、运动性贫血

（一）原因与症状

运动性贫血是由于运动引起血红蛋白量减小，并低于正常值。男性的血红蛋白低于 120 g/L，女性低于 105 g/L 即为运动性贫血。在通常情况下，女性发病率高于男性。

导致运动性贫血的主要原因是：

（1）运动时肌肉对蛋白质和铁的需要量增加，一旦需要得不到满足，即可引起运动性贫血。

（2）剧烈运动时血流加速，易引起红细胞破裂，致使红细胞从新生到衰亡之间的平衡遭到破坏，从而导致运动性贫血。

其主要表现为头晕、呕吐、心率加快、脸色苍白、体力下降。

（二）处置与预防

1. 处置

出现上述症状时，应适当减轻运动量，必要时进行休息。即刻饮服糖开水或口服硫酸亚铁，并同时服用维生素 C 和胃蛋白酶合剂，以利于铁的吸收。

2. 预防

运动前要做好准备活动，并注意循序渐进，调整膳食结构，平时增加富含蛋白质和铁的食物。

四、运动性昏厥

（一）原因与症状

由于脑部突然供血不足或者因脑血管发生痉挛，而出现突发性、短暂性知觉丧失的现象，称为运动性昏厥。

运动性昏厥主要是由于长时间运动或剧烈运动，大量血液聚集在下肢，回心血流量减少，因而心血输出量也减少，致使脑部缺血而引起昏厥。在日常生活中，因长时间站立，过久下蹲后骤然起立；或者情绪过分紧张激动；或者病后体弱参加剧烈性运动等情况，都可能发生类似昏厥的现象。昏厥前，患者会感到全身软弱，头昏眼花，面色发白。昏倒后，患者会出现面色苍白、手足发凉、出冷汗、脉搏减弱、血压下降、呼吸缓慢等症状。

（二）处置与预防

1. 处置

发病后，应立即让患者平卧，松解衣领，抬高下肢，并进行由小腿向大腿、心脏方向按摩或拍击，同时用手指点压人中、合谷等穴位，必要时给氨水闻嗅。如有呕吐，应将患者头偏向一侧；如停止呼吸，应立即进行人工呼吸。轻度休克者，应由同伴搀扶慢走一段时间，以帮助进行深呼吸，即可消除症状。

2. 预防

坚持经常锻炼，以增强体质；剧烈运动后不要立即停下来或坐下，而应继续慢跑，并做深呼吸；在饥饿的情况下不要参加剧烈运动。

五、运动中暑

（一）原因与症状

中暑是长时间受高温或热辐射引起的一种高温疾病。特别是在湿度高、通风不良或头部缺乏保护被烈日直接照射等情况下，体温调节功能会发生障碍而导致中暑。中暑早期会出现头晕、头痛、呕吐等症状，严重时患者会体温升高，皮肤灼热干燥，甚至出现精神失常、虚脱、抽搐、心律失常、血压下降等症状，严重的会昏迷甚至危及生命。

（二）处置与预防

1. 处置

出现中暑时，首先应将患者安静地护送至阴凉、通风处平卧休息，并采取降温措施，如解开衣领，服饮清凉饮料或人丹、十滴水等，也可补充葡萄糖盐水。严重的患者，经临时性处理后，应立即护送至医院诊治。

2. 预防

在高温炎热环境下锻炼时，应适当减少运动量和锻炼时间，要尽量避免在烈日下锻炼。夏天在室内锻炼时，应注意良好的通风，并备有低糖含盐的饮料。室外锻炼时，应戴白色凉帽，穿宽松浅色运动服。

第六章 奥林匹克运动

第一节 古代奥林匹克运动

一、古代奥运会的起源

古希腊位于欧洲巴尔干半岛南端的欧、亚、非三洲交汇处，三面临海。东临爱琴海，与西亚的波斯帝国相对；西临爱奥尼亚海；南隔地中海与北非的埃及相望。优越的地理环境使古希腊民族形成心胸开阔、自强不息、勇于进取的性格和酷爱户外活动、崇尚健康美的风俗习惯。

古希腊是一个神话王国，优美动人的神话故事和古奥运会举办地——奥林匹亚——曲折离奇的民间传说，为古奥运会的起源蒙上了一层神秘的色彩。传说古代奥林匹克运动会是为祭祀众神之王宙斯而定期举行的体育竞技活动。另一种传说与宙斯的儿子赫拉克勒斯有关，而流传最广的是佩洛普斯娶亲的故事。古希腊伊利斯国王为了给自己的女儿挑选一个文武双全的驸马，提出应选者必须和自己比赛战车。比赛中，先后有13个青年丧生于国王的长矛之下，而第14个青年正是宙斯的孙子也是公主的心上人佩洛普斯。在爱情的鼓舞下，他勇敢地接受了国王的挑战，终于以智取胜。为了庆贺这一胜利，佩洛普斯与公主在奥林匹亚的宙斯庙前举行盛大的婚礼，会上安排了战车、角斗等多项比赛，这就是最初的奥运会，佩洛普斯成了古奥运会传说中的创始人。

奥运会的起源，实际上与古希腊的社会情况有着密切的关系。公元前9世纪前希腊氏族社会逐步瓦解，城邦制的奴隶社会逐渐形成，建立了200多个城邦。城邦各自为政，无统一君主，城邦之间战争不断。为了应付战争，各城邦都积极训练士兵。斯巴达城邦的儿童从7岁起就由国家抚养，并从事体育、军事训练，过着军事化生活。战争需要士兵，士兵需要强壮身体，而体育是培养能征善战士兵的有力手段。战争促进了古希腊体育运动的开展，古奥运会的比赛项目也带有明显的军事烙印。连续不断的战事使人民感到厌恶，普遍渴望能有一个赖以休养生息的和平环境。后来斯巴达王和伊利斯王签订了"神圣休战月"条约。于是，为准备兵源的军事训练和体育竞技，逐渐变为和平与友善的运动会。古希腊人信奉多神教，每逢重大的祭祀节日，各城邦都举行盛大的宗教集会，以唱歌、舞蹈和竞技等方式来表达对诸神的敬意。古希腊人认为宙斯是众神之首，所以对他格外尊敬，对他的祭祀也格外隆重，这也促进了古奥运会的产生。

二、古代奥运会盛况

古代奥林匹克运动会起源于古希腊，因举办地点在奥林匹亚而得名。

古奥运会的起源从有文字记载的历史中可以追溯到公元前776年。第1届古代奥运会于公元前776年举行，到公元394年共举行了293届，都是在古希腊奥林匹亚运动场举行。比赛场建在阿尔菲斯河谷北面的小丘旁。运动会每隔1 417天即4年举行一届，时间在夏至后第二次或第三次月圆时，在八九月份，后来人们将这一周期称为奥林匹克周期。

古代奥运会是一个以祭祀竞技为主，内容丰富多彩的综合性的祭祀盛会。在盛会期间，每天有各种宗教仪式。

奥运会比赛从清晨开始，有时进行到深夜。即使刮风下雨，比赛也不停止。各项比赛十分激烈，观众兴奋异常。奥运会除体育竞技外，还有政治、经济、文化等活动。在竞技场外，各城邦使节聚会讨论政治，缔结条约；哲学家们围在一起争论人类社会和自然界的众多问题；诗人和艺术家们在练身场内外朗诵诗作或展示艺术作品；各地商人则在竞技场外竞相推销商品。

古奥运会初期，竞赛项目不多，所以最初举办时间仅一天。后来随着比赛项目的增加，又延长为两天。从第37届增加少年比赛项目后，时间又延长到五天。其中第一天是开幕式，举行献祭和宣誓仪式；第2、第3、第4天是具体的比赛；第五天是闭幕式，进行发奖和敬神活动。古代奥林匹克运动会的竞技比赛项目主要是赛跑，后来逐渐增加了摔跤、五项全能、拳击、赛马、角斗以及战车赛、武装赛跑等，最多时达23项。大多数比赛项目为现代运动项目的原始雏形，比赛规则简单，随意性很大，而一些项目如最富有古希腊运动特色的角斗在现代运动中已经绝迹。场地跑是古代奥运会最早设立的竞赛项目，距离是192.27米。

古希腊人爱好跑步，在奥林匹亚阿尔菲斯河岸的岩壁上还保留着古希腊人的一段格言："如果你想聪明，跑步吧！如果你想强壮，跑步吧！如果你想健康，跑步吧！"

三、古代奥运会的竞赛章程

带有浓厚宗教色彩的古奥运会有严格的章程，对组织者、运动员、裁判员以及竞赛办法均有严格的规定。

古代奥运会对运动员资格审查是极为严格的，当时的规定是：只有希腊血统的自由民才能作为参赛者，而奴隶、外国人、犯过罪的人、对神不虔诚的人和有亵渎行为的人都不能参加。妇女不但无参赛资格，而且也不允许观看。不过，真正有资格参加奥运会的选手还必须是自己城邦预选赛中的获胜者。之后，有10个月的专门训练时间，费用自理，马匹、战车自备。最后在奥运会召开前，还要到正式比赛地点进行1个月的赛前训练。

奥运会开始后，按照规定参赛的运动员必须赤身裸体。这也是古希腊体育竞技的一大特色，表现出其独特的民族风尚和艺术风格，同时也显示出古希腊人对神的崇敬以及对美和力量的崇尚。因此，在比赛场上的运动员全身都涂擦上橄榄油，使皮肤富有光泽，肌肉更富有弹性，既有利于比赛，又显示出力量与美。在当时雕塑家、美术家的作品中，此种形象比比皆是，如希腊伟大的雕塑家米隆所塑造的"掷铁饼者"的塑像，就是一位持铁饼待投的运动员的形象。赤身裸体所显示出的健壮有力的肌肉，使人享受到一种无尽的美感和对人类自身力量的一种超然的自信。这件作品至今仍是世界文化艺术中的一件珍品。当然，有些项目如赛马、武装赛跑等，并不是非赤身露体不可。

古奥运会的比赛规则十分严格。古希腊人认为奥运会是神圣的，光明正大地取胜是光荣的；反之，则是对神圣事业的亵渎。这表现了古希腊人的荣辱意识。古代奥运会的裁判官由伊利斯城邦从有名望的贵族中推举产生，大多由王公贵族担任，权力很大。裁判官负责宣布"神圣休战令"，审查运动员资格，执行赛场纪律。所有人对裁判都十分尊重，运动员必须无条件服从裁判。在行使职权时，裁判官手持法鞭，可随时鞭打破坏规定的人，也可以对违反规则的选手进行罚款，甚至除名。裁判官不仅是赛场的执法者，也是整个大会的组织者。在奥运会期间，只有裁判官才可以享用一种石制的专门座椅。

古代奥运会的禁令主要是针对妇女而言，当时规定：女子不能参加或观看体育比赛，违者要受法律制裁，甚至处以死刑。公元前396年第96届奥运会上，一位拳击世家的妇女卡莉帕捷里娅女扮男装混入赛场，在教练员席上观看儿子的比赛。当儿子获得冠军后，她欣喜若狂地跑入赛场热烈拥抱亲吻儿子，暴露了自己真实的身份，于是，她被逮捕并判死刑。由于其父是第79届奥运会的拳击冠军，再加上长老说情，她才免于一死，成为有历史记载的古奥运会上妇女违禁仍得以生还的罕见事例。

四、古代奥运会的兴衰

公元前776—公元前388年，这一时期各城邦之间虽有纷争，但希腊是一个独立的国家，政治、经济、文化都较发达，是运动会的黄金时期。特别是公元前490年，希腊雅典在马拉松河谷大败波斯军之后，民情奋发，国威大振，兴建了许多运动设施、庙宇等，参赛者遍及希腊各个城邦，奥运会盛极一时，成为希腊最大的节日。

公元前388—公元前146年，奥运会开始衰落。由于斯巴达和雅典之间长期的伯罗奔尼撒战争（公元前431—公元前404年），希腊国力大减，马其顿逐渐吞并了希腊。马其顿君王菲利普非常重视奥运会，还亲自参加了赛马。随后亚历山大大帝虽自己不喜爱体育活动，但仍积极支持，并视奥运会为古希腊的最高体育活动开幕式，为其增添设施。不过，这一时期古奥运会精神已大为减色，并开始出现职业运动员。

公元前146年至公元394年，古奥运会由衰落走向毁灭，后来基督教统治了包括希腊在内的整个欧洲，倡导禁欲主义，主张灵肉分开，反对体育运动，使欧洲处于一个黑暗时代，奥运会也随之更趋衰落，直至名存实亡。公元393年罗马皇帝狄奥多西一世宣布基督教为国教，认为古奥运会有违基督教教旨，是异教徒活动，翌年宣布废止古奥运会。公元895年，拜占庭人与歌德人在阿尔菲斯河发生激战，使奥林匹亚各项设施毁失殆尽。公元426年狄奥多西二世烧毁了奥林匹亚建筑物的残余部分。公元511年、公元522年接连发生的两次强烈地震，使奥林匹亚遭到了彻底毁灭。就这样续延了1 000余年的古奥运会不复存在，繁荣的奥林匹亚变成了一片废墟。

五、古代奥运会的文化遗产

古奥运会虽然消亡了，但给人类社会留下了一笔宝贵的文化财富，古奥运会创造的竞技运动组织模式与奥林匹克理想和精神，对现代体育产生了深远的影响。古奥林匹克精神更为后人所尊崇和借鉴。

古代"奥林匹克精神"的主要内容为：

（1）和平与友谊。古奥运会反映了人民渴望和平的意愿。在"神圣休战"期间各城邦人民可以自由交往、经商旅行，反映了人民对友谊的崇尚。

（2）尊崇公正、平等、竞争。运动员赛前宣誓："不以不正当的手段取胜！"既是一种社会对人的理想化的规范，也反映了人们对公正、平等、竞争的渴望与崇敬。

（3）追求人体健美。古奥运会不仅是体能的比赛，也是健美的比赛，它体现了古希腊人对人体健美的追求。

（4）表现出"征服意识"以及以取胜为目标的追求奋进的精神。古奥运会是古希腊人展示自我、表现自身价值的一种形式，运动员来到赛场，就是要胜过别人，成为冠军。这是一种鼓舞人奋进向上、不断探索和社会进步的可贵动力。

第二节 现代奥林匹克运动

现代奥林匹克运动从1894年诞生至今已有百余年的历史，它不论从发展规模，还是从发展水平来看，都已为举世所瞩目。人们看到，作为一种文化现象，奥林匹克主义以竞技的形式，将不同肤色、不同文化背景的民族紧密联系在一起，对人类的社会活动，对人类的文明产生深刻的影响。奥林匹克精神得到了广泛传播。作为一种体育现象，奥运会是人类探索体能极限的最引人入胜的赛场，奥运会纪录、奖牌成为运动员追求的崇高目标，奥林匹克运动已成为参与国家和地区众多，具有巨大吸引力、穿透力和凝聚力的一项全球性活动。

一、现代奥林匹克运动的诞生

古代奥运会于公元394年遭到禁止，在沉睡了1 000多年之后，于19世纪末又重新出现在世界舞台上，这就是现代奥林匹克运动。现代奥林匹克运动的出现绝非偶然，它的诞生有着深刻的时代背景。

首先，三大思想文化运动为奥林匹克运动的复兴奠定了思想基础。14—18世纪欧洲大陆出现了三次大规模的思想文化运动，即文艺复兴、宗教改革和启蒙运动。这三大思想文化运动迎来的是思想解放、人才辈出和科学繁荣的新时代。此期间一大批伟大人物积极提出自己先进的理论，反对宗教控制的封建思想，带领社会重新重视身体和精神的统一，认识到一直被宗教封锁的古奥林匹克运动是丰富的体育遗产，在近代体育思想中应继续发扬和继承它的优良传统，创造新时期的体育产物，这些都为奥林匹克运动的兴起奠定了思想基础。

19世纪下半叶，在国际政治经济走向国际化的同时，现代体育的发展也呈现出国际化的发展势头。现代体育向国际化发展是现代奥林匹克运动兴起的另一个时代动因之一。19世纪的欧洲，随着科学、文化、教育的发展，各国建立了本国的体育组织，第一批国际体育联合会成立，如1881年建立了国际体操联合会，1892年建立了国际赛艇联合会和国际滑冰联合会。同时，国际的体育交流和比赛逐渐增多。古代奥运会遗址的发掘唤起了人们对奥林匹克运动的向往，欧洲许多国家试图恢复古奥运会的种种尝试都促使了现代奥林匹克的诞生。

在这时，一位使奥林匹克运动成为现实的伟大人物——法国教育家皮埃尔·德·顾拜旦，于1883年提出举办类似古奥运会的比赛，并把它扩大到世界范围。1892年，他遍访欧洲，宣传奥林匹克思想，呼吁复兴奥林匹克运动。1892年，在巴黎运动联合会成立10周年的会议上，他倡议恢复"奥林匹克运动会"。1894年1月，他致函各国的体育组织，建议于同年在巴黎召开国际体育会议。1894年6月16—24日，在巴黎举行了国际体育大会，到会代表79人，代表着12个国家的49个体育组织，有2 000人参加了开幕式。大会通过了《复兴奥林匹克运动》的决议。6月23日成立了国际奥林匹克委员会，希腊人维凯拉斯出任主席，顾拜旦任秘书长并亲自设计了奥运会的会徽、会旗。国际奥林匹克委员会的成立，标志着奥林匹克运动的诞生。1896年4月6—15日在希腊的雅典举办了第一届现代奥运会，共有13个国家的295名运动员参加了雅典奥运会。

现代奥林匹克运动诞生100多年来，为加强世界各国人民和运动员之间的友谊，促进世界和平及世界体育事业的发展，起到了不可磨灭的作用，这是人们在回忆奥运会历史时所不会忘记的。

二、奥林匹克运动会

奥林匹克运动具有丰富多彩的活动内容与形式，包括奥林匹克运动会、大众体育以及与体育有关的教育、科学和文化等活动。以奥林匹克主义贯穿一系列活动，形成一个具有鲜明特色的奥林匹克活动体系。在奥林匹克运动众多的内容中，四年一度的冬、夏奥运会是最重要的活动，是奥林匹克运动的主旋律。奥林匹克运动会是世界上规模最大、水平最高、影响最广的国际性综合运动会。

奥林匹克运动会的活动内容包括竞技运动比赛、奥林匹克仪式、奥林匹克文化节、奥林匹克青年营等。竞技比赛是奥运会的主要内容，所有项目都必须是经国际奥委会承认的。奥林匹克仪式，如圣火传递、开、闭幕式和发奖等，是奥运会的重要组成部分，不仅给奥运会带来浓烈的节日气氛，而且升华了奥运会的境界，使其庄严而神圣。奥林匹克文化节是奥运会期间的一个重要文化活动，使不同国家、民族的文化艺术一同展现在世界人民面前。奥林匹克青年营使来自世界各地的青年，在奥林匹克的旗帜下互相交流、互相学习，借以深刻了解奥林匹克运动的理想。

（一）夏季奥运会

夏季奥运会简称奥运会，每4年举办一届。夏季奥运会沿袭古奥运会旧制，不管运动会举办与否，届次照算。自1896年在雅典举行第1届奥运会起，到2012年伦敦奥运会止，共举办了30届。因两次世界大战，实际只举办了27届。

现代奥运会自产生以来，便得到了迅速发展。第1届奥运会仅有13个国家的295名男运动员参加，有9个比赛项目，42个单项。到2004年第28届奥运会，参加的国家和地区达到202个，参赛的男女运动员超过万人。奥运比赛项目已增加到大项28个，单项301个。这28个大项是：游泳、射箭、田径、羽毛球、棒球、篮球、拳击、皮划艇、自行车、马术、击剑、足球、体操、手球、曲棍球、柔道、现代五项、赛艇、帆船、射击、垒球、乒乓球、跆拳道、网球、铁人三项、排球、举重和摔跤。

(二) 冬季奥运会

冬季奥运会简称冬奥会，是奥林匹克运动会的重要组成部分。

冬季奥运会届数的计算方法与夏季奥运会不同，是按实际举行的次数计算届次。在1924年1月27日—2月5日在法国夏蒙尼举行了一次冬季运动会。后来国际奥委会正式确认这次运动会为第1届冬季奥运会，并规定冬季奥运会也是4年举行一届，与夏季奥运会在同一年举行，但不得在同一城市。从1924年至1998年共举行了18届冬季奥运会，而且运动会的规模越来越大。1924年第1届冬季奥运会只有16个国家和地区的293名运动员参加，比赛项目仅有4个大项，14个小项。而参加1998年第18届冬季奥运会的国家和地区已达72个，运动员2 304名，比赛项目大项为7个，单项68个。

冬季奥运会比赛项目有：花样滑冰、雪车、滑板滑雪、自由式滑雪、冰球、滑冰、滑雪、北欧两项、速度滑冰、速度滑雪、跳台滑雪、高山滑雪、雪橇、现代冬季两项、越野滑雪、短跑道速度滑冰、冰橇、冰壶。

(三) 奥林匹克运动的其他活动

奥林匹克运动的其他重要竞赛活动，包括各大洲的洲际运动会、伤残人奥运会等国际奥委会承认的竞赛活动；大众体育活动主要是每年6月23日举办的"奥林匹克日"，旨在促进群众体育活动的开展，扩大奥林匹克影响；奥林匹克科学、文化教育活动主要包括开办国际奥林匹克学院、建立奥林匹克博物馆、召开奥林匹克科学大会等。另外，还有为表彰一些为发展奥林匹克运动作出贡献的团体或个人而进行的颁奖活动。

三、奥林匹克运动的组织体系

奥林匹克运动自从创立以来，之所以能够发展到当今这样的规模，是因为奥林匹克运动有一个结构完备、功能齐全的组织体系，包括国际奥委会、国际单项体育联合会和国家奥委会，三个组织构成了奥林匹克运动组织的三大支柱。国际奥委会是奥林匹克运动的领导机构，其任务是按照奥林匹克宪章领导奥林匹克运动，根据奥林匹克宪章所作出的决定是最终决定。国际奥委会的绝对领导地位是奥林匹克运动顺利发展的保证。国际单项体育联合会由各个国家或地区的单项体育协会组成，其最高权力机构是定期召开的代表大会，在奥林匹克运动中的主要任务是负责其所管辖的运动项目的技术和行政管理方面的工作。国家奥委会是按照《奥林匹克宪章》的规定建立起来，并得到国际奥委会承认的在一个国家或地区开展奥林匹克运动的组织，担负着各自国家或地区发展和维护奥林匹克运动的重大任务。

在发展奥林匹克运动的过程中，三大支柱组织互相协调、互相配合、互相依赖、互相制约，在共同的目标下，促进奥林匹克运动的发展。

此外，为使国家奥委会在区域性的范围内更好地合作，促进各大洲奥林匹克运动的发展，在五大洲还设有国家奥委会的洲级协会。

第三节 中国与奥林匹克运动

一、中国早期的奥林匹克运动

中国人最初是通过了解奥运会来认识奥林匹克运动的。1904年许多中国报刊曾报道过第三届奥运会的消息。1907年以后，一些基督教青年会和教会学校人士开始在社会上宣传奥林匹克运动。1907年10月24日，著名教育家、体育家张伯苓先生在天津青年会第五届运动会的演说中指出：中国应加紧准备，争取早日参加奥运会。

19世纪末开始出现的教会学校运动会，其后出现的校际运动会、省、地区运动会、定期举行的全国以及洲际运动会，特别是1913年开始举办的远东运动会（中国是发起者之一）成了奥林匹克运动在亚洲的先驱。这些活动都有助于增强中国人的奥运意识，促进了奥林匹克运动在中国的初步开展。

1922年，中华体育协会会长王正廷当选为国际奥委会委员后，中国才与国际奥委会建立了直接联系。1931年，国际奥委会正式承认"中华全国体育协会"为"中国奥林匹克委员会"。

1932年，我国第一次参加了第10届在洛杉矶举行的奥运会，国民党政府派运动员参赛，后因日本欲阴谋使其傀儡"满洲国"挤入奥运会，引起中国人民的极大愤慨，在此压力下，中华全国体育协会才匆忙募资派遣田径选手刘长春和教练宋君复前往洛杉矶参赛，由于旅途劳累，刘长春仅参加了100 m和200 m跑的预赛即被淘汰。

1936年，我国又参加了第11届在德国柏林举行的奥运会，中国派出了一个庞大的代表团参加，其中运动员69人，欧洲体育考察团34人，参加了田径、足球、篮球、游泳、举重、自行车、拳击等项的比赛，并进行了武术表演。田径项目仅撑竿跳高运动员符保卢以3.80米的成绩取得了复赛资格，在旧中国实力较强、连获9届远东运动会冠军的足球队，初赛以0:2败于英国，被淘汰，其他各项也未取得名次。

1948年，我国参加了第14届在英国伦敦举行的奥运会，这是旧中国最后一次参加奥运会，共派出33名运动员，参加了田径、足球、篮球、游泳、自行车5个项目的比赛，各项均在预赛中被淘汰。

在旧中国，曾经有不少运动员怀着为中华民族争光的愿望参加国际体育竞赛，盼望以自己的努力在世人面前一洗"东亚病夫"的耻辱，但旧中国的运动成绩与世界水平相差甚远，他们的愿望无法实现。

二、新中国与奥林匹克运动

新中国成立后，参加了1952年芬兰举行的第十五届奥运会（由于少数敌对势力的干扰，比赛前两天才发出邀请，致使我国多数选手未能按时到场，仅100 m仰泳选手吴传玉参赛，但五星红旗还是在会场上高高飘扬起来）。1954年国际奥委会虽然通过了中华全国体育总会为中国国家奥委会的决议，但却将中国台湾地区的体育组织以"中华民国"的名义列入国际奥委会。为了维护中国的主权和领土的完整，反对"两个中国"的阴谋，1958

年中国中断了和国际奥委会的正常联系。

1979年国际奥委会通过决议，承认"中国奥林匹克委员会"是中华人民共和国唯一的合法国家代表，恢复了我国的合法席位，只允许台湾作为中国的一个地方性组织在国际体育组织中留有席位，使用"中国台北奥林匹克委员会"的名称。中国与奥林匹克的正常关系终于得到恢复。

1984年，我国正式提出"奥运战略"，即实施以奥运会为最高层次的中国竞技体育发展战略。从此以后中国先后参加了第23届至第28届的夏季奥运会和第13届至第20届的冬季奥运会。在美国洛杉矶举行的第23届奥运会上，首次全面参赛的中国代表团，不仅以许海峰的射击冠军实现了金牌"零的突破"，而且还获得了15枚金牌、8枚银牌和9枚铜牌，金牌总数列第四位，使中国人民欢欣鼓舞，也一举震惊了世界，这是新中国运动竞赛史上具有历史意义的突破。

1988年，在汉城（今首尔）举行的第24届奥运会上，中国体育代表团获5枚金牌、11枚银牌、12枚铜牌。

1992年，在西班牙巴塞罗那举行的第25届奥运会上，中国体育代表团获得金牌16枚、银牌22枚、铜牌16枚，金牌和奖牌总数都列在第4位。

1996年，在美国亚特兰大举行的第26届奥运会上，中国体育代表团获得金牌16枚、银牌21枚，金牌和奖牌总数持续保持在第4位。

2000年，在澳大利亚悉尼举行的第27届奥运会上，中国代表团获得金牌28枚、银牌16枚、铜牌15枚，金牌和奖牌总数列在第3位。

2004年，在希腊雅典举行的第28届奥运会上，中国代表团列金牌榜第2位，取得历史性的突破，其中获得金牌32枚、银牌17枚、铜牌14枚。

2008年，在中国北京举行的第29届奥运会上，中国代表团列金牌榜第1位，取得历史性的突破，其中获得金牌51枚、银牌21枚、铜牌28枚。

1980年，中国首次派出运动员参加在美国举行的第13届冬季奥运会。1992年，中国运动员叶乔波在法国举行的第16届冬季奥运会上获得了500 m和1 000 m短道速滑2枚银牌，实现了中国冬季奥运史上奖牌"零"的突破。2002年，第19届冬季奥运会在美国盐湖城举办，中国运动员杨扬在500 m和1 000 m短道速滑2个项目中折桂，为中国队拿下了第一枚冬季奥运会金牌。

中国在奥运会赛场取得的优异成绩，标志着新中国体育事业的飞速发展、大大提高了中国竞技体育在奥林匹克运动中的地位，同时也提高了中华民族的威望。

三、北京奥运会

（一）北京奥运会理念

2008年奥运会即是历史赋予中国的机遇，也是历史给予中国的挑战。绿色奥运、人文奥运、科技奥运三位一体的口号本身就是北京奥运的最大特色和亮点。

1. 绿色奥运

绿色奥运是奥林匹克运动发展的新潮流。北京提出绿色奥运的寓意包括：加快实施北京市的环保规划，促进城市的可持续发展，兴建奥林匹克公园，扩大人均占有森林和绿地的面积，改善水体质量，唤起民众的环保意识，提高城市的文明水平。

2. 人文奥运

人文奥运突出"以人为本"的观念，倡导体育与文化、教育的有机结合。人文精神强调人的尊严、人的价值。2008年奥运会也应成为歌颂人、尊重人、一切以人为中心，塑造和谐、促进发展的人文舞台。人文奥运是人文精神与社会环境的结合。人文精神是社会环境的内化，社会环境是人文精神的外化，由人文奥运凸显出来的北京奥运特色，在这两方面得到淋漓尽致的展现。每种特定的文化传统都有其特定的人文精神，人文精神就体现在传统文化中。中国传统文化有其充满魅力的价值观念、人文观念、思维模式和行为模式，追求和谐的精神是中国传统文化的一个特色，也是北京奥运的特色之一。

3. 科技奥运

科技奥运即广泛运用科技手段，通过举办奥运会可带动相关技术和产品的升级换代；同时奥运会也将成为最新科技成果的展示场，如软件、记分、通信手段的应用等；此外，奥运会还将推动整个城市的现代化水平，促进电子、信息、环保、交通及旅游产业等对高科技的应用。科技奥运将在北京发展"知识经济"的过程中发挥重要作用。

（二）北京奥运会会徽

"中国印·舞动的北京"为第29届北京奥运会会徽。北京奥运会会徽向世界展示了中华民族的魅力，具有鲜明的中国特色，可以说是中国特点、北京特点与奥林匹克运动元素的巧妙结合。以中国传统文化符号——印章（肖形印）为主体表现形式，经过艺术手法夸张变形，巧妙地幻化成一个向前奔跑舞动着迎接胜利的运动人形。人的造型同时形似现代的"京"字，蕴涵浓郁的中国韵味。会徽生动表达了北京张开双臂，欢迎八方宾客的热情与真诚，传递着奥林匹克的理念与精神。

（三）北京奥运会口号

"同一个世界，同一个梦想"和"One World, One Dream"为第29届北京奥运会中英文主题口号。

"同一个世界，同一个梦想"集中体现了奥林匹克精神的实质和普遍价值观——团结、友谊、进步、和谐、参与和梦想，表达了全世界人民在奥林匹克精神的召唤下，追求美好未来的共同愿望，深刻反映了北京奥运会的核心理念，体现了作为三大理念核心和灵魂的人文奥运所蕴含的和谐的价值观。

（四）北京奥运会吉祥物

北京奥运会吉祥物由5个拟人化的娃娃形象组成，统称"福娃"，分别是"贝贝"（鱼）、"晶晶"（熊猫）、"欢欢"（奥林匹克圣火）、"迎迎"（藏羚羊）和"妮妮"（燕子），暗含"北京欢迎您"，向全世界人们发出盛情邀请。

第七章 《国家学生体质健康标准》测试的操作方法

在实施《标准》的过程中，掌握各项目正确的测试方法是所有体育教师和测评人员迫切需要了解的内容。测试工作必然和所使用的测试仪器有一定的关系，现在测试器材多种多样，有全手工操作的，也有电子仪器。手工操作与电子仪器的操作流程不完全相同。如使用带有IC卡的测试仪器就可以减少测试人员的记录和计算工作。但无论使用何种仪器，对测试人员的基本的操作要求是一致的，本章对《标准》中各个项目基本的测试方法及其操作要求进行介绍。对于不同的测试器材，可参考相应测试器材的说明书。

一、身高

1. 测试目的

测试学生身高，与体重测试相配合，评定学生的身体匀称度，评价学生生长发育的水平及营养状况。

2. 场地器材

身高测量计。使用前应校对0点，以钢尺测量基准板平面至立柱前面红色刻线的高度是否为10.0 cm，误差不得大于0.1 cm。同时应检查立柱是否垂直，连接处是否紧密，有无晃动，零件有无松脱等情况，并及时加以纠正。

3. 测试方法

受试者赤足，立正姿势站在身高计的底板上（上肢自然下垂，足跟并拢，足尖分开成60°角）。足跟、骶骨部及两肩胛区与立柱相接触，躯干自然挺直，头部正直，耳屏上缘与眼眶下缘呈水平位。测试人员站在受试者右侧，将水平压板轻轻沿立柱下滑，轻压于受试者头顶。测试人员读数时双眼应与压板水平面等高，记录员复述后进行记录。以厘米为单位，精确到小数点后一位。测试误差不得超过0.5 cm。

4. 注意事项

（1）身高计应选择平坦靠墙的地方放置，立柱的刻度尺应面向光源。

（2）严格掌握"三点靠立柱""两点呈水平"的测量姿势要求，测试人员读数时两眼一定与压板等高，两眼高于压板时要下蹲，低于压板时应垫高。

（3）水平压板与头部接触时，松紧要适度，头发蓬松者要压实，头顶的发辫、发结要放开，饰物要取下。

（4）读数完毕，立即将水平压板轻轻推向安全高度，以防碰坏。

（5）测量身高前，受试者应避免进行剧烈体育活动和体力劳动。

二、体重

1. 测试目的

测试学生的体重，与身高测试相配合，评定学生的身体匀称度，评价学生生长发育的水平及营养状况。

2. 场地器材

杠杆秤或电子体重计。使用前需检验其准确度和灵敏度。准确度要求误差不超过 0.1%，即每百公斤误差小于 0.1 kg。检验方法是：以备用的 10 kg、20 kg、30 kg 标准砝码（或用等重标定重物代替）分别进行称量，检查指标读数与标准砝码误差是否在允许范围。灵敏度的检验方法是：置 100 g 重砝码，观察刻度尺变化，如果刻度抬高了 3 mm 或游标向远移动 0.1 kg 而刻度尺维持水平位时，则达到要求。

3. 测试方法

测试时，杠杆秤应放在平坦的地面上，调整 0 点至刻度尺水平位。受试者赤足，男性受试者身着短裤；女性受试者身着短裤、短袖衫，站在秤台中央。测试人员放置适当砝码并移动游标至刻度尺平衡。读数以 kg 为单位，精确到小数点后一位。记录员复诵后将读数记录。测试误差不超过 0.1 kg。

4. 注意事项

（1）测量体重前受试者不得进行剧烈的体育活动或体力劳动。

（2）受试者站在秤台中央，上下杠杆秤动作要轻。

（3）每次使用杠杆秤时均需校正。测试人员每次读数前都应校对砝码标重以避免差错。

三、肺活量

1. 测试目的

测试学生的肺通气功能。

2. 场地器材

电子肺活量计。

3. 测试方法

保证房间通风良好；使用干燥的一次性口嘴（非一次性口嘴，则每换测试对象需消毒一次，每测一人时将口嘴下倒出唾液并注意消毒后必须使其干燥）。肺活量计主机放置在平稳的桌面上，检查电源线及接口是否牢固，按工作键液晶屏显示"0"即表示机器进入工作状态，预热 5 min 后测试为佳。

首先告知受试者不必紧张，并且要尽全力，以中等速度和力度吹气效果最好。令被测试者面对仪器站立、手持吹气口嘴，面对肺活量计站立试吹 1 至 2 次，首先看仪表有无反应，还要试口嘴或鼻处是否漏气，调整口嘴和用鼻夹（或自己捏鼻孔），并学会深吸气（避免耸肩提气，应该像闻花式的慢吸气）。受试者进行一两次较平日深一些的呼吸动作后，更深得吸一口气，屏住气向口嘴处慢慢呼出至不能再呼为止，防止此时从口嘴处吸气，测试中不得中途二次吸气。吹气完毕后，液晶屏上最终显示的数字即为肺活量值。每位受试者测三次，每次间隔 15 s，记录三次数值，选取最大值作为测试结果。以 mL 为单位，不保留小数。

4. 注意事项

（1）电子肺活量计的计量部位的通畅和干燥是仪器准确的关键，吹气筒的导管必须在上方，以免口水或杂物堵住气道。

（2）每测试 10 人及测试完毕后用干棉球及时清理和擦干气筒内部。严禁用水、酒精等任何液体冲洗气筒内部。

（3）导气管存放时不能弯折。

（4）定期校对仪器。

四、50 m 跑

1. 测试目的

测试学生速度、灵敏素质及神经系统灵活性的发展水平。

2. 场地器材

50 m 直线跑道若干条，地面平坦，地质不限，跑道线要清楚。发令旗一面，口哨一个，秒表若干块（一道一表）。秒表使用前，应用标准秒表校正，每分钟误差不得超过 0.2 s。标准秒表选定，以北京时间为准，每小时误差不超过 0.3 s。

3. 测试方法

受试者至少两人一组测试。站立起跑，受试者听到"跑"的口令后开始起跑。发令员在发出口令同时要摆动发令旗。计时员视旗动开表计时，受试者躯干部到达终点线的垂直面停表。以秒为单位记录测试成绩，精确到小数点后一位，小数点后第二位数按非零进 1 原则进位，如 10.11 s 读成 10.2 s 记录之。

4. 注意事项

（1）受试者测试最好穿运动鞋或平底布鞋，赤足亦可，但不得穿钉鞋、皮鞋、塑料凉鞋。

（2）发现有抢跑者，要当即召回重跑。

（3）如遇风时一律顺风跑。

五、800 m 或 1 000 m 跑

1. 测试目的

测试学生耐力素质的发展水平，特别是心血管呼吸系统的机能及肌肉耐力。

2. 场地器材

400 m、300 m、200 m 田径场跑道，地质不限。也可使用其他不规则场地，但必须丈量准确，地面平坦。秒表若干块，使用前需要校正，要求同 50 m 跑测试相同。

3. 测试方法

受试者至少两人一组进行测试，站立式起跑。当听到"跑"的口令后开始起跑。计时员看到旗动开表计时，当受试者的躯干部到达终点线垂直面时停表。以 min、s 为单位记录测试成绩，不计小数。

4. 注意事项

（1）测试人员应向受试者报告剩余往返圈数，以免跑错距离。

（2）测试人员应告知受试者在跑完后应继续缓慢走动，不要立刻停下，以免发生意外。

（3）受试者不得穿皮鞋、塑料凉鞋、钉鞋参加测试。

（4）对分、秒进行换算时要细心，防止差错。

六、立定跳远

1. 测试目的

测试学生下肢爆发力及身体协调能力的发展水平。

2. 场地器材

沙坑、丈量尺。沙面应与地面平齐，如无沙坑，可在土质松软的平地上进行。起跳线至沙坑近端不得少于 30 cm。起跳地面要平坦，不得有坑凹。

3. 测试方法

受试者两脚自然分开站立，站在起跳线后，脚尖不得踩线（最好用线绳做起跳线）。两脚原地同时起跳，不得有垫步或连跳动作。丈量起跳线后缘至最近着地点后垂直距离。每人试跳三次，记录其中成绩最好的一次。以 cm 为单位，不计小数。

4. 注意事项

（1）发现犯规时，此次成绩无效。三次试跳均无成绩者，应允许再跳，直至取得成绩为止。

（2）可以赤足，但不得穿钉鞋、皮鞋、塑料凉鞋参加测试。

七、引体向上

1. 测试目的

测试学生的上肢肌肉力量的发展水平。

2. 场地器材

高单杠或高横杠，杠粗以手能握住为准。

3. 测试方法

受试者跳起双手正握杠，两手与肩同宽成直臂悬垂。静止后，两臂同时用力引体（身体不能有附加动作），上拉到下颌超过横杠上缘为完成一次。记录引体次数。

4. 注意事项

（1）受试者应双手正握单杠，待身体静止后开始测试。

（2）引体向上时，身体不得做大的摆动，也不得借助其他附加动作撑起。

（3）两次引体向上的间隔时间超过 10 s 则停止测试。

八、坐位体前屈

1. 测试目的

测量学生在静止状态下的躯干、腰、髋等关节可能达到的活动幅度，主要反映这些部位的关节、韧带和肌肉的伸展性和弹性及学生身体柔韧素质的发展水平。

2. 场地器材

坐位体前屈测试计。

3. 测试方法

受试者两腿伸直，两脚平蹬测试纵板坐在平地上，两脚分开 10~15 cm，上体前屈，两臂伸直前，用两手中指尖逐渐向前推动游标，直到不能前推为止。测试计的脚蹬纵板内沿平面为 0 点，向内为负值，向前为正值。记录以 cm 为单位，保留一位小数。测试两次，取最好成绩。

4. 注意事项

（1）身体前屈，两臂向前推游标时两腿不能弯曲。

（2）受试者应匀速向前推动游标，不得突然发力。

九、仰卧起坐

1. 测试目的

测试学生的腹肌耐力。

2. 场地器材

垫子若干块（或代用品）、铺放平坦。

3. 测试方法

受试者仰卧于垫上，两腿稍分开，屈膝呈 90°角左右，两手指交叉贴于脑后。另一同伴压住其踝关节，以固定下肢。受试者坐起时两肘触及或超过双膝为完成一次。仰卧时两肩胛必须触垫。测试人员发出"开始"口令的同时开表计时，记录 1 min 内完成的次数。1 min 到时，受试者虽已坐起但肘关节未达到双膝该次不计数。

4. 注意事项

（1）如发现受试者借用肘部撑垫或臀部起落的力量起坐时，该次不计数。

（2）测试过程中，观测人员应向受试者报数。

（3）受试者双脚必须放于垫上。

第八章 体育欣赏

人们熟知艺术欣赏，如音乐、美术、摄影、文学、影视及戏剧的欣赏，但对于体育欣赏，则可能感到陌生或朦胧。其实人们早已经参与或进行着体育欣赏。体育欣赏与上面提及的诸多欣赏相比较，没有哪种欣赏比体育欣赏能够拥有这么广泛的参与人群，也没有那么经常和那么深刻的体验。想想看，一次体育竞赛可以把数以万计（如果把通过不同传媒参与的人们加进来，将是数以亿计）的不同民族、不同肤色、不同性别、不同年龄、不同品位的人们聚集起来，是多么的投入，多么的声势浩大，多么的如痴如醉、激动人心。的确，体育欣赏古今中外都客观存在着，遗憾的是人们未能对体育欣赏有较系统、较普及的从理论到实践的阐述，它的积极意义也尚待进一步开发。为此，我们将向同学们就这一课题的几个侧面进行介绍。

一、体育欣赏的作用

（一）丰富业余生活，陶冶情操

现代的人们把观赏运动竞赛作为自己生活中不可缺少的一部分。工作、学习之余，和家人、朋友看看比赛，聊聊体育，这的确是一种高尚的休闲娱乐形式。随着人们生活节奏变快，社会竞争日益激烈，人们面对压力需要一种调节自我的方式，而欣赏体育竞赛不失为一种很好的方式，它恰恰适应和迎合了现代人生活的要求和愿望。

运动竞赛的魅力，已达到了迷人的程度，吸引着亿万人们去关心它、欣赏它。奥运会与世界杯足球比赛的季节，已成为广大体育迷的节日。

观看体育比赛，观众不仅可以观赏到运动员健康、强壮、匀称、优美的形体，而且可以观赏到运动员所展现出来的准确、干净、利落、新颖、洒脱的技术动作，得到美的享受。一些著名运动员所表现出来的高超绝技，更使人心旷神怡。如 NBA 巨星们那出神入化的表演；贝利、马拉多纳、罗纳尔多等著名足球巨星们令人眼花缭乱的过人动作；我国著名女子花样滑冰运动员、世界冠军陈露在冰上演绎令人陶醉的《化蝶》；在跑道上短跑运动员风驰电掣般的奔跑；在举重台上大力士们力拔千斤的气势；艺术体操运动员的标致体态、和谐的舞姿；中华武术中活泼可爱的猴拳，栩栩如生的螳螂拳，如痴如醉、形态逼真的醉拳等，都会将人们引入美的境界，进而达到净化心灵、陶冶情操的效果。因此，在紧张激烈、生动活泼、积极拼搏、勇于进取的氛围中，不仅给观众创造了一个生动优美的意境，同时还激励观赏者热爱生活，进而追求美好生活。

（二）激发爱国热情

观赏体育比赛，可以强化集体观念，激发爱国热情，振奋民族精神。

任何一项体育比赛都是通过个人或集体，发挥其体格、体能、运动能力、心理、智慧等方面的潜力而进行的角逐。各式各样的比赛，其参赛者都具有一定的社会群体的代表性。他们在比赛中，一要实现自我的价值，二要为所代表的群体争取荣誉。而观赏者，往往都与运动员有着千丝万缕的社会关系，不是同一学校或单位的，就是同一地区、民族或国家的。因此，体育比赛的成败、胜负荣辱都与观赏者有着息息相关的联系。

在一些重大的国际赛事上，我们常常看到，若是参赛队与本民族、本国的关系越密切，其竞赛级别越高，场次越关键，观赏者的心理越受到胜负的牵制，情感就越发激昂。特别是当本民族或本国运动员获胜，升国旗、奏国歌时，观赏者都会同运动员一样情不自禁地热泪盈眶，激动不已，把本国运动员的胜利视为自己民族和国家的莫大荣耀，从而产生强烈的民族自豪感。如 2002 年韩日世界杯足球赛上，韩国队战胜了诸多世界级球队后，取得有史以来的最好成绩——第 4 名，当时举国欢庆，球员们被视为民族英雄。回顾过去，我国亿万人民曾多次为中国乒乓球队夺得世界冠军而奔走相告。1981 年，中国女排第一次夺得世界冠军时，北京大学的同学们上街游行庆祝，并打出了"团结拼搏，振兴中华"的标语，极大地鼓舞了全国人民的爱国热情。特别是在美国洛杉矶举行的第 23 届奥运会上，中国体育健儿获得 15 枚金牌，实现了"零"的突破，洗尽了"东亚病夫"的耻辱，赢得了"东方巨人"的称号时，全国人民无不为之欢欣鼓舞，而且也感染了海外侨胞，他们把祖国体育健儿夺得金牌，看成是中华民族的光荣、炎黄子孙的骄傲。

（三）启迪和激发体育意识

体育竞赛能启迪和激励人们获得健康、真实、拼搏、道德和竞争等体育意识。

（1）健康意识。举办体育比赛的一个主要目的是提高大众对体育意义的认识，激励他们积极参加体育活动，以提高全民族的体质和身体健康水平。有相当一部分人就是通过观赏体育比赛或表演后，对体育活动产生兴趣，进而积极参加体育锻炼。

（2）真实意识。运动员要想在比赛中获胜，只有靠自身的高超技术、战术和良好的运动能力，有"货真价实"的真本领，来不得半点虚假，所以有"赛场上开不了后门""横杆面前人人平等"的说法。当一个运动员通过刻苦训练，获得了冠军时，人们就会承认他，绝不会因为人际关系而影响他的冠军地位。这种真实的体育意识，对于每个人的健康成长都是很重要的。尤其对青年学生来说，在攀登科学高峰的道路上，更需要这种精神。

（3）拼搏意识。赛场上运动员表现出高超的技艺、灵活多变的战术和充沛的体力，都是运动员经受了多年的大运动量训练，战胜了身体上和精神上的疲劳，努力拼搏的结果。中国女排取得了"五连冠"后，2003 年再次取得了世界冠军，这主要是她们发扬了勇敢拼搏精神的结果。这种拼搏意识，可以激励人们在各项事业上取得更大的成就。

（4）道德意识。它一般是指社会生活中处理人与人之间，个人与集体之间以及社会中各种关系的规范和准则。在赛场上，胜不骄，败不馁，互相尊重，团结友爱，文明礼貌，守纪律，光明正大等良好的道德规范，将成为观众学习的榜样，从而影响整个社会的风气。

（5）竞争意识。体育比赛具有强烈的竞争性。双方对垒，毫不含糊，胜负立见分晓。所以，有人把体育竞赛看成是"人类文化的进步而发展起来的一种特殊的、礼仪化的战争"。用"战争"来比喻体育竞赛显然是不确切的,但它说明了赛场上角逐的特点。这种竞争意识对于当今社会中的每一个人来说,都是一种必备的素质。

二、体育欣赏的内容

我们欣赏体育,主要是欣赏其中的美。体育中的美表现在很多方面,比如运动员的身体形态动作、个人技术、战术配合、在比赛中表现出来的心理变化、精神风貌等。作为体育运动的美,包括技巧的美、活动的美及表现的美。也就是说,技巧的要素、活动的要素、表现的要素都可以作为运动美的组成部分。因此,作为体育运动美的结构要素,包括技巧美、活动美和表现美。

(一)技巧美

技巧美是指技术的巧妙美,即把巧妙的技术称作技巧美。被认为是巧妙的技术有统一运动的技术、用力的技术、变化的技术、控制速度的技术、控制表现的技术等。这类技术的各种要素的目的得到满足时,能够感受到技巧的美及技术的要素美。因此,我们把技巧美作为构成体育运动美的一个要素。

(二)活动美

活动美是指能够从活动本身看到的流动美与跳动美。从这个意义上说,丧失了这两个要素的运动是不美的。也就是说,流动美与跳动美是表现活动的活力美的要素。因此,我们把活动美作为构成运动美的一个要素。

(三)表现美

技巧美及活动美,都是体育运动方面的表现美。但这里所讲的表现美是指在运动流程中能够看到的空间表现美,从运动是一种时间的存在这点出发,必然引起运动是否应当考虑空间的疑问。但是人类具有把运动流程中存在的美,用运动的空间去捕捉的视觉印留特性,即能够把运动的流程分割成一幅一幅的空间美的序列,我们把它叫作运动的空间美。在这个意义上,能够理解空间的表现美是构成体育运动美的一个要素。

总之,只有了解体育运动中美的内容及意义,才能使同学们更好地欣赏体育运动,让体育运动带给大家更多的快乐。

三、如何欣赏体育竞赛

欣赏,是基于欣赏经验的,欣赏者通过欣赏经验去发现、理解、判断欣赏对象的价值,并在欣赏中能动地创造、提炼、升华其价值。与此同时,欣赏经验也随之进一步丰富和发展。欣赏经验分为感性经验与理性经验。感性经验靠人的视觉、听觉等感官获得信息,经过直接的判断、归纳,形成一定的理解,从而获得较粗浅、尚不系统的欣赏经验。欣赏的感性经验积累到一定程度,就向理性经验转化。欣赏者对欣赏对象的认识、理解向深层次及系统化发展,逐步形成理性经验,并反过来指导感性经验的加强。欣赏者在欣赏的同时,两种经验交互作用,加深对欣赏对象的价值的认识,获得欣赏的愉悦感并受到陶冶。欣赏体育竞赛也是按照上述的途径进行的。

（一）理解

理解是欣赏中透过对欣赏对象由感性认识到对其内涵的掌握。比如足球比赛，感性经验使你获得了双方运动员的跑动、踢球、传接球、拦截、射门等经常出现的动作，通过心理结构与你多次欣赏足球比赛的经验联系起来，并进而联系他人评价足球比赛的经验，使你把握了运动员的各种战术技巧和战术配合等的和谐美。

（二）判断

判断是指对于欣赏对象艺术价值的评定，它是在理解的基础上做出的，并反过来深化理解。需要指出的是，理解是依据积累而成的经验，判断则依据超越经验的标准。在体育欣赏中，判断与预测相伴。例如对某个体操运动员的表现，欣赏者依据对运动员动作的理解，评价其动作的准确性、节奏及表现美的价值。

（三）联想和移情

欣赏体育竞赛或表演必然有联想、延伸。我们看跳水表演，会体会娇燕凌空的感觉；看举重运动员举重深感力拔山兮、撼山摇岳的力量，这就是欣赏者通过联想、延伸和移情的结果。这种联想和移情会使人达到忘我的境界。我们在观看体育竞赛时常会遇到这样的情况，比如看短跑比赛，在为心仪的运动员加油助威时，身体会不由自主地前倾，看摔跤运动员比赛时，身体也会跟着参赛运动员的翻转而转动等。正是在体育欣赏中这种丰富的联想，情感随着表演或竞赛的进行而被无形地调动起来，最终使浓郁的情感在深度联想和投入中得到淋漓尽致的抒发，沉浸在各种体育美中，获得体验，受到陶冶。

四、不同类别运动项目欣赏指南

任何运动项目的竞赛，都要评定成绩，决出胜负，排列名次。下面我们就按评定运动成绩和名次的方法对体育项目进行一番归类，以便于你的欣赏。

（一）测速类

它是以时间的快慢来评定比赛成绩和名次的，如田径比赛中的径赛项目、游泳、自行车、赛艇、速度滑冰、汽车及摩托车拉力赛等。时间越短，成绩越好。

（二）测距类

它是以高度和远度来评定成绩和名次的。如田径运动的田赛项目，像跳高、跳远、铅球、铁饼、标枪等。另外，跳台滑雪等运动项目也是以测距离的方法来评定成绩和名次的。

测速和测距类是奥运会比赛中金牌最多的运动项目。观赏这类运动项目的比赛，主要是看运动员的运动能力发挥得如何。以田径项目为例，观赏的内容有：①看运动员的速度、力量和耐力等身体素质是否水平很高；②看运动员的动作是否有节奏，技术是否合理；③看运动员的动作是否具有美的韵味和风格；④看运动员的意志品质。

（三）计量类

这类竞赛最典型的项目是举重。举重是根据运动员的体重级别，以每个运动员在本级别中所举起的重量大小来评定成绩和名次的。如果两个运动员所举的重量相等，则体重轻者名次列前。观赏举重比赛的内容有：①看运动员如何根据自身的体重举起最大重量；②看运动员的动作是否连贯、协调；③看运动员的用力是否经济、省力、快速。射击和射箭的比赛是以命中环数多少来评定成绩和名次的。观赏这两项比赛，首先看运动员是否能在复杂的条件下沉着、镇静，是否有承受和抵抗各种干扰的心理素质。

（四）计分类

它主要是以比赛得分多少来评定成绩和名次的。如篮球、排球、足球、乒乓球、手球、羽毛球、网球、棒球、垒球、曲棍球、水球、冰球等。得分高者为胜方，反之则为负方。如果双方在规定的比赛时间内得分相等，不分胜负，有的要打加时赛或附加赛或最后罚点球等决胜负。这类运动项目的比赛没有绝对纪录，而是由双方对垒较量决胜负的。所以这类运动项目的比赛（以篮球赛为例）观赏的内容有：①看全队运动员之间是否能巧妙地组织配合；②看全队的整场战术思想；③看运动员个人的精湛技艺和战术意识；④看运动队是否具有胜不骄、败不馁的风格；⑤看运动队中"灵魂"人物的作用及球星的"绝招"，他们在极其复杂的对抗中，会表现出高超的技艺，显示出超群的能力。

拳击、摔跤、击剑等运动项目也属于计分类。但各有不同，如拳击比赛，按规则规定，用拳套有力击中对方的有效打击部位（头部发迹的前面，腰带以上的身体正面及前侧面），若击中对方或使之倒地；阻击或躲过对方的攻击，使对方的攻击落空；有优良技术、战术；良好的战斗作风等均可得分。

（五）评分类

它是以裁判员在现场对运动员的技术进行评分排列名次的，如竞技体操、艺术体操、花样滑冰、跳水、花样游泳、健美运动、健美操、武术等。这些运动项目的比赛，一般采用几位裁判员同时评分。为了使评分公正准确，对几个裁判员的评分采取去掉一个最高分和一个最低分，取中间几个裁判员评分数的平均值来决定运动员的最后得分。

评分类几乎包括了艺术性较强的全部运动项目，其比赛是运动员事先编排好一套动作，在正式比赛时，尽可能将整套动作完美无缺地展现一遍，力争获得尽可能高的分数。

欣赏这类比赛，首先看运动员技术动作的难度和幅度，是否舒展大方、协调、连贯及落地稳定；其次是翻腾、跳跃、平衡静止动作的体态、造型是否优美，动作是否独创，力度是否大等；最后看运动员表演时配乐是否协调，节奏是否和谐。

最后，我们也必须明白一个问题，就是体育表现和竞赛具有社会性，不可避免地会出现假、恶、丑的一面，因此在体育欣赏中，我们应该排斥一切假、恶、丑的现象，发扬真、善、美的因素。同时，在竞争激烈、难解难分的比赛中，不可避免地会产生紧张、焦虑、兴奋、激动的心情。因此，适当地控制我们的情绪，做一个文明、友好、热情、理智的观众是我们应该提倡和做到的。

体育小幽默

减　肥

两个男人相遇。

甲先生对乙先生说:"听说你太太正在减肥?"

乙先生答:"她参加了马术俱乐部。"

甲先生问:"效果如何?"

乙先生说:"马瘦了20斤!"

第九章 篮 球

篮球运动是人们最喜爱的运动项目之一，在世界各地得到广泛的开展。篮球运动具有对抗激烈的特点，比赛中技术、战术变化多端，个人与集体两方面的作用都很明显，是大学生参与较高的体育项目之一。现代篮球运动是一项集运动员速度、耐力、力量、灵敏为一体的配合以多种技、战术的高速度、高对抗的运动。提到现代篮球运动的魅力，人们就会把它与美国 NBA 篮球巨星迈克尔·乔丹的名字联系在一起，因为他那精湛绝伦的篮球艺术表演从天而降——"飞人"般大力扣篮，实实在在地展现在世人眼前，使我们为之倾倒，篮球运动也因而得到广泛的普及和发展。

第一节 概 述

一、篮球运动的起源

篮球运动是 1891 年由美国马萨诸塞州斯普林尔德市基督教青年会训练学校的体育教师詹姆士·奈史密斯博士创造的。当时需要一项适合在冬季室内进行体育竞赛的运动项目，奈史密斯从工人和儿童用球向"桃子筐"做投准的游戏中得到启发。起初，他设计将两只桃篮分别钉在健身房内看台的栏杆上，桃篮上沿距离地面 3.048 m，用足球做比赛工具，向篮内投掷，投球入篮得一分，按得分多少决定胜负。到 1893 年将桃篮改为活底铁质球篮，并在铁篮下沿挂了网袋。由于在每次投篮后，须将球重新取出来显得很麻烦，于是在 1913 年将网底剪开，形成了近似现代的篮板、篮圈和篮网。因这项游戏起初使用的是桃篮和球，遂取名为"篮球"。

二、篮球运动的发展

（一）初期发展

1891 年 1 月 20 日，奈史密斯把体育班仅有的 18 名学生分成两队，举行了世界上第一次篮球比赛。为了约束比赛中的不轨行为，奈史密斯于 1892 年又制定了 13 条比赛规则，规定比赛分上下两个半时各 15 min，并对场地尺寸做了规定。对队员的犯规做了限制。其后，随着上场人数由每队 10 人、9 人、7 人，直至 1895 年减少到 5 人，使这项运动有了严格的规定，并逐步在群众中普及。

篮球运动于 1894 年传入我国天津，1901 年传入日本和伊朗。1904 年美国青年会篮球队在第三届奥林匹克运动会上，进行了篮球表演赛。1908 年，美国制定了全国统一的竞赛规则，并用多种文字在全世界出版发行。此后，篮球运动逐步在中美洲、亚洲、欧洲、非洲和大洋洲开展起来。1932年成立了国际业余篮球联合会。1936年第11届奥运会上将男子篮球正式列入比赛项目。1976年第21届奥运会上又增加了女子比赛项目，篮球运动进入初级发展阶段。1992年国际篮联允许NBA职业球员参加第25届奥运会比赛。

（二）技术发展

自20世纪30年代篮球运动进入世界体育舞台之后，由于规则的不断完善，对篮球的技术提出了更高的要求，因此，比赛日趋激烈，随着技术和战术的进一步提高和身材高大队员（2 m以上身高）的相继出现，世界各强队经过近20年的努力，开始力争在速度与高度方面取得优势，同时更加注意进攻与防守的平衡，直到20世纪70年代，才形成身高与技术同步发展的基本格局，使身体、技术、智力、心理等各对抗因素融为一体，终于为现代篮球运动奠定了基础。

进入20世纪80年代后的篮球运动，开始向职业化方向发展。1986年国际业余篮球联赛取消"业余"名称，改为国际篮联，翌年又通过了职业球员可以参加大赛的决定，由于这一重大改革促使20世纪90年代世界篮球运动迅速向"高速度""高度优势""激烈对抗"的方向发展。防守采取"以球为主，球人兼顾"的综合性体系，进攻则打破固定位置的界限，根据"球的落点"向移动进攻的方向发展。

（三）组织发展

国际篮球运动最大的组织是国际篮球联合会（FIBA），它于1932年6月18日在瑞士的日内瓦正式成立，当时称国际业余篮球联合会。1986年7月1日在西班牙巴塞罗那召开的第13届国际篮联代表大会上，决定取消"业余"两字，允许职业选手参加世界大赛。国际篮联最初只有8个成员国，现在已增加到180多个，是世界上第二大国际单项体育组织，总部设在德国的慕尼黑，下设13个委员会。国际篮联举办的重大比赛有四年一届的世界篮球锦标赛、世界篮球青年锦标赛、奥运会篮球赛，还包括许多世界级和洲际比赛。

三、篮球运动的价值

目前，由于现代篮球运动表现得迅速、激烈、多变，已达到使人目不暇接的地步，而在这样的比赛状态下的激烈对抗、精彩的表演，又促进了人体身体素质的全面发展，这正是对篮球运动价值的最客观的肯定。

（1）篮球运动的集体性质，要求每个队员在比赛中必须做到齐心协力、密切配合，相互为同伴的技术发挥创造条件，充分体现它在培养集体观念和严格的组织纪律方面的价值。

（2）篮球运动的复杂多变及激烈紧张的对抗性的特点，要求每个队员思想高度集中，需要具有快速反应、准确判断和协调配合的能力，不断运用智慧和力量，使之可以培养沉着、冷静、机智、果断、顽强的意志品质，以及奋发向上的现代竞争意识。

（3）篮球运动的技术由跑、跳、投等基本技能组成，因而能促进力量、速度、耐力、灵敏等身体素质的全面发展。

（4）篮球运动具有观赏、娱乐和经济价值，为人们的社会生活增添了丰富的内容，它吸引的观众多，不仅为社会提供了庞大的文化和消费市场，也使参与者身心直接受益，有利于劳动、工作和学习效率的提高。

第二节　篮球基本技术与练习

一、运球

运球是在原地或行进中用单手连续按拍从地面反弹起来的球，它是组织全队进攻战术的配合，突破对方时经常运用的一项重要的基本技术。

（一）原地运球

[动作要领] 两脚左右或前后开立，两膝弯曲，上体稍前倾，抬头平视，运球时以肩关节或肘关节为轴，五指自然分开，掌心空出，用手指、手腕和前臂的力量柔和地随球上下拍击，并注意用腿和异侧臂保护球。

（二）行进间运球

[动作要领] 向前运球时，上体稍前倾，按拍球的后上方，跑动的步法要与球弹起的高度速度协调一致，一般是拍一次球跑两步，手臂动作与原地运球相同。

（三）高、低运球

[动作要领] 抬头目视前方，高运球时上体稍前倾，两腿微屈，球的落点在身体侧前方，球反弹的高度约在胸腰之间，低运球时，两腿弯曲，重心下降，运球高度在膝腰之间，球的落点在体侧，用上体和腿保护球。

（四）体前变向换手运球

运球中遇到防守堵截前进路线时，突然改变运球方向，摆脱防守。

[动作要领] 右手拍球的右外侧上方，传球从体前弹向左侧，同时右脚迅速蹬地向左前方跨出，上体左转，右肩前探，以臂和腿护球，球弹起后，立即用左手运球，向前推进（图9-1）。

图9-1　体前变向换手运球

（五）运球急停急起

快速运球不能摆脱防守时，运用急停，当对方跟着急停时，突然急起超越他。

[动作要领] 采用两步急停法，降低身体重心，手拍球的前上方，将球控制在体侧停止向前，急起时上体急剧前倾，后脚迅速蹬地跨出，同时拍球后上方，快速超越防守者向前推进。

(六) 背后运球

当攻守双方距离很近，且其中一侧被堵时，用背后运球改变方向来突破防守。

[**动作要领**] 先右手运球，右脚前跨，手拉球至身体右侧后方，立即转腕按拍球右后上方，将球从背后拍弹至身体左侧前方，左脚同时向左侧前方跨出，换左手运球加速前进。

(七) 运球练习方法

(1) 原地运球。每人一球，做原地运球，可进行不同高度和换手的运球，眼睛尽量不看球。

(2) 行进间运球。每人一球，做各种运球，体会手与脚的协调配合。

(3) 高、低变化运球（图9-2）。各队排头听教师的哨音，做高、低变化运球。

(4) 急停换手折回运球（图9-3）。

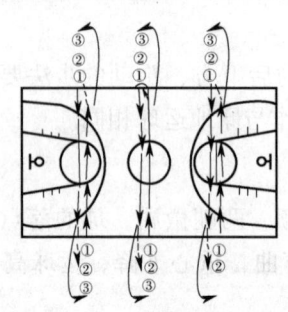

图9-2　高、低变化运球练习

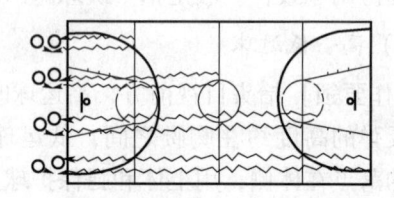

图9-3　急停换手折回运球练习

二、传、接球

传、接球是在篮球比赛中，队员为了控制和支配球，有目的地在同队员之间转移球的方法，是相互联系和组织进攻的纽带，是实现战术配合所必须具备的基本技术。

(一) 原地和移动传接球

[**练习方法**] ①两人一组，原地做双手胸前、单手肩上、单手体侧、反弹传球，同时练习接球。②两人一组，行进间双手胸前传接球练习。③四列纵列，半场内做四角传、接球练习。

[**技术要点**] ①双手胸前传球。传球时，双手五指自然分开，拇指相对成"八"字形，用拇根以上部位持球，掌心突出，双臂弯曲持球于胸前，两眼注视传球目标，传球时，后脚蹬地，同时双臂前伸，手腕由下向上翻转，拇指下压，食中指用力弹拨（图9-4）。②单手肩上传球。传球方法同双手胸前传球，右手传球时，左脚向传球方向跨出半步，同时双手将球引到右肩侧上方，右手传球的后下方，左肩对着传球方向，体重落在右脚上，出球时，右脚蹬地，同时转体带动上臂、前臂迅速前甩，通过手拍弹拨将球传出（图9-4）。③单手体侧传球。传球方法同双手胸前传球，当传球手引球到体侧时，前臂摆动要快，幅度要小，腕指用力抖动，将球传出。④反弹传球。这是一种近距离隐蔽传球的方法，双手传球同双手胸前传球，适当加大腕指的力量，球的着地点一般距离接球队员1/3处，反弹高度在腰腹之间。⑤接球动作要用眼的余光注视来球，肩、臂、腕、指要放

松,手臂以缓冲球的力量,同时两手握球,保持平衡,以便做下一个动作。⑥移动传接球应屈膝,降低重心,侧身跑时头部上体向有球方向扭转,侧身探肩,接球要判断持球者的传球可能性及预测自己的位置。

图9-4 双手胸前传球与单手肩上传球

[练习要求] ①保持基本站立姿势,持、传、接球的手法要正确,传球速度由慢到快,由近到远。②移动时要注意动作连贯,上下肢配合协调,接球要稳,迅速回传。

[方法变换] ①原地五角传2球练习,反复进行,由慢到快。②横向移动换位,传接球练习。③"∞"字围绕传接球练习。

(二) 组合练习

[练习方法] 3人一组,其中一人模拟防守,传接球双方斜线站立,相距5~6m,一人持球面对防守者,做原地突破→运球→传球,原地转身→运球→传球,原地转身→传球→接球急停等练习,3人轮流交换。

[技术要点] ①转身时屈膝降低重心,落在中枢脚上,然后以中枢脚为轴,以另一脚的大拇指内侧为发力点,跨步蹬地完成前后转身。②急停时含胸弯腰、收腹屈膝跳步急停(一步急停)单或双脚起跳,双脚同时落地。跨步急停(两步急停)则一脚先跨出一大步,用脚前掌外侧着地,迅速压膝,转移重心,然后跨出第二步,脚尖稍向内转,用前脚掌内脚蹬地,两膝弯曲落地缓冲。③同侧步突破(原地)以左脚为中枢脚,右脚向右前方跨步,同时身体右转探肩,待球离手后,左脚快速向右侧前方迈步,交叉步突破(原地)以左脚为中枢脚,右脚向左前方跨步,上体左转探肩,球离手后,迅速运球,加速超越对手。

[练习要求] ①练习时,动作协调幅度要大,动作衔接要相互协调。②为了体现对抗性原则,练习中模拟防守逐渐加强,直到转入正式攻防对抗。

[方法变换] ①上步、卡位接球,面对防守做"突破"动作,然后直线运球后传球。②接球后利用转身摆脱防守,行进间运球后传球。③假动作摆脱防守、空回,行进间接、传球急停,前转身回传球。

(三) 传球追触游戏

[游戏方法] 在全篮球场区内,先指定三名追触者,进行移动传接球,并在传接球过程中触及场上跳动的最后一名队员,游戏就算结束。

[游戏规则] ①追触者不得运球,只能传球,否则判违例。②追触过程中只能手持球触人,否则不算。③被迫出界以触及论处。

[方法变换] ①上述游戏可传、运球结合进行,但触及前的运球不算违例。②全场区

内分人数相等两组，同队队员之间传接球，另一队防守，若抢断成功即转入攻方，在规定的时间内，看哪一队传接球次数多，多者为胜。

三、投篮

投篮是篮球运动中的一项重要技术，是比赛得分的唯一手段。比赛中进攻队运用各种技战术的目的，都是为了创造更多、更好的投篮机会，力争投篮得分，防队积极防御，则是为了阻挠对方投篮得分，可见投篮成为攻守双方争夺的焦点，常用的投篮方法有：原地单、双手投篮，行进间高、低、反、勾、手投篮，补篮和扣篮等。

（一）定位和移动投篮

[练习方法]①一路纵队、罚球线后原地投篮，双手胸前、双手头上、单手肩上投篮。②45°角行进间运球，单手肩上，低手投篮练习。

[技术要点]①定位投篮有双手胸前、双手头上、单手肩上投篮等形式。投篮时，双脚自然开立，微屈膝，分别持球于胸前、头上和肩上，用力蹬地伸展腰腹，向前上方引球伸臂，目视投篮目标，最后压腕、拨指将球投出。②行进间投篮，有跨步接球、上步腾空投球出手和落地缓冲三个阶段，即在跑动中间前跨一大步接球，接着上一步起跳举球，进行高手、低手、反手，或勾手投篮，然后缓冲落地（图9-5）。③跳起投篮应双脚蹬地向上起跳，目视投篮目标，双手举球，至肩上方，在身体接近最高点时，通过压腕、拨指将球单手或双手投出，落地缓冲。

图9-5 行进间单手、低手投篮

[练习要点]①定位投篮应适合原地和跳起投篮同时进行，目视篮筐（瞄篮），用力大小与投篮点的距离成正比，投篮时要全身协调用力，使球在最高点时出手，并沿弧线正向篮筐。②行进间投篮时跑动与接球要协调配合，至篮下时要注意把水平速度变为垂直向上的力量，投篮时用手腕和手指的力量。③两人一组，一人变向切入，接同伴传球后上篮。

（二）组合和对抗投篮

[练习方法]3人一组，一人模拟防守，一人传球，另一人距防守5~6 m，在跑动中接球→急停→转身→运球→跑投，跑动中空回接球→急停→跳投练习。

[技术要点]①接球急停要注意保护好球，转身动作不宜太大，运球跑时注意选好角度和距离。②空回摆脱对手时，假动作要逼真，侧身跑空回，跳投后注意维持好身体平衡，以便冲抢篮板球。

[方法变换] ①运球→转身→跨步→跳投，进攻队员在运球过程中，后转身运球摆脱对手，跨步跳投。②假动作摆脱对手，空回接运球→急停→跳投（图9-6）。③背接球→假动作→转身→跳投。进攻队员背对防守接球，跨步假动作，前转身跳投。

图9-6 空回接运球、急停、跳投

（三）跑投加罚球接力游戏

[游戏方法] 两组的人数相等，分站于中线两侧，各自面对一个球篮，排头队员持球，听口令后运球，向各自篮下投篮，中篮后自抢篮板球，至罚球线后罚球，罚中后跟进抢篮板球传给下一个同伴，先完成的一组为胜。

[游戏规则] ①运球投篮不中，应在篮下补中后方可进行罚球。②罚球不中，抢篮板球再罚直到罚中。

[方法变换] 两组的人数相等，排头队员听口令后运球，绕防守者一圈到篮下投篮，中篮后自抢篮板球，自传下一个队员直到最后一名队员，先完成者为胜。

四、持球突破

持球突破，指队员运用脚步动作和运球技术的结合快速超越防守的进攻技术，具有极强的攻击性，有持球突破和顺步突破。下面以向右突破为例说明：

（一）交叉步突破

[动作要领] 两脚左右开立，降低重心，持球于胸腹前；突破时，先左脚向左前方跨出，做一个假动作，随即左脚内侧蹬地将脚跨向右前方，此时右脚掌内侧迅速蹬地，左肩前探，重心右前移，同时将球右移放向跨出的左脚外侧，右脚加速蹬地跨出超越防守。

（二）顺步突破

以突破方向的异侧脚做中枢脚。

[动作要领] 突破的姿势和动作同交叉步突破，突破时多以投篮假动作为前导，待对手重心前移，随即将右脚向前跨出，左肩前探，重心右前移，将球右移放向右脚外侧前方，左脚前掌加速蹬地跨出，运球突破对手。

五、防守对手

防守对手指队员合理运用个人防守技术，积极抢占有利位置，阻挠和破坏对方的进攻，力争控制球权的行动，它是全队防守战术的基础。

（一）防守无球队员

要求集中精力，控制对手的活动，让其处于不利的位置，不让或少让对手在有效的攻击区内去接球。

（二）防守有球队员

防守有球队员要善于干扰、封盖对手投篮，堵截其突破，伺机抢、打、断对手的球，争取控制球权。

（三）防守对手的练习方法

（1）防守姿势与脚步移动练习。

（2）抢位堵截练习（图9-7）。③与④传球，②设法摆脱对方的防守切入接球，根据球的转移，积极移动抢位，防止对方切入和溜底线。

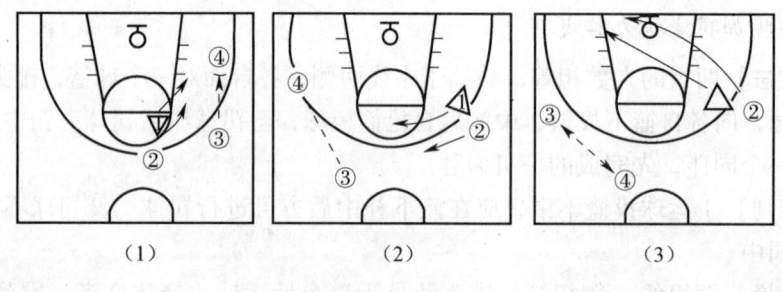

图9-7 抢位堵截练习

六、抢篮板球

篮球比赛中双方争夺投篮未中，从篮板或篮圈反弹出的球称篮板球。它是攻守转换的关键，是获得控制球权的重要途径。

抢篮板球的练习方法。

（1）原地自抛自抢。跳至最高点，用单手或双手将球摘下，反复练习。

（2）冲抢篮板球练习。面对篮板成两路纵队，每队前一人持球，将球掷碰篮板，后立即向前起跳抢球落地（可补篮），转身将球传给本队第二人。

（3）在练习（2）的基础上每队前加一防守队员，当进攻队员将球掷向篮板后，防守队员转身挡人，进攻队员想办法绕前冲抢，抢得球后传给排头第二人，刚才的防守队员排至队尾，进攻变成防守。

（4）空中托球练习。面向篮板，8~10人一队用一球，第一人掷球，碰板开始，以后每人依次向前起跳在空中托球碰板，托球后跑至队尾，连续进行。

七、抢球、打球、断球

抢球、打球和断球是防守中最具攻击性的技术动作，是攻击性防守战术思想的具体体现，它的成功运用能有效地减少对方的控制球投篮次数，为本队创造快攻反击的机会。

第三节 篮球基本战术与练习

篮球战术是指在篮球运动比赛中，队员合理运用个人技术与队员间协同配合的组织形式，是全队攻防方法的总称。任何战术的目的，均为发挥本队优势，扬长避短，制约对方，力争赛场主动权，奋力抗争，夺取全胜。

一、进攻基础配合

（一）传切配合

（1）一传一切。进攻队员利用传球和切入技术组成的简单配合。

（2）空切。无球队员摆脱防守切入篮下要球投篮。

（二）突分配合

持球队员利用突破与传球的技术与同伴进行配合，一旦对方夹击，"关门"或突破成功对方补防时，立即将球传给插到有利位置的无防守的同伴投篮，突破队员在突破中应做好传球和投篮准备。

（三）掩护配合

队员采用合理行动，利用自己的身体挡住同伴防守者的移动路线，帮助同伴摆脱防守的配合。

（1）前掩护。掩护队员站在同伴的防守者的前面（图9-8）。④传球给⑤后，向异侧方做一切入假动作，然后绕到⑤前，利用⑤的身体挡住④的移动路线，形成前掩护，接回传球，投篮。

（2）侧掩护。掩护队员站在同伴的防守者的侧（偏后）面（图9-9）。⑤传球给④后跑到④侧后方为同伴做掩护。

图9-8 前掩护配合战术　　图9-9 侧掩护配合战术

（3）后掩护。掩护队员在同伴的防守者身后（图9-10）。⑤接球的同时向左侧做一突破假动作，然后利用此时上提到身后的⑥做后掩护突破上篮。

（四）策应配合

以内线的队员接球后为枢纽，与外线队员的空切、掩护、投篮相配合组成里应外合的进攻配合方法。

二、防守基础配合

(一) 挤过配合

为了破坏对方的掩护，继续盯住自己的对手所采用的方法，常用于紧逼盯人对方掩护时（图9-11）。④传球给⑤后靠近⑥对其进行掩护，⑥欲摆脱图中"三角形标识的6"的防守，在④靠近的刹那，"三角形标识的6"应向⑥上靠一步，从④与⑥间挤过继续盯住⑥。

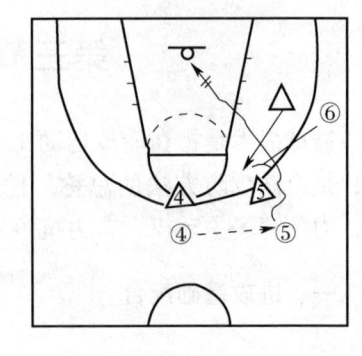

图9-10 后掩护配合战术

(二) 夹击配合

这是一种攻击性较强的二防一配合，常在前后场的几个角上运用（图9-12）。当⑤向场角运球时，"三角形标识的6"果断放弃自己的对手，大胆上前与"三角形标识的5"一道夹击⑤，迫使⑤出现失误。

图9-11 挤过配合战术

图9-12 夹击配合战术

(三) 交换防守配合

为破坏对方掩护配合而及时交换防守对手的配合方法（图9-13）。⑤挡住"三角形标识的4"为持球的④做掩护，④运球突破时，"三角形标识的5"应果断通知"三角形标识的4"交换防守，并堵住④的突破路线。

(四) 补防配合

这是二三个队员间的协同防守配合。当同伴漏防，并有较大威胁时，临近队员应果断放弃自己的对手上前补防（图9-14）。

图9-13 交换防守配合战术

图9-14 补防配合战术

三、快攻与防守快攻

快攻是由防守转入进攻时，以最快的速度和最短的时间将球推进前场，在防守立足未稳时形成以多打少，或以位置上的优势进行快速攻击的一种战术。

（一）快攻的组织

（1）长传快攻。是在后场获球后用一、二次传球让超越对手快速移向对方篮下的同伴接球投篮的一种方法。其特点是：突然性强，速度快，配合简单，成功率较高。

（2）短传快攻。是在后场获球后，利用短距离的快速传球、运球迅速将球推进前场创造投篮机会的一种方法。其特点是：灵活多变，容易成功。

（二）快攻方法示例

（1）长传快攻（图9-15）。⑤抢到篮板球，⑥、⑧及时超越防守快下，⑤根据场上情况将球长传给⑥或⑧投篮，其余队员随后插空跟进，拼抢篮板球或补篮。

（2）短传快攻（图9-16）。④抢到篮板球后，将球及时传给机动接应的⑤，⑤再传给⑥从中路运球推进，⑦与⑧沿边线快下，争取以多打少，④和⑤随后插空跟进。

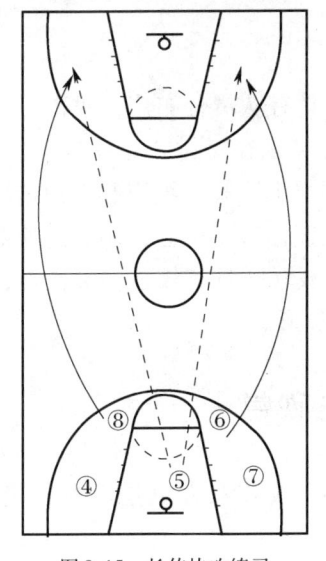

图9-15　长传快攻练习　　　　图9-16　短传快攻练习

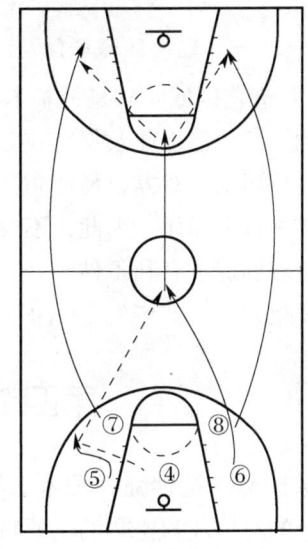

（三）快攻发动时机与基本要求

（1）要有强烈的快攻意识，抓住抢得篮板球，抢断球后以及发界外球、跳球等的时机，果断发动快攻。

（2）及时传出和接应第一传，余下队员保持纵深分散队形迅速快下。

（3）果断投篮和拼抢篮板球。

四、防守快攻

基本要求：

（1）首先应有防守快攻的意识，在攻转守的刹那即开始阻止对方发动快攻的行动。

(2) 对方抢得球时距持球人就近的防守队员应立即夹击，封堵对方第一传，破坏或延误对方快攻，其余队员采取时间迅速退守。

(3) 退守中伺机抢断球，并重点保护篮下。

五、阵形介绍

阵形是实现整体攻防战术的队形布局，它对于克制对手的长处，充分发挥本队的优势，具有非常重要的作用，但是任何一种阵形都存在自身的优点和不足。最基本的阵形有："二一二"区域联防、"一三一"进攻区域联防。

（一）"二一二"区域联防

由于防守队员分布比较均衡，移动距离近，中区防守力量较强，便于协作配合与调整变换防守队形，适用于防守外围突破和夹击中锋，也有利于争抢篮板球和发动快攻，但是不利于防守45°角和弧顶的中距离投篮角，也不利于在球场底角进行夹击配合。所以，弧顶后面的队员要求具有机智灵活、速度快等特点，篮下两侧队员要求身体比较高大，身体素质好，掌握技术较全面。此阵形可根据场上需要变换为"二三"或"三二"区域联防。

（二）"一三一"进攻区域联防

"一三一"进攻区域联防是最基本的进攻阵形，具有队员分布广，攻击点多，便于相互联系，有利于冲抢篮板球及保持攻守平衡等特点。特别在对付"二一二"区域联防时，由于外围快速传递调动对方，易使防守出现空隙，加之中锋策应组织起三角进攻，常在局部地区形成以多打少局面。因此，不仅为中远距离投篮创造了机会，还为迫使对方扩大防区，为内线进攻创造了有利条件。"一三一"进攻区域联防具有较强的灵活性，根据场上变化，又可变换为"一二二""一四""二一二"等阵形。

第四节　评价与欣赏

现代篮球比赛对抗性强，技术、战术变化多端，攻守双方更是短兵相接，高、快、准、变相结合的对抗成为比赛的主要特点。

篮球比赛由两队各5名队员参加。比赛分为4节，每节10 min，第一节和第二节，第三节和第四节中间休息2 min，第二节和第三节中间休息10 min或15 min。投球进篮筐即得分，3分线内投中得2分，3分线外投中得3分，罚球投中一次得1分。当第四节结束，双方最终得分相等时，比赛进入5 min的决胜期，如比分还相等，则再进行下一个5 min的决胜期，直到分出胜负为止。

经常参加篮球运动，通过跑、跳、投的锻炼，对促进人体的协调性、灵活性和应变能力以及培养团队精神等素质的全面发展都会起到良好的作用，是大学生课余锻炼中的重要运动项目。

（一）评价

评价自己掌握篮球运动的程度主要是从是否掌握篮球的基本技术、基础战术配合和对规则的理解程度来衡量的。为达到大众健身的目的，一般情况下，如达到下列基本要求，就基本上能够胜任篮球的健身和比赛，并拥有相应的能力（表9-1）。

表 9-1 篮球技术、战术自我评价表

序号	位置和技、战术	基本要求	易犯错误
1	后卫	掌握控球、远距离投篮技术，跑动速度快作为枢纽，具备指挥、联络和组织能力	控球不稳，缺乏联络
2	前锋	掌握各种投篮、突破技术	投篮时机不好、不准，突破不力
		熟悉基本战术的跑动路线和时机	缺乏联络，路线和时机不对
3	中锋	具有近距离作战的技术和对抗能力	持球不稳，对抗能力差
		具有顽强的作风、不畏强手，有强烈的攻击欲望	畏惧，精神不佳
		掌握争抢前后场篮板球的技术	抢不到位置
		熟悉围绕中锋的基本战术	不清楚分工和配合
4	运球技术	各种转身、变向等方式的运球	低头运球，球性不熟悉
		保护好球	控球不好，被断球
5	投篮技术	掌握跳投、原地投篮、行进间投篮技术	投篮不准、前冲太大，球飞行轨迹太平
		善于抓住投篮时机	投篮时机不好
6	传接球技术	手触球就能拿到球，传球隐蔽	接球不稳，传球时眼睛、动作暴露
7	防守技术	移动快、防守面积大	移动太慢，站位不对
8	战术配合	明确分工	分工不明确
		熟悉基本战术跑动路线和时机	跑动相互影响
		密切联络	信息不畅，各自为战

（二）篮球比赛的欣赏

1. 如何欣赏篮球比赛

篮球运动是一项具有较高观赏性的比赛项目。观看篮球比赛时，不难发现，其最鲜明的特点就是比赛中的高强度对抗，这主要体现在整体对抗和运动员的个体对抗两方面。运动员技术动作的高度技巧性，是力量、速度和弹跳等的完美统一，使观众对运动员的精彩动作不断叫好，并为之感叹、为之兴奋，更为运动员获得这样高度技巧的技术动作所付出的艰苦训练而感动，这些都是欣赏篮球比赛的重要看点。运动员在比赛中的突破防守、飞身上篮、急停跳投、大力灌篮、火爆盖帽、奋勇抢断等精彩动作层出不穷，让人应接不暇，尤其是在最后几秒钟内决定胜负的一投和防守，更是让观众随之感到紧张、兴奋与刺激，仿佛自己已经成为比赛中的一员，也在比赛、也在拼搏。在这方面，NBA篮球比赛是主要的代表，它已成为世界篮球球迷欣赏的焦点。乔丹、奥尼尔、马龙、加内特、邓肯、科比以及中国的姚明等NBA球星在比赛中的领军表演高招频出，他们的表现往往决定了球队的胜负和战绩。因此，他们的表现也就成了欣赏篮球比赛时的又一个重要看点。

欣赏篮球比赛还要从整体性上观察球队在比赛中各个环节的配合是否默契。例如，进攻中通过后卫的组织和主攻手的跑动完成进攻，以及全队队员巧妙的配合和隐蔽的组织，使对手疲于奔命，顾此失彼，形成无人防守下的投篮和扣篮局面。当看到这样的场景时，不要忘了，前面一连串的环节是多么的严密，这囊括了由守转攻的推进、后卫组织指挥、战术布置、各个球员跑动（路线和时机）、接应等每一个环节。因此，一支球队要想取得好成绩，必须拥有较高的整体性水平。NBA球员无论是身体条件还是基本技术，各个方面都比其他欧美球队（古巴、克罗地亚、西班牙、德国、俄罗斯、巴西等）要好，但在奥运会上美国"梦之队"却不能所向披靡。造成美国队败北的原因很多，其中NBA球星组成的"梦之队"由于组队时间短，造成其球队整体水平不能尽如人意地发挥是最主要的原因。克罗地亚、西班牙、德国、俄罗斯等高水平的整体性、快速多变的战术体系则是NBA球队所不能及的，这也就是这些球队战胜对手、屡创佳绩的重要法宝。

2. 了解规则

（1）违规。

①掷界外球违例：5 s内未将球掷出；从裁判员指定的地点沿边线移动超过正常的一步；掷界外球球离手后，在球触及场内队员之前掷球队员首先触及球；掷界外球在球触及场上队员前，球触及界线或界外等。

②3 s违例：当球进入前场，并且计时钟开启时，进攻队员在对方限制区内持续停留超过3 s。

③5 s违例：掷界外球时，5 s内未将球掷出；持球队员被紧逼防守，在5 s内球未离手；裁判员将球递交给罚球队员，在5 s内未将球投出。

④8 s违例：进攻队在后场控制球未能在8 s内使球进入前场。

⑤24 s违例：进攻队未能在24 s内完成投篮并使球触及篮圈；出现防守队员犯规重新计算24 s。

⑥球回后场违例：位于前场的进攻队队员，不得再控球回到后场。

⑦运球走步违例：持球队员在投、传、拍或滚球之前，移动了中枢脚。

⑧二次运球违例：持球队员运球开始后，该队员用双手同时触球或使球在手中停留的瞬间运球即完毕，若再运球即为违例。出现下列几种情况不判二次运球违例：同一人连续投篮，但投出的球必须触及篮筐、篮板或其他队员；与其他队员抢球中用挑、拍等手法得到球后运球；抢断得球后运球。

⑨脚踢球违例：故意踢球或用脚的任何部位拦阻球。

⑩跳球时违例：当球在上升阶段时，跳球队员触及球；跳球队员未触及球时，其他队员进入中圈或移动位置；跳球队员直接接住球。

⑪干扰投篮违例：投篮的球在飞行中下落，并完全在篮圈水平面上时，防守队员触球即为违例，判给投篮得分。

（2）犯规。

①侵人犯规：场上队员通过手、臂、肩、髋、膝、脚、弯曲身体成不正常姿势或使用粗野动作，如以拍、阻挡、拉、扒、撞、绊等动作来阻碍对方队员，即为侵人犯规。

侵人犯规的罚则：如被侵犯的队员未做投篮动作，应由被侵犯的队员在犯规的最近点掷边线球或端线球；如犯规队在一节内已累计犯规达4次，则判给被侵犯队员2次罚球；如被侵犯的队员正在做投篮动作，则投中有效，再判给1次罚球；如果未投中，应判给2次罚球，如果是三分投篮未成功，则应判给3次罚球。

如进攻队员犯规，则由对方队员在犯规的就近处点掷边线球或端线球。

②违反体育道德的犯规：裁判员认为队员蓄意地对对方队员进行侵人犯规，为违反体育道德的犯规，2次违反体育道德犯规将被取消比赛资格。

违反体育道德的犯规罚则：登记犯规队员1次违反体育道德的犯规，判给对方2次罚球，再追加1次中场掷界外球权。如果被犯规队员正在做投篮动作，投中有效，再判给1次罚球和1次掷界外球权；如果投篮不中，则应判给罚球（投三分球时罚3次）和1次掷界外球权。罚球时双方队员都应站在罚球线的延长线之后，罚球结束后，掷中场界外球的队员必须两脚骑跨中线，可以将球传给场上任何位置上的队员。

③取消比赛资格的犯规：凡属十分恶劣的不道德行为，可判为取消比赛资格的犯规。

取消比赛资格的犯规罚则：登记犯规队员1次取消比赛资格的犯规，并令其离开比赛场地，余下判罚同违反体育道德的犯规罚则。

④技术犯规：运动员出现场上骂人、不服从裁判判决、故意拖延比赛时间等现象要被判技术犯规；教练员技术犯规主要是指不服从裁判员、随意走出球队席区域或在场外干扰比赛正常进行等。

技术犯规罚则：要进行登记，判给对方队员2次罚球和随后的掷界外球权，对方队长可以指定罚球队员。罚球时，双方队员都应站在罚球线延长线后。罚球后，由对方队员在中场处掷界外球，比赛正常开始。

若在比赛开始前或休息期间，判队员或教练员技术犯规，都应在比赛开始前由对方队员罚球2次后，再上跳球开始比赛。队员的该次技术犯规累计带入下一节全队的犯规累计之中。

[思考]

打篮球时为什么要保持低重心的基本站立姿势？

这种姿势，使身体提前获得了一定的肌肉张力，便于随时完成各种复杂的动作。如突然的移动、抢球、断球、变速、变向、摆脱、接球和投篮等。相反，如果直腿站立、重心高，要做动作就需要先屈膝降低重心，这样便会出现处处比对方慢半拍的现象。

为什么用单手投篮？

单手投篮具有出手点高、灵活性大、变化多、便于用力、出手快、防守者难以防守的特点。现代篮球普遍采用单手投篮。

怎样才能提高投篮命中率？

（1）选择适当的投篮时机，果断出手。

（2）投空心篮时，瞄准点是篮圈的中心点；投碰板篮时，瞄准点是碰板点。

（3）选择合适的投篮出手角度和球的飞行弧线。

（4）投出后旋球，以保持球的飞行方向和均匀速度。

(5) 要有强烈的投篮欲望和信心。
(6) 规范投篮动作，加强投篮练习。

抢篮板球的技巧：

进攻方要有强烈的抢篮板球意识，掌握绕过、闪躲对手冲抢篮板球的移动步法。作为防守人需养成"挡人抢球"的习惯，做到"一挡二抢"和"挡抢结合"。

狡猾的传球：

(1) 隐蔽传球，出球突然，减少横传球和跳起传球。
(2) 将球传到远离防守者的一侧；传给移动的接球人时，要传出提前量。
(3) 传给内线插上的队员时，传球高度和速度要适中，使其便于接球后马上投篮。
(4) 传给近距离迎面跑来接球的人时，传球力量要小而柔和。

投篮的最佳时机：

(1) 当移动到容易投篮得分的空位和自己习惯的投篮位置上接到球时。
(2) 当彻底摆脱防守时，或者防守者注意力分散时。
(3) 当利用同伴掩护、策应出现了良好的机会时。
(4) 当同伴占有抢篮板球的有利位置，或有抢篮板球的准备时。
(5) 当完成教练员布置的特定战术要求时，要当机立断，信心百倍地投篮。

持球突破技术动作的组成环节：

(1) 蹬跨。跨出的第一步要大，争取接近或超越对手。
(2) 转体探肩。在跨出第一步的同时，向前转体探肩，降低身体重心。
(3) 放球。以球领人，发挥速度。
(4) 加速。二次加速，彻底甩开对方。

持球突破的最好时机：

(1) 防守队员失去重心时。
(2) 防守队员注意力分散，或防守能力差时。
(3) 对方犯规较多，为了达到消除对方的有生力量或获得罚球得分的目的时。
(4) 为了吸引防守，给同伴创造的进攻机会时。

防守无球队员与防守有球队员的区别：

防守无球队员时，主要是集中精力控制对手活动，不让其接球，对威胁较大的投篮队员或进攻区域内能接到球的队员，要选择合理的位置紧逼防守。防守持球队员时，对手有可能投篮、突破或传球，防守者要善于发现对方的动向，正确判断持球进攻者的意图，及时占据有利位置，积极主动防守。

组织战术的主要因素：

(1) 位置。每个队员按一定阵形落位。
(2) 路线。队员或球都按一定的计划有目的地移动，从而形成一定的路线。
(3) 任务。在完成战术配合中，每个队员必须完成不同的职责。
(4) 技术。以娴熟的技术来保证配合完成。
(5) 时间。必须根据战术的结构，严格地按一定时间程序去完成。

区域联防的运用时机：

（1）对方外围中远距离投篮不准，而内线威胁较大时。
（2）对方频繁地采用穿插移动和运球突破战术，本队个人防守技术差，或犯规较多时。
（3）有策略地改变防守战术时。
（4）为了加强组织抢篮板球时。

第十章 排 球

第一节 排球运动概述

　　排球运动是球类运动项目之一，它深受广大青少年的喜爱。排球比赛是在长 18 m、宽 9 m 的场地上进行，由一条中线将场地分成两个均等的场区；在中线上空设置一球网（男子 2.43 m，女子 2.24 m），比赛双方各占一场区，每队出场 6 名队员，分两排站立，每排 3 人。比赛从发球开始，然后双方运用垫球、传球、扣球、拦网等技术进行进攻和防守。发球时，只能用手或手臂将球直接击过球网，除拦网外，每队最多触球 3 次就要将球击入对方场区。采用每球得分制，每局以先得 25 分并超过对方 2 分的队为胜。比赛采用五局三胜制或三局二胜制。

　　排球运动于 1895 年起源于美国。美国人 W·G 摩根发明了"空中飞球"的游戏，当时仅作为人们休养、消遣的娱乐项目。直到 1900 年第一部排球比赛规则问世，排球运动才被正式列为比赛项目。当时的排球比赛每队 16 人出场，4 人一排，前后共四排，上场队员的位置不轮换。随着排球技术的发展和提高，上场队员由 16 人制逐步被变成 12 人制和 9 人制。直到 1918 年国际上才出现 6 人制排球赛，场上前后排队员按顺时针方向轮转。

　　我国的排球运动员虽然起步较晚，但在同世界各国的交往中，逐步形成了自己快速多变的打法，创造了"4 号位平拉开""短平快""活点进攻"等新战术，在攀登世界排球高峰上，迈出了可喜的一步。从 1976—1987 年，我国排球运动在赶超世界先进水平上迈出了一大步。尤其是我国女子排球队在大型的世界比赛中连续 5 次蝉联冠军。

　　排球运动对场地要求不高，设备比较简单，运动量可大可小，而且主要规则容易掌握，适合各种年龄和不同训练程度的男女参加。

第二节 排球基本技术

　　排球技术种类较多，每种技术又包含多种多类。一般把排球基本技术分为准备姿势和移动、发球、垫球、传球、扣球、拦网 6 大类。

一、准备姿势和移动

　　准备姿势和移动是排球技术的基础，在很大程度上决定着排球技术运用的效果。它的目的在于迅速启动，快速接近球，及时起跳，倒地，并调整好与球的合理距离和击球部位。

(一) 准备姿势

准备姿势按身体重心的高低分为稍蹲、半蹲、全蹲三种。其中半蹲姿势的运用较多。

半蹲准备姿势：两脚前后开立，距离比肩稍宽，脚跟稍提起，膝关节保持一定程度的弯曲。自然含胸、收腹，身体重心落在两脚之间稍向前脚，两臂自然弯曲放在胸腹之间，身体对正来球的方向。

(二) 移动

移动是接好球的重要条件，移动的快慢取决于移动前的判断、反应、启动速度和移动后的制动。移动可分为一步移动、两步移动和跳步移动三种。

(1) 一步移动。后脚蹬地，前脚向前或向侧迈出一步，后脚迅速跟上成接球前的准备姿势。

(2) 两步移动。向前移动时，后脚先向前跨出一步，前脚接着向前迈出一步做一个并步站成击球前的准备姿势。

(3) 跳步移动。当球的落点距离身体较远时，首先判断好来球的方向和落点，然后两脚用力蹬地，迅速启动加快步伐，争取跑到球的落点位置，逐渐降低重心，保持好击球的准备姿势。跑动时眼睛要注意来球的方向。

二、发球

发球是排球比赛的开始，也是进攻的一种手段。其目的在于直接得分或破坏对方的进攻。发球可分为：正面下手发球、正面上手发球、侧面下手发球、勾手大力发球、高吊发球、跳起发球、上手砍式发球等。

(一) 正面下手发球（以右手击球为例，见图10-1）

图10-1 正面下手发球

发球前，面对球网，两脚前后开立，左脚在前，右脚在后，两膝微屈，上体前倾，左手持球于腹前。发球时，左手将球上抛 20~30 cm，同时右臂后摆，当球下落至髋部时，右脚蹬地，右臂直臂前摆，用掌根或虎口击球后下部，同时重心前移直到迈右脚，随即进入场地。

（二）正面上手发球（以右手击球为例，见图10-2）

图10-2　正面上手发球

发球前，面对球网站立，两脚自然开立，左脚在前，左手托球于身前。发球时，左手将球平稳上抛，高度适中。抛球的同时臂屈肘后引，上体稍向右转，抬头、挺胸、展腹。击球时蹬地，转体，迅速含胸收腹，并带动右臂猛烈地向前摆动，手臂伸直以掌根平面击球的中下部，手腕快速推压，重心前移，随即进入场地。

三、垫球

垫球是排球运动技术中运用最多、用途最广的一种。它适用于接发球、接扣球、接拦网球、接低球或力量较大的球，也是组织进攻的基本技术。垫球可分为：正面双手垫球、体侧垫球、跨步垫球、低姿势垫球、背垫球、前扑垫球、侧卧垫球、滚翻垫球和鱼跃垫球等。

（一）正面垫球

保持半蹲姿势，两臂微屈内靠，双手自然放于腹前，两眼注视来球。垫球时，两臂迅速插入球下，同时蹬腿、提腰、含胸、收肩、前臂夹拢并外展、压腕抬臂，以前臂的中部击球的后下部（图10-3）。抬臂的高度和给球的力量要根据来球的力量和传球的距离来决定（图10-4）。如来球力量大，传球距离近，还要后撤手臂，含胸收腹，使球得到缓冲。此外手臂的角度也要根据来球的弧度和击球的弧度来决定。一般情况下，手臂夹角越大，回球弧度越高，球的落点较近。反之手臂夹角越小，回球较平，球落点较远。

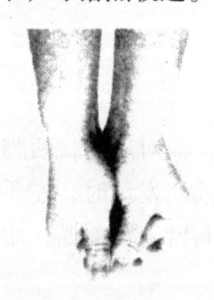

图10-3　正面双手垫球部位

图 10-4　正面双手垫球

（二）背垫球

背垫球时，首先要快速移动到球的落点处，选好方位，背向出球方向做好准备。击球时两臂夹紧伸直，抬头、后仰、展腹挺腰，击球点大约在脸前。如传球距离较远时，两臂要同腰、腿力量协调配合，加以抬送。

四、传球

传球是组织进攻战术的前提，是衔接防守与进攻的关键环节。传球的特点是落点较准，便于进攻。传球可分为正面双手传球、背传球、侧传球和跳传球。各种传球者是以正面双手传球为基础。以下主要介绍其动作：

（一）准备姿势

两腿稍蹲或半蹲，双臂弯屈置于胸前，两肘自然下垂，手腕后仰，手指自然分开，眼视来球，身体放松。

（二）击球点和击球时机

击球点一般在脸前，也可以根据来球的不同和传球不同，适当提高或降低击球点。当身体移动到位后，球距脸一球左右的距离时，便要做出击球动作。

（三）手形

当球触手时，双手自然张开呈半球形，手腕后仰，手指微屈成半球状，两拇指相对成"一"字或"八"字形。两手的拇指的内侧、食指的全部、中指的大半部触球的后下部，无名指和小指的顶部触球的两侧（图 10-5）。

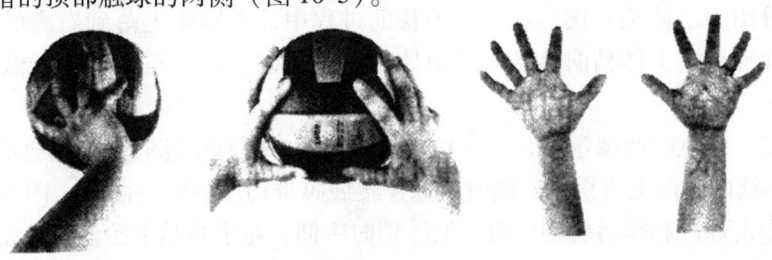

图 10-5　传球手形与触球部位

（四）用力

传球时用的力是蹬地、伸膝、向上展体和伸臂屈腕等的综合协调力。触球时首先要以拇指、食指、中指的弹力缓冲来球，然后用上述综合协调力将球击出（图10-6）。

图10-6　正面双手传球

五、扣球

扣球是进攻最有效的方法，是得分和得发球权的重要手段。扣球成败，体现了球队的战术质量和效果，是能否取胜的关键。扣球包括正面扣球、勾手扣球、抡臂扣球等。

（一）正面扣球

正面扣球是扣球中最主要的方法。它的特点是面对球网观察面大，准确性高，能适应如近网、远网、集中和拉开的球，还能变换成快球、平快球等扣球技术。

（1）准备姿势和判断。助跑前采用稍蹲姿势，两脚左右自然开立，两臂自然下垂。根据二传的方向、速度、弧度、落点选择起跳的时间和地点，调整好助跑点的距离。

（2）助跑。助跑的步伐力求灵活，做到速度可快可慢，步幅可大可小，步数可多可少，助跑一般以二、三步为宜，动作应放松而有节奏，上下配合要协调。以两步助跑为例，左脚先轻松自然地迈出一步，紧接着右脚跨出一大步，使身体重心落在支撑点之后，同时两臂用力经体侧后摆。在重心前移的过程中，左脚跟上落到右脚的稍前面，降低重心制动前冲力，上体稍向右转双臂由体后落至体侧，眼视空中来球，做好起跳的准备（图10-7）。

（3）起跳。起跳时两膝弯屈并稍内扣，上体前倾，两脚迅速有力地蹬地踏跳，两臂由体后经体侧继续向体前上方摆臂，同时快速伸腰展腹带动全身腾空而起（图10-7）。

（4）空中击球。起跳后挺胸展腹，上体稍向后仰，左手自然上抬，右臂屈肘向后上方抬起，带动上体向右扭转。前臂和手腕放松，手指放松微张，手掌成勺形，击球迅速转体，收腹发力，并依次带动肩、肘、腕各关节猛烈摆动，成挥鞭抽击状，用全手掌包满球，在最高处击球的中上部，并屈腕屈指向前推压使扣出的球加速上旋（图10-7）。

助跑起跳　　　　　　　　空中击球　　　　　　　　落地

图 10-7　正面扣球动作

(5) 落地。落地时前脚掌先着地再过渡到全脚掌，并顺势屈膝，收腹缓冲以控制好身体重心。

(二) 近体快球

扣近体快球的助跑距离较短，角度稍小，大约45°，助跑的步伐要轻松、快速，要根据一传和二传的情况，准确地选好助跑和起跳时机，一般扣快球的助跑和起跳时间有三种：一是二传出手后再起跳，即半快球；二是二传出手的同时起跳，为一般快球；三是二传出手之前起跳，扣球队员在空中等球，这就是我国传统的"快板球"。扣球手应在二传手前面约一臂的距离处起跳，当球上升到网上沿一定高度时，迅速甩腕、含胸、收腹，以全手掌抽击球的后上方。

六、拦网

拦网是防守，也是一种有效的得分手段。拦网就是个人或集体将对方攻击过来的球在球网附近拦截回去，分单人拦网和集体拦网。

(一) 单人拦网

拦网的动作技术可分为准备姿势、移动、起跳、空中拦击和落地5部分。除此之外，准确的判断力往往是拦网成功与否的关键。

(1) 准备姿势和移动。面对球网双脚平行开立与肩同宽，距网 30 cm 左右，两膝弯屈，上体稍向前倾，双臂自然屈肘于胸前，两眼密切注视球的动向，预判对方球的过网点，随时准备移动。移动时要注意身体重心的控制，要合理运用制动技术，以免触网和过中线犯规（图10-8）。

(2) 起跳和空中击球。起跳时，两膝弯屈，用力蹬地，两臂在体侧前划小弧用力上摆，同时展腹带动身体垂直起跳。起跳后应稍收腹含胸，以控制身体平衡。身体腾空后双肩从胸前尽量向上伸出直至完全伸直。两手距离要小于球体，手指尽量张开并弯屈成勺状，保持一定的紧张程度，并将双手伸入对方场区上空，将球"罩"住。触球时利用提肩动作加强臂和腕的紧张程度，双手包住球并用力压腕，力争将球拦回或盖死（图10-8）。

（3）落地。拦网后身体自然下落，用前脚先着地，随即屈膝缓冲。

图10-8　拦网的手形和动作

（二）集体拦网

集体拦网是2人或3人参加的拦网，它的网上拦截面较宽，拦网成功率较高。集体拦网除尽量发挥个人的拦网技术外，应着重注意相互间的配合。

第三节　排球基本战术

排球战术的分类有许多方法，常见的有三种：①将战术分为进攻和防守两大系统；②将战术分为发球战术、接发球进攻战术和防守反攻战术三种基本类型；③将战术分成个人战术和集体战术两大部分。

一、阵容配备

阵容配备是合理地使用和发挥本队队员特长的一种组织手段。阵容配备要考虑攻守、扣传、强弱的平衡以及队员的战斗作风和意志品质、身体条件的好坏。阵容配备一般采用"四、二"和"五、一"配备（图10-9、图10-10）。

二传	
主攻　副攻	
二传	
副攻　主攻	

攻手　攻手
二传
攻手
攻手　攻手

图10-9　"四、二"阵容配备示意图　　　图10-10　"五、一"阵容配备示意图

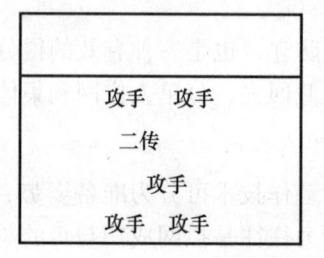

二、交换位置

为了充分发挥队员的特长，加强攻防力量，弥补缺陷，在规则允许的条件下，可以采用交换位置的方法。前排队员之间的换位：把强攻队员换到4号或3号位，把善于扣快球的队员换到3号位，把二传队员换到2号或3号位，把拦网好的队员换到3号位或与对方主攻手相对应的位置。后排队员的换位：后排可采用专位防守，把队员换到各自擅长的防守区域。为了在比赛中连续运用行进间"插上"战术，可把二传队员换到7号或6号位。

三、"一三二"接发球站位

这是一种最常用的接发球站位形式。为了接起对方的发球并传、垫到预想的位置,组织有效的进攻战术,就要有正确的判断、明确分工、合理的站位。"一三二"接发球,其分工是:靠近网的"一"负责二传,"三二"5人站呈W形负责接发球,前区球线路短由3人负责,后区球线路长由2人负责,职责明确。它是"中、边一二"进攻最基本的接发球阵式,根据临场变化也可变成"边一三二"和"一二一二"的接发球站位(图10-11)。

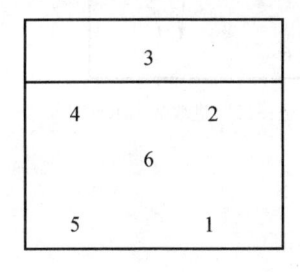

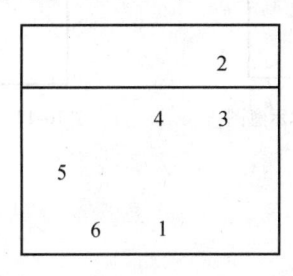

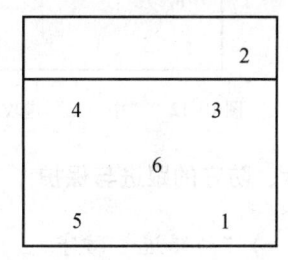

3				2				2	
4	2		4		3		4		3
	6			5				6	
5	1		6		1		5		1

图10-11 "一三二"接发球站位示意图

四、进攻打法

进攻打法是根据本队的条件及特长所采取的进攻措施。它可分为强攻、快攻、两次攻3大类。

(一)强攻

在没有相互掩护的情况下,利用个人高举高打强行突破对方拦防的打法称为强攻。强攻可分为集中强攻、拉开强攻、围绕强攻、调整进攻和后排进攻五种。

(二)快攻

各种快球、平球以这种打法做掩护,由本人或同伴所进行的进攻,均称为快攻。快攻可分为快球进攻、自我掩护和快球掩护3种形式。

五、各种阵形间的战斗和变化

(一)"中一二"进攻战术

由3号位队员专门做二传,把球传给2或4号位队员扣球进攻。其特点是容易组织,但战术变化小,只能两点进攻,战术的意图易被对方识破,战术的突击性进攻小(图10-12)。

(二)"边一二"进攻战术

由2号位队员做二传,将球传给3号位或4号位的队员扣球。它的特点与"中一二"进攻战术差不多,但比"中一二"战术的变化较多(图10-13)。

(三)插上进攻战术

后排队员移动换位到前排担任二传,以保持前三排队员都能扣球的阵式。它的特点是可以利用球网的全长,进攻点多,能组织丰富巧妙、快速多变的进攻战术。

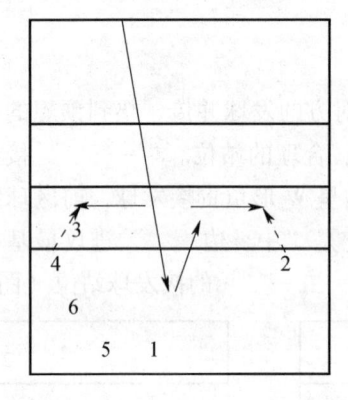

图 10-12 "中一二"进攻战术示意图 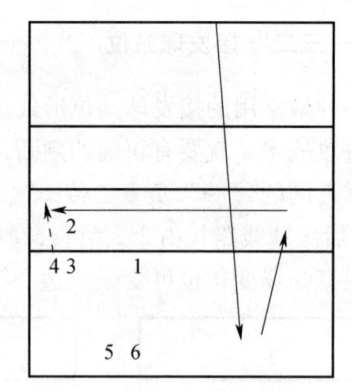　　图 10-13 "边一二"进攻战术示意图

六、防守的跟进与保护

(一) "边跟进"防守

当对方进攻时,由前排组成双人拦网,另一不拦网的队员后撤,协同后排三人组成防守,如遇吊球,由后排两侧 1 号位或 5 号位的队员跟进,6 号位队员向跟进队员的防区补位,形成"边跟进"防守(图 10-14)。

(二) "心跟进"防守

当对方进攻,本队组成双人拦网时,不拦网的前排队员后撤防守对方的小斜线扣球,协同后排的 1、5 号位队员向前跟进,保护本队的拦网和对方的吊球(图 10-15)。

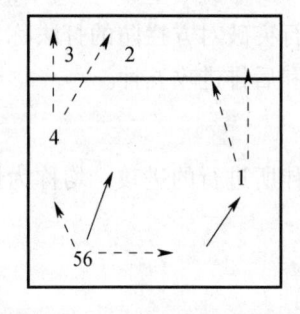

图 10-14 "边跟进"防守示意图 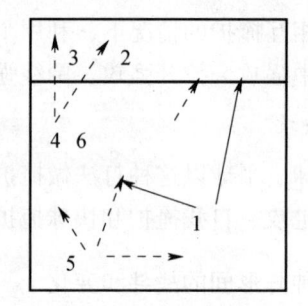　　图 10-15 "心跟进"防守示意图

(三) 保护

在比赛中主动弥补同伴在技术上出现的困难和漏洞的行为叫保护。在接发球、扣球、拦网、后排防守中都应采取必要的保护措施,如扣球时被拦回、接发球和防守时把球垫飞、拦网时对方运用轻吊、抹吊战术。总之,比赛中只有做到彼此接应、互相弥补才能起到真正的保护作用。

第四节　评价与欣赏

(一) 评价

评价自己掌握排球运动的程度,主要从是否掌握排球的基本技术、基础战术配合和对规则的理解程度来衡量的。为达到大众健身的目的，一般情况下，达到下列基本要求，就基本能够胜任排球的健身和参加大众排球比赛，并拥有相应的能力（见表10-1）。

表 10-1 排球技、战术自我评价表

序号	位置和技、战术	基本要求	易犯错误
1	二传队员	掌握正面或背面传出4号位或2号位高球、3号位快球和半高球的技术	判断不好、移动不及时，传出球效果不佳
		作为枢纽，具备指挥、联络和组织能力	缺乏联络
2	扣球队员	掌握扣4号位或2号位高球、3号位快球和半高球的技术	起跳时机不好，击球手法不对
		熟悉二传手的传球特点、基本技术的跑动路线和时机	缺乏联络，路线和时机不对
3	防守技术	具有接好一般性发球、防起一般力量的扣球和吊球的能力	判断不好、移动不及时，不会控制不同的球
		具有顽强的作风、不畏强手和具有强烈的防守起球欲望	畏惧，精神不佳
		掌握一般的扣球落点规律和防守位置分工	不知道分工和配合
		及时接应	只有二传手接应
4	拦网技术	正确判断进攻点、拦网手动作正确	被晃开、手未伸到对方空间
		拦网配合好，形成严密拦网面积	有漏空、相互冲撞
5	战术配合	明确分工	分工不明确
		熟悉跑动路线和时机	跑动相互影响
		密切联络	信息不畅，各自为战

（二）排球比赛的欣赏

我们在观看排球比赛时，不难发现，排球比赛最显著的特点就是球队严密的整体性和运动员技术动作的高度技巧性，欣赏排球比赛只要抓住这两个特点，就能很好地理解排球、看懂排球。从整体性上主要是观察运动队在比赛中的各个环节配合是否默契，如进攻中通过二传的组织和进攻手的跑动进攻来完成。精彩时，常常出现巧妙的配合和二传隐蔽的组织把对手的拦网晃开，形成扣空网或只有单人拦网的局面，在对手还来不及进行补拦时，紧接着就是迅雷不及掩耳的扣杀，球应声落地，观众掌声响起。当我们看到这样的扣球效果时，不要忘了，前面一连串的环节都不能出问题，即接发球或防守起球、二传、跑动路线和时机、扣球、保护等的配合。但是也会看到竟然出现二传传球后没有进攻队员进行扣球，看着球落地的现象，让支持的观众干着急。其实这是二传手对攻手的布置与进攻队员的意图或联系不一致造成的，导致配合失误，令人惋惜，由此也可以看出这支球队的整体水平。中国女排运动员在身体条件方面与欧美球队（古巴、美国、德国、俄罗斯、巴西等）相比，没有多少优势，但中国女排高水平的整体性、领先各队的快速多变的战术体系却是其他球队所不能及的，球队的勇于创新和艰苦的训练使之始终保持领先水平，这也正是中国女排屡创佳绩的重要法宝。

运动员高超的技术动作使观众一再叫好，为之感叹、为之兴奋，更为运动员获得这样高度技巧所付出的训练而感动，这亦成为欣赏排球比赛的重要看点。在排球比赛中这样的精彩表演层出不穷，令人应接不暇。发球时的大力跳发球，看似平常而飘忽不定的（长或冲）飘球，尤其在胜负关键时刻，发球更让人担心和激动；扣球时的大力扣球突破对手的集体拦网、轻吊巧妙得分令人赞叹和刺激；二传机智的传球让对手拦网无从选择，令人不得不佩服二传队员的智慧；防守时运动员不畏重扣防起扣球、腾空鱼跃勇救险球、疾跑冲向广告板救球，顽强的拼搏作风令人敬佩。这时，观看比赛的观众也融入了比赛中，成了比赛中的一员。

应了解以下规则。

（1）发球规则。必须在发球区内将球抛起，在球落地前用一只手或手臂的任何部位将球击出，发球队员不得踏及场区外（包括端线和发球区以外地面），鸣哨后在 8 s 内将球发出；发出的球必须由过网区进入对方场区内。

（2）四次击球犯规。每队最多击球三次（拦网除外），将球从球网上成功击回到对方场区，超过规定次数的击球为四次击球犯规。无论是主动击球还是被动触球，均作为该队击球一次。

（3）持球和连击犯规。没有将球击出，使球产生停滞，为持球犯规。同一人连续击球为连击犯规，但拦网时的连续触球以及全队第一次击球时同一动作击球产生的球连续触及身体部位除外。

（4）过网击球犯规。在对方场区空间触击球为过网击球犯规，但在对方进攻性击球后拦网触球除外。

（5）过中线犯规。比赛进行中队员的一只（两只）脚或一只（两只）手完全越过中线触及对方场区是允许的，但身体的其他任何部位从网下穿越接触对方场区，为过中线犯规。

（6）触网犯规。比赛进行中，队员触及 9 m 以内的球网和标志杆、标志带为触网犯规。但队员未试图进行击球轻微触网和被动触网除外。

（7）拦网犯规。

①从标志杆外进行拦网并触球。

②当对方队员击球前或击球的同时，在对方场区空间拦网触球。

③后排队员或后排自由防守队员完成拦网或参加了完成拦网的集体，包括球触及前排队员。

④拦对方发球。

⑤拦网出界。

（8）进攻性击球犯规。

①后排进攻犯规：后排队员在前场区内或踏及进攻线及其延长线，将整体高于球网上沿的球击入对方场区。

②过网击球犯规：在对方场区空间内击球。

③叩击发球犯规：在前场扣对方发来的、整体高于球网上沿的发球完成进攻性

击球。

④自由人进攻性击球犯规：队员在高于球网处对同队自由防守队员在前场区用上手传出的球完成进攻性击球，后排自由防守队员完成对高于球网上沿的球的进攻性击球，均为自由人进攻性击球犯规。

第十一章 足 球

第一节 足球运动基本技术

足球技术是指运动员在足球比赛中所采用的合理动作的总称，足球技术是在比赛实践中逐步形成和发展起来的。技术是完成战术配合的基础，战术的发展又促进了技术的提高。这就要求运动员在教学与训练中全面掌握、不断完善足球技术。足球技术可分锋卫练习者技术和守门员技术两大类，但是，不论是锋卫练习者还是守门员，在比赛中不仅需要完成结合球的技术动作，而且还要完成许多为达到结合球的动作目的而进行行动的动作。所以，足球技术又分为无球技术和有球技术两大类。

一、无球技术

无球技术是指运动员在比赛中，在不控球的情况下所采取的合理动作的总称。在一场 90 min 的比赛中，即使是一个控制球能力很强的运动员所能结合球的时间也是十分有限的，而其他时间是在无球的情况下活动的，这些活动都需要用无球技术来完成。

（一）无球技术的组成

（1）启动。启动是指运动员突然加速快跑，以占据有利空间或地域的一种技术。

（2）快跑。足球比赛中的跑动与运动中的奔跑有许多不同之处，足球比赛中跑动的方式主要分为直线跑、变向跑、侧身跑、变速跑、后退跑等。

（3）急停。急停是运动员在比赛中由快速运动状态突然转换成静止状态的一种制动方法。

（4）转身。转身是利用脚步移动和身体的转动来改变自己原来所处状态的一种方法。转身一般分为前转身、后转身两种。

（5）跳跃。跳跃是指运动员在比赛中，为了取得有利的空间位置而采用的一种移动方法。在跳跃时一般采用单脚起跳或双脚起跳两种方法。

（6）移位。移位是指运动员在比赛中为了抢占有利的位置（进攻或防守），采用适当的步法进行移动。使用较多的步法是跨步、撤步、滑步、交叉步等。在实际运用中多将数种步伐结合使用。

（7）假动作。假动作是为了使对方产生错误的判断采取错误的行动而做出的动作。

（二）无球技术练习内容与方法

（1）各种姿势（蹲踞式、站立式、背向站立、坐地、坐地转身、仰卧等）的原地起跑。

（2）在活动情况下（慢跑、小步跑、侧身跑、高抬腿跑等）的起跑。
（3）用视听信号等手段练习反应速度和启动速度。
（4）在慢跑中听信号或看手势等做变向急停、转身等练习。
（5）在快跑中听信号或看手势等做急停、变向、转身等练习。
（6）在慢跑中进行侧身跑、后退跑、正面跑、交叉跑等练习。
（7）在快速跑中进行侧身跑、后退跑、正面跑、交叉跑等练习。
（8）各种短距离的快速跑练习。

（三）无球技术练习的注意事项和顺序

（1）练习中要通过教师的讲解、示范和反复的练习，掌握无球技术的各种动作。
（2）练习者应由在原地掌握无球技术的动作向在快速运动中掌握无球技术的动作过渡。
（3）无球技术各种动作质量的提高必须使无球技术练习与专项身体素质训练和有球技术练习相结合。
（4）无球技术练习时必须注意，在比赛中的任何一个反应都是根据自己的观察、判断而做出的。
（5）在无球技术练习中，注意使练习者养成用眼睛观察周围的攻守练习者及场上情况的习惯。
（6）为适应足球比赛的要求，以视觉或听觉刺激为信号做出相应反应的练习，是无球技术练习必须采用的方法。

二、有球技术

（一）颠球

1. 颠球的分类和方法

颠球可分为拉挑球、脚背正面颠球、脚内侧颠球、脚外侧颠球、大腿颠球、头颠球、肩颠球和胸部颠球等。限于篇幅，这里只介绍其中的三项。

（1）脚背正面颠球。支撑腿的关节微屈，身体重心移到支撑脚上，当球落至低于膝关节时，颠球脚的膝、踝关节适当放松，并柔和地向前上方甩动小腿，脚尖翘起用脚轻击球的底部将球向上颠起。

（2）脚内侧颠球。支撑腿膝关节微屈，身体重心移至支撑脚上，当球下落到膝关节高度时，颠球脚屈盘腿，脚内侧向上摆，脚内侧轻击球的底部，将球向上颠起。

（3）大腿颠球。支撑腿膝关节微屈，身体重心移至支撑脚上，当球落至近髋关节高度时，颠球腿屈腿上摆，当大腿摆到水平状态时击球底部将球向上颠起。

2. 颠球技术练习内容与方法

（1）讲解示范的重点应放在颠球的用力方法、触球部位上。
（2）原地用单脚颠从自己手中坠下的球。
（3）原地用两脚颠从自己手中坠下的球。
（4）原地拉挑球练习。

(5) 原地拉挑球接着单脚颠球。
(6) 原地拉挑球接着两脚交替颠球。
(7) 原地用腿颠从自己手中坠下的球。
(8) 原地拉挑球接着两脚交替颠低球。
(9) 原地拉挑球接着高、低颠球。
(10) 拉挑球接着走动颠球。
(11) 原地拉挑球接着各种部位颠球。
(12) 拉挑球接着颠球过顶转身再接着颠球。
(13) 两人面对面站立，一人拉挑球颠给对方，对方接着颠。
(14) 两人面对面站立，进行对颠。

(二) 踢球

1. 踢球的方法

踢球是指运动员有目的地用脚的某一部位把球踢向预定目标的一种技术。踢球主要用脚内侧、脚背正面、脚背内侧、脚背外侧、脚尖、脚跟等部位。

1) 脚内侧踢球

(1) 特点。脚与球接触的面积大；踢球时，踢球腿的膝关节需要向外转，小腿的摆幅和摆速都受到一定程度的限制。因此，这种方式踢球的力量小，但比较平稳、准确。

(2) 动作要领。直线助跑，支撑脚踏在球的侧后方 15 cm 处，膝关节微屈，踢球腿的脚内侧与出球方向约成 70°，脚尖跷起，小腿加速前摆，脚掌与地面平行，脚腕用力绷紧，用脚内侧部位击球的后中部。

脚内侧踢球在脚与球接触的过程中有两种踢法：一种是推送的踢法，即在脚触球之后要继续前摆，这样脚与球接触时间长，出球易平稳；另一种是敲击踢法，踢球时大腿摆动不大，只是小腿快速前摆击球。将球踢出后，小腿突然停住，时间短促，动作用力。

(3) 易犯的错误。

①踢球腿屈膝外展不充分，脚尖没有翘起。

②踢球腿前摆时关节伸直，形成直腿扫踢球。

③踢球脚脚掌内翻。

2) 脚背正面踢球

(1) 特点。踢球腿摆幅大，摆速快，一般情况出球方向比较单一。因此，这种方式踢球的力量大，出球的性能变化小，但这是大力踢凌空球、倒钩球、反弹球的主要方法。

(2) 动作要领。直线助跑，最后步稍大并要积极着地，支持脚踏在球的侧方 10 ~ 15 cm 处，脚尖正面对出球方向，膝关节微屈；同时踢球腿向后摆起，膝关节弯曲。摆动腿要在准备做支撑的脚前跨和助跑的最后一步蹬离地面时，顺势向一侧摆起，小腿屈曲。在支撑脚着地的同时，以髋关节为轴，大腿带动小腿由后向前摆，当膝盖摆至接近球的正上方的刹那，小腿做爆发式的前摆，脚尖稍转，指向斜下方，以脚背正面踢球的后中部，踢球腿继续前摆。

(3) 易犯的错误。

①支撑脚位置靠后，造成身体后仰，出球偏高。

②小腿过早前摆，出球无力。

③脚尖触地，造成脚趾背面触球。

3）脚背内侧踢球

（1）特点。踢球的力量大，出球方向高低变化较大，用途较广。

（2）动作要领。斜线助跑，助跑方向与出球方向约成45°角，支撑脚先以脚掌外沿积极着地，踏在球的侧后方 20～25 cm 处，膝关节微屈，制动身体重心，脚尖指向出球方向，身体稍向支撑脚一侧倾斜，在支撑脚着地的同时踢球腿以髋关节为轴，大腿带动小腿由后向前摆。当身体转向出球方向，膝盖摆至接近球的内侧上方的刹那，小腿做爆发式前摆，脚尖稍外转，绷直脚背，脚趾扣紧，脚尖指向斜下方，以脚背内侧踢球的后中下部，踢球腿随球继续前摆。

（3）易犯的错误。

①支撑脚离球过近，击球点偏外，出球不准。

②踢球脚的脚背外转不够，脚与球的接触部位不正确。

③弧线摆腿，击球点偏外。

4）脚背外侧踢球

（1）特点。除具备脚背正面踢球的优点外，出球方向较多，用途广、隐蔽性强。

（2）动作要领。动作与脚背正面基本相同，只是膝盖、脚尖内转，脚背绷直，脚趾扣紧，以脚背外侧踢球的后中部。

（3）易犯的错误。

①支撑脚靠后，造成后仰，出球偏高。

②膝盖和脚尖内转不够，接触球的部位不正确。

③踢球腿摆动成弧线，使出球成弧线运行或出球无力。

5）脚尖踢球

（1）特点。出球快而突然，但准确性较差。

（2）动作要领。支撑脚在球的侧后方，膝、脚趾关节紧张用力，提小腿，以脚尖击球的后中偏下部位。

6）脚跟踢球

（1）特点。摆幅小，向后出球，隐蔽性强，但力量小，速度较慢。

（2）动作要领。踢球脚自然提胯到球的前方，接着以膝关节为轴，小腿快速向后摆，脚尖翘起，踝关节紧张用力，以脚跟击球的前中部。

2. 踢球技术练习的程序与方法

（1）踢球教学顺序为脚内侧、脚背正面、脚背内侧、脚背外侧。

（2）学习踢球动作应先从踢静止球开始，并以踢静止球、地滚球为主。在初步掌握了这些技术动作之后，再进行踢反弹球、空中球的练习。踢球练习中要抓住支撑脚站位、踢球腿摆动和脚触球的部位这三个重点环节。

（3）当练习者初步掌握了一只脚踢球之后，要注意强调另一只脚的踢球练习，使练习者掌握两只脚的踢球技术。

（4）在简单的条件下能较正确地完成踢球动作之后，就要练习在移动中踢来自不同方向、不同性质的球，并逐步加大难度，提高动作质量。

(5) 结合实践进行对抗性练习，把踢球与停球、运球等动作结合起来，使之在实践中运用自如。

3. 踢球技术的练习内容与方法示例

(1) 踢定位球的练习内容与方法示例。

①讲解示范，重点应放在触球部位、用力顺序上。

②各种踢定位球的模仿练习。

③两人一球，一人用脚挡球（顶住球），另一人做助跑踢球。主要练习助跑、支撑脚站位、摆动和脚触球的部位。

④足球对墙练习。开始离墙近一些，用力小一些，然后逐步加大离墙距离和踢球力量。

⑤踢准练习。

⑥踢远练习。

(2) 踢反弹球的练习内容与方法示例。

①讲解示范，重点放在踢反弹球的时机上。

②各种踢反弹球的模仿练习。

③自己抛球对墙踢反弹球练习，开始抛得低一些，待基本掌握之后，再抛得高一些做踢反弹球练习。

④两人一球，相距 5~6 m，一人抛球，另一人做踢反弹球练习。

⑤两人一球，相距 5~6 m，一人向不同方向抛球，另一人做各种踢反弹球的练习。

⑥两人一球，相距 10 m，一人从不同方向踢球，另一人做踢反弹球的练习。

(3) 踢空中球的练习内容与方法示例。

①讲解示范，重点放在踢球方法和时机上。

②自抛球，做踢空中球的练习。

③两人一球，相距 5~6 m，一人抛球，另一人做踢空中球的练习。

④两人一球，相距 5~6 m，一人向不同方向抛球，另一人做踢空中球的练习。

⑤两人一球，相距 15 m，一人从球门里或从球门柱两侧抛球，另一人做踢空中球射门的练习。

⑥两人一球，相距 15 m，一人从不同方向踢球，另一人做踢空中球的射门练习。

(三) 停球

1. 停球的分类和方法

停球是指运动员有目的地用身体的合理部位把运行中的球挡在所需要的控制范围内的动作。比赛中常用的停球部位有脚内侧、脚底、脚背外侧、胸部、大腿、腹部和头部等。

1) 脚内侧停球

脚内侧停球应用最广，比较容易掌握。用脚内侧可以停地滚球、反弹球和空中球。

(1) 脚内侧停地滚球。支撑脚正对来球，膝关节微屈，停球腿屈膝外展并前迎，脚尖翘起，脚与球接触的刹那间脚开始后撤，把球控制在要做下一个动作的准备位置上。

(2) 脚内侧停反弹球。支撑脚踏在球落点的侧前方，膝关节微屈，上体稍前倾，同时停球脚提起，踝关节放松，脚内侧对准球的反弹路线，当球落地反弹刚离地时，用脚内侧挡压球的中上部。

（3）脚内侧停空中球。移动身体，面对来球，将停球脚举起前迎，脚侧对准来球，球与脚接触的刹那间脚开始后撤，后撤速度稍慢于球，把球控制在衔接下一个动作的位置上。

另一种方法是将停球脚举到稍高于选择的停球点，在脚与球接处前刹那间用脚下切靠近脚的一侧，然后将球控制平稳。

（4）易犯的错误。

①停球脚的关节没有充分放松，缓冲作用不明显。

②停球动作时间或早或晚，效果不好。

2）脚底停球

主要是利用脚掌和地面形成的夹角停球，用脚底可以停地滚球和反弹球。

（1）动作要领。面对来球，支撑脚支撑重心，脚尖正对来球，同时停球脚提起，脚尖翘起高于脚跟，脚底与地面成锐角，脚跟离地面要稍低于球，踝关节放松，用脚掌前部挡压球的中上部。

（2）易犯的错误。

①停球脚抬起过高、漏球。

②脚用力踩球，球停不稳。

3）脚背外侧停球

动作要领：侧对或面对来球方向，停球脚稍提起，膝关节和脚尖内转，以脚背外侧正对来球，在支撑脚前侧接触球的侧后方，并向停球脚外侧轻拨，把球停在侧前方或侧方的范围内。

4）胸部停球

胸部停球有挺胸停球和收胸停球两种方法。挺胸式是针对高于胸部的空中下落球；收胸式是针对胸部高度的平直球。

（1）挺胸停球。面对来球，两臂自然张开，眼睛注视来球，稍收下颌，两脚开立，两膝微屈。在球运行到与胸部接触前的刹那，两脚蹬地上挺的同时展腹，上体后仰用胸大肌停球，使球向预定的方向稍弹，改变原运行路线后落于需要的控制范围内。

（2）收胸停球。面对来球，两脚前后开立，身体重心前移，挺胸迎球。当球运行到与胸部接触前的刹那，重心迅速后移并同时收胸、收腹挡压球，使球落于地面并迅速控制住球。

（3）易犯的错误。

①身体后仰不够，球未到就主动挺身迎球。

②触球的身体部位不正确。

③采用收胸式时，收胸的时间过早或过晚，造成球被弹出控制不住。

5）大腿停球

面对来球，支撑腿支撑住身体重心，停球腿屈膝抬起，以大腿中部对准来球，肌肉适当放松，大腿与球接触的刹那，大腿快速后撤将球停住。

6）腹部停球

面对来球，当球落地反弹与腹部接触前的刹那，主动挺腹推压球，将球挡落后控制住球。

7）头部停球

两眼注视球，判断好落点，头部稍后仰，前额正面对准来球，在前额接触球的刹那，屈膝收腹，使球下落并控制住球。

2. 停球技术练习的顺序与方法

（1）停球的教学顺序为脚内侧、脚底、脚背、大腿、胸部。

（2）停球技术的练习应从停地滚球开始，并按照停地滚球、反弹球和空中球的顺序来进行。同时还应按照原地停、前迎停、转身停的顺序练习上述各种性质、状态的来球。

（3）停球要与运球、传球、过人和射门紧密衔接，以适应快速进攻的要求。

3. 停球技术教学、训练内容与方法示例

（1）停地滚球的练习内容与方法示例。

①讲解示范，重点放在脚触球部位、身体重心在支撑脚上和停球的方法上。

②做停球动作的模仿练习。

③停迎面来的地滚球练习。两人相距 6~8 m 相对站立，一人踢地滚球，另一人停球。

④跑上去停迎面来的地滚球。两人相距 10 m 左右，相对站立，一人踢地滚球，另一人跑上去停球。

⑤跑上去停对墙踢球反弹回来的地滚球。

⑥练习者分成甲、乙两组，两组相距 20 m 左右，分别成"一"字纵队。甲组第一名练习者踢地滚球给乙组第一名练习者，然后跑回本组排尾；乙组第一名练习者跑上去停球，然后再踢给甲组的下一名练习者，依次循环。

⑦停侧面的来球。两人一组，相距 15 m 左右，练习者甲向练习者乙的侧面踢球，练习者乙跑动中用规定部位停球，练习者乙停球后再踢给练习者甲，依次循环。

（2）停反弹球的练习内容与方法示例。

①讲解示范，重点在支撑脚与停球点的位置关系、停球部位、放脚压球方法及时机上。

②把球静止在地上，练习者做停反弹球模仿练习。

③自抛自停反弹球。自己向上抛球，待球落地时停反弹球；或自己向墙掷足球或者自己踢高球，然后跑上去停反弹球。

④两人一球，相距 15~20 m，一人踢起球，另一人做停反弹球练习。

⑤两人一球，相距 15~20 m，一人从不同方向踢起球，另一人做停反弹球、射门练习。在练习者初步掌握基本动作之后，应要求练习者在停球时再附加前推或后拉动作，以适应比赛的需要。

（3）停空中球的练习内容与方法示例。

①讲解示范，重点是在支撑脚、停球部位、缓冲来球力量方法上来引导练习者。

②练习者自己原地模仿动作练习。

③自抛自停下落的空中球。

④两人一组，相距10 m左右，相对站立，一人掷球，另一人停空中球。要求掷出去的球有一定的力量。

⑤两人一组，相互踢球和停空中球。初步掌握基本动作之后要把球踢到同伴的侧面，另一个做移动中的停空中球练习。

（四）头顶球

1. 头顶球的分类和方法

头顶球是用头的合理部位把球击向预定目标的一种技术。头顶球技术从部位上分为前额正面顶球和前额侧面顶球，从形式上分为原地顶球、跳起顶球和鱼跃顶球。

（1）原地前额正面顶球的动作方法。根据球的运行路线和选择的击球点（顶球时球在空中位置）及时移动到位，身体正对来球，两脚前后或左右开立，膝关节微屈，上体稍后仰，重心放在后脚上，两臂微屈自然张开，眼睛注视来球。在球运行到身体垂直部位前的刹那，后脚用力蹬地，身体重心由后脚移向前脚的同时，迅速向前摆体，收下颌，颈部紧张，快速甩头，用前额正面顶球的后中部，上体随球继续前摆。

（2）原地跳起前额正面顶球的动作方法。根据球的运行路线和选择的击球点及时移动到位。准备起跳时，两腿屈膝，重心下降，然后两脚同时用力蹬地、两臂屈肘上摆向上跳起，在跳起上升过程中挺胸展腹，两臂自然张开，眼睛注视来球。在跳起到达接近最高点准备顶球时，身体成背弓。在球运行到身体的垂直部位前的刹那，快速收腹折体前屈并甩头，用前额正面将球顶出。顶球后两腿同时自然屈膝、屈踝落地。

（3）助跑单脚起跳前额正面顶球的动作方法。根据球的运行路线和选择的击球点，及时移动到位。助跑的最后一步要稍大些并用力蹬地，使身体向上腾起。跳起上升的过程中身体成背弓。当球运行到身体的垂直部位前的刹那，快速收腹、折体前屈并甩头，用前额正面将球顶出。顶球后两腿自然屈膝、屈踝落地。

（4）原地前额侧面顶球的动作方法。根据球的运行路线和选择的击球点，及时移动到位。两脚前后开立（出球方向的同侧脚在前），两膝微屈，上体和头部稍向出球的相反方向回旋侧屈，身体重心落在后脚上，两臂自然屈肘张开，眼睛注视来球。当球运行到出球方向同侧肩上方前的刹那，后脚用力蹬地，上体迅速向出球方向扭摆，同时颈部紧张地用力甩头，用前额侧面击球的后中部。

2. 易犯的错误

（1）闭眼，顶球部位不对，不敢主动顶球。

（2）顶球点选择不正确，过早或过晚。

（3）跳起时间选择或早或晚，顶球效果不好。

3. 顶球技术练习的顺序与方法

顶球技术的练习一般应按前额正面和前额侧面顶球顺序进行练习，并且是先做原地顶球，再做跑动中顶球和跳起顶球。而跳起顶球又应是先原地跳起，而后再助跑跳起。在这些顶球动作都熟练掌握之后再试做鱼跃顶球练习。

4. 顶球技术的练习内容和方法

（1）原地顶球练习。

①讲解示范，重点讲解示范顶球部位、用力方法、头击球时机，强调顶球时要睁着

两眼。

②做顶球的模仿练习（各种性质的球）。

③两人一组相对站立，一人举球至另一人面前同头高，另一人做原地摆体用前额正面、前额侧面顶球，以体会顶球的部位和顶球动作。顶球时要睁着双眼。

④向自己的垂直上方抛球，待球下落到自己头高时做前额正面、前额侧面顶球，以体会向后摆体和前摆击球的时间。

⑤两人一组，相距 10 m 左右，一人抛球，另一人做前额正面或前额侧面顶球。两人一组，相距 10~20 m，一人踢起球，另一人做前额正面或前额侧面顶球，并回传给同伴。

⑥三人一组站成三角形，各相距 10 m，一抛、一顶、一接并连续循环。

⑦同上，把球抛到同伴的侧面，让其在跑动中顶球，连续循环。

（2）跳起顶球练习。

①讲解示范，重点放在顶球时机的把握及用力顺序上。

②跳起做前额正面、前额侧面顶球的模仿练习（各种跳起顶球的模仿动作）。

③原地与助跑做跳起正面、侧面头顶球。

④两人一组，相距 10 m 左右，一人抛球，另一人跳起做侧面、正面顶球练习。

⑤练习者成一路纵队站在罚球点附近，从第一人开始掷球给处在球门柱旁的掷球人，并立即用正面、侧面去顶掷球人抛起的从空中下落的球射门。

（五）运球

1. 运球的分类和方法

运球是球员在跑动中有目的地用脚推、拨球，使球控制在其脚下的触球动作。运球分为脚背内侧、脚背正面、脚背外侧运球。

1）脚背内侧运球

(1) 特点。多向异侧脚方向运动，有掩护作用。

(2) 动作要领。运球跑动时。步幅稍小，上体放松稍前倾并向运球方向扭转；两臂屈肘摆动，膝关节微屈脚跟提起，脚尖稍外转，在迈步前伸着地前，用脚背内侧推拨球。

2）脚背正面运球

(1) 特点。适合于直线快速运球。

(2) 动作要领。运球跑动，身体稍前倾，步幅适中，运球脚提起，膝关节微屈，脚跟提起，脚尖向下，在迈步前伸着地前，用脚背正面推球前进。

3）脚背外侧运球

(1) 特点。速度快，可用身体掩护，易改变方向。

(2) 动作要领。运球跑动，上体稍前倾，步幅要小。运球脚提起时，膝关节弯曲，脚跟提起，脚尖稍内转，在迈步前伸着地前，用脚背外侧推拨球。

4）易犯的错误

踝关节不放松，击球时人球分开太远，不能随时抬头，只低头看球。

2. 运球技术教学、训练的顺序

(1) 运球技术教学顺序为脚背外侧、脚内侧、脚掌、脚背正面。

(2) 运球技术的教学应先曲线后直线，从推球和拨球开始。

（3）练习者开始练习运球时要在慢速中进行，做运球练习时要从在没有防守的情况下运球过渡到在消极防守的情况下运球过人；在这个基础上再逐步提高要求，加大难度；最后在积极对抗中进行练习。

（4）开始练习者先进行一只脚运球、一只脚运球过人的练习，然后过渡到两只脚都会运球和两只脚都能运球过人。

3. 运球技术练习内容和方法示例

（1）讲解示范，重点在运球的基本姿势、触球部位和动作方法上。

（2）在慢速中用单脚推或拨球前进，初步掌握之后再进行两脚交替推、拨球前进练习。

（3）练习者分成两组，相距 20 m 左右，成"一"字形相对排列。其中一组第一人运球到对面的运球起点线，把球传给另一组的第一人，然后跑到排尾，依次循环。

（4）练习者排成一路纵队，由排头开始从起点线运球绕过对面标旗，再折回到起点，再把球传给下一个人，然后跑到排尾依次循环。

（5）练习者每人一球做"8"字运球，"8"字由大到小。

（6）练习者分成两组，各成一路纵队，分别站在中圈外的左侧和右侧。各组的排头按同一方向沿中圈运球，运球到起点把球交给本组下一名同伴，然后跑到排尾，依次循环。

（7）两个练习者一球，一练习者消极防守，另一练习者做攻球练习。

（8）练习者分成两组，都在圆圈内。一组运球，另一组散站在圈内或在圈内自由走动，运球者要尽量使球不触及站着的或走动着的人。两组按指令轮流进行。

（9）两人一组，每人一球。前面的人运球中变向变速，后面的人运球模仿跟踪。

4. 运球过人的练习内容和方法示例

（1）讲解示范，重点在过人时与对手的距离、过人方向和过人时机上。

（2）两人一球做一过一练习。运球者向防守者做运球过人练习，防守者要消极防守。较熟练地掌握之后，防守者做积极防守。这个练习可每次交换角色，也可做几次后再交换练习角色。

（3）起跑接球后，运球到规定的防守区域内越过固定障碍射门。熟练之后再设防守者即运球过人越过防守者射门。

（4）通过小场地三对三比赛来进行运球过人的练习。

（六）抢截球

1. 抢截球的分类和方法

抢截球是指球员运用合理的动作把对手控制的球，传出的球夺过来或破坏掉所采用的各种技术动作。抢截球技术包括正面抢球、侧面抢球和侧后抢球。

1）正面抢球

（1）正面跨步抢球的动作要领。当对手运球着地或刚着地刹那，或者对手运球距离过远时，抢球者快速向前移动重心，支撑脚用力后蹬，抢球脚以脚内侧对着球并屈膝向球跨出，从正面抢堵球，同时上体稍前倾，身体重心由后脚移至抢球脚上，支撑脚随即前跨，维持身体平衡。

（2）易犯的错误。

①动作不突然，后蹬无力，抢球脚跟关节放松，抢不到球。
②抢球的时机掌握得不好，出脚时间不对，抢球失败。
③抢球脚抬得过高造成犯规。

2）侧面抢球

（1）合理冲撞抢球的动作要领。与运球的对手并肩跑动时，身体重心稍下降，同对手接触一侧的臂紧贴自己的身体。当对手靠近自己一侧的脚离地时采用抢球动作，用肘关节以上部位冲撞对手相应的部位，使其失去平衡而离开球，乘机把球抢过来。

（2）易犯的错误。
①冲撞时用手或用肘、肩推人犯规。
②冲撞时机不对，效果不好。

3）侧后抢球

主要是通过倒地铲球来完成，侧后铲球分为同侧铲球和异侧铲球两种动作。同侧铲球指用与对手靠近的一侧脚铲球；异侧铲球指用离对手远的一侧脚铲球。

（1）铲球的动作要领。在控制球的对手拨出球的刹那，抢球者后脚用力后蹬或跨步，上体后仰，前脚从脚外侧沿地面向前外侧滑动中，用脚背或脚尖将球踢出或捅出；接着小腿外侧、大腿外侧和臀部依次着地滑动。

（2）易犯的错误。
①正面铲球脚离地面易伤害对手造成犯规。
②正面及侧后铲球，由于时机选择不当，或时机与实施的动作配合不当，未触及球而是铲到对手造成犯规或失误。
③动作不协调造成失误或影响下一动作的衔接。
④铲球时着地动作不正确易使抢球者受伤，应尽量减少身体与地面的接触。

2. 抢截球技术的练习顺序

（1）抢截球技术教学应按照先断球后抢球的顺序进行。

（2）抢截球技术教学通常先学习正面抢球，然后再练侧面抢球，最后学习铲球。正面抢球和铲球都应先对静止的球做模仿性练习。侧面抢球则应从两人在徒手走动慢跑中观察对手的重心移动开始，然后在运球慢跑中进行抢球练习，最后过渡到在积极争抢的条件下进行练习。

（3）抢球技术的训练内容与方法示例
①讲解示范，重点在掌握抢球时机和抢球后自己重心的调整上。
②两人一球，球放在中间，两人对面均离球一步，两人同时做跨步用脚内侧抢球的模仿练习。
③两人一球，甲做慢速运球，乙做跨步抢球的模仿练习。
④两人一球，甲做慢速运球，乙迎面上去跨步抢球，同时练习两人同时夹住球的提拉球动作。
⑤两人一组，相距4 m，中间放置一球，按教练的手势两人同时做跨步抢球及夹住球的提拉动作。
⑥两人一组，相距7~8 m，一人直线运球，另一人做正面跨步抢球的练习。

⑦两人一组，并肩慢跑观察对手身体重心移动，练习掌握冲撞时间和冲撞动作。
⑧两人一球，一人直线运球，另一人从侧面冲撞抢球。
⑨每人一球，对静止球做铲球练习。
⑩教练轻推出滚动球，练习者在慢跑中做铲球练习。
⑪两人一组，一人做慢速运球，另一人在慢跑中做铲球练习。
⑫两人一组，一人做快速运球，另一人在快跑中做铲球练习。
⑬通过教学比赛来练习抢截球技术。

（七）假动作

1. 假动作的分类和方法

假动作是为了隐蔽自己动作的意图，运用各种动作的假象，迷惑和调动对方，使其产生错误的判断或失去身体的平衡，从而取得时间、位置、距离等有利条件，更好地实现自己真正的意图。假动作的形式很多，大致可分为无球的假动作和有球的假动作两类。

1）无球的假动作

（1）改变速度的假动作。为了摆脱对手的紧逼，先慢跑而后突然起动快跑摆脱对手。

（2）改变方向的假动作。为了跑到空位接球，可用声东击西的办法摆脱对手的紧逼。

（3）抢截假动作。当对方迎面运球时，抢球者可先向左侧做抢球假动作，诱使对方向右侧运球。当对方已经开始向右方运球时，再突然向右抢球，使对方措手不及。

2）有球的假动作

（1）传球假动作。向前假踢球，然后将球让过，急速转身控制球。

（2）过人假动作。背靠对方停球时，先向左侧做虚晃动作，使对方向左移动，然后用右脚背把球向右轻拨并转身过人。

（3）接球假动作。在停球时，如对方要来抢截，可先做假踢动作，让对方停下来，再突然改为接球。

2. 假动作技术易犯的错误与原因分析

（1）假动作不逼真，起不到诱骗作用。主要原因是在做假动作中轻描淡写，不形象。

（2）假动作与真动作衔接太慢时也不易收到理想的效果。因为假动作使对手重心发生偏移时，对手也在努力调整自己的重心，若真动作衔接过慢，则对手重心已调整好，这样等于没有使用假动作。

（3）实施假动作时应结合临场双方的态势。当有同伴接应时，假动作传球的方向应朝着同伴接应的方向，这样更易达到自己预期的目的。

3. 假动作的学习方法与手段

（1）在无对抗的情况下一人一球做假动作练习。

①向右（左）假踢，向左（右）拨球前进（反之亦然）。

②向右（左）假拨，向左（右）拨球前进（反之亦然）。

③向右（左）假踢触球，瞬间改用前脚掌触球将球拉回，再向左（右）拨球前进（反之亦然）。

④向右（左）跨过球，向左（右）拨球前进（反之亦然）。以上假动作练习与真动作的实施可用同一条腿，也可不用同一条腿。

⑤个人颠球，将球踢高然后练习做假动作接球，接球部位用头、胸、腿、脚均可。假动作与真动作的方向可以完全相反，也可相差一定的角度。

（2）两人一球进行练习。两人一组，其中一人进行消极防守，两人轮流进行假动作练习。在掌握一定的假动作技术的基础上，可结合传球或射门进行练习假动作后的传球、射门，也可利用三对三或四对四的传抢或用小比赛进行假动作的练习。

（八）掷界外球

1. 掷界外球的分类和方法

掷界外球是一次很好的组织进攻的机会，如能将球掷得既远又准就会加快进攻的速度。特别是在对方罚球区附近掷界外球，由于接球人不受越位规则的限制，因而可为进攻创造有利条件。掷界外球有原地掷界外球和助跑掷界外球两种。

（1）原地掷界外球

动作要领：面对出球方向，两脚前后或左右开立，膝关节弯曲，上体后仰成背弓，重心移到后脚上（左右开立时，重心在两脚间），两手自然张开，拇指相对，持球的侧后部，屈肘将球置于头后。掷球时，后脚用力蹬地，两腿迅速伸直，身体重心由后脚移到前脚，收腹屈体，同时两臂急速前摆。当球摆到头上时用力甩腕将球掷入场内。

（2）助跑掷界外球

动作要领：双手持球于胸前，在助跑迈出最后一步时，上体后仰成背弓，同时将球上举至头后，掷球时的动作与原地掷界外球动作相同。通过助跑的速度能将球掷得更远。

2. 掷界外球易犯的错误与原因分析

（1）球未放置在头后，违例。主要原因是对动作要领不清。

（2）掷球动作不连贯，违例。主要原因是用力不协调。

（3）球出手的同时脚离地面，违例。主要原因是用力过猛或抬脚过早。

3. 掷界外球技术的学习顺序

掷界外球技术的练习应先从原地并且必须符合规则规定的掷界外球规格动作开始，再逐步过渡到符合规则规定的助跑掷球动作的练习，进而再要求掷准、掷远。

4. 掷界外球技术练习的内容与方法示例

（1）讲解示范，重点放在用力顺序上。

（2）持球模仿掷界外球动作，要求动作必须正确。

（3）两人一球，在近距离内进行对掷界外球的练习，要求出球高度适宜、落点准确。

（4）两人一球，在相隔较远的距离内进行对掷界外球的练习。

（5）进行向规定的范围内掷球的比赛。

（6）向规定的目标掷准。

上述练习除了近距离掷球练习外，其他均可用于助跑掷界外球的练习。

（九）守门员技术

1. 守门员技术的分类和方法

守门员是全队的最后一道防线。他的主要任务是不让对方将球射入本方球门。守门员技术有位置选择、准备姿势、移动、接球、扑球、拳击球、掷球和踢球等。这里由于篇幅所限，只介绍前四种技术。

（1）位置选择。守门员为了守住球门，首先要选择正确合理的位置。位置的选择应根据对方的射门地点和射门角度来决定。一般情况下应站在两球门柱与射门时球所处的位置所形成的分角线上。

（2）准备姿势。两脚左右开立，约与肩同宽，两膝自然弯曲并稍内扣，脚跟稍提起，身体重心落在前脚掌上，上体稍前倾。两臂体前屈肘，两手五指张开，掌心相对，两眼注视来球。

（3）移动。守门员为了更好地堵截和接住对方的传球和射门，必须根据对方射门前球和人的位置变化而相应地调整自己的位置。左右调整位置的移动，一般采用侧滑步和交叉步两种方法。

（4）接球。接球是守门员最主要的技术，它包括接地滚球、接平直球、接高球等内容。

①接地滚球（单腿跪撑式接球）。身体正对来球，两腿前后开立，前腿弯曲支撑重心，双腿跪立，膝盖接近地面并靠近前脚脚踵，上体前倾，手臂下垂，手掌对准来球，稍向前迎，两手接球的后底部，在手触球的一刹那，两手后引，屈肘、屈腕，两臂靠近将球抱于胸前，然后起立。

②接平直球。身体正对来球，两脚左右开立，上体稍前倾，两臂下垂并屈肘前迎，两手小指靠近，手掌对球。当手触球的一刹那，两臂后引并屈肘，顺势将球抱于胸前。

③接高球。当判断好球在空中的运行路线和确定接球点后，迅速跳起，两臂上伸迎球，两手小指相靠，手掌对球。

2. 守门员技术练习的一般顺序

（1）守门员技术的核心是接球，而准备姿势、移动、选位都是为接球以及扑球、击球等服务的。开始练习守门员技术时，要严格正确地先进行准备姿势、脚步移动、选位的学习，然后进行接球、扑球、击球等动作的学习，并且要在静止、移动中以接地滚球、平直球和高球为主。

（2）在掌握了各种接球技术和具有一定的身体训练水平的基础上再进行难度较大的扑球、击球等动作的练习。随着技术和身体素质的提高，要逐步增加对抗条件下的练习。

3. 守门员技术的练习内容与方法示例

（1）无球技术的练习。

①通过简明扼要地讲解和正确的示范动作使练习者建立初步接球技术动作概念。

②原地准备姿势练习。

③按教练的手势向左、右、前、后移动练习。在进行移动时身体重心不要起伏太大，并要随时保持出击的准备。

（2）有球技术的练习。

①讲解示范，重点应在接球手形和接球时的身体姿势上。

②模仿直腿式接地滚球和单腿跪撑式接地滚球的动作。

③两人一组，相距 4～5 m，一人掷地滚球，另一人接地滚球练习。

④两人一组，相距 6～7 m，一人掷腹部高度的平直球，另一人接下手平直球。

⑤两人一组，相距 6~7 m，一人掷齐胸高的平直球，另一人接上手平直球。

⑥两人一组，相距 6~7 m，一人掷高球，另一人接高球。上述练习初步掌握之后，就可把掷球改为用脚踢的、力量轻的球进行练习。

⑦接自己对墙掷或踢出的各种反弹回来的球。

⑧两人一组，相距 6~7 m，一人抛踢球，另一人做接球练习。

⑨两人一组，相距 6~7 m，一人做抛球练习，另一人做接球练习。

⑩扑接教练掷向或踢向球门某一侧的球，或扑接教练掷出或踢出的不到位的平直球或高球。

第二节　足球运动基本战术

足球战术指在比赛中为了战胜对手根据场上情况所采取的个人和集体配合行动的总称。战术在比赛中的作用，就是将集体的力量组织起来，发挥每一个队员的特长，根据对手和自身的情况，采用一定的阵形和配合方法，使队员在技术、身体素质、战术意识等方面发挥较高水平，从而在比赛中取得优异成绩。

足球战术可分为进攻战术与防守战术两大系统。每一系统包含着个人和集体战术。个人战术是集体战术的组成部分，集体战术是个人战术的综合。

在进攻与防守中，任何战术总是由个人战术和二、三人协同配合所组成的。个人战术和二、三人的协同配合就是全队战术的基础，一个或几个协调配合就组成全队的进攻与防守战术。

一、比赛阵形

比赛阵形即为了适应攻防战术的需要，全体练习者在场上的攻防力量分配、职责分工及位置排列。

现代足球比赛阵形有新的发展，"全攻全守"替代了固定的阵形，每个位置上的练习者在完成主要职责的情况下，还可以发挥灵活运用的主观能动性，更多地参与进攻和防守，阵形已不是僵死的规定。一个球队采用什么阵形是依据本队的特点和对手的特点来选择的。

在足球的初创阶段，练习者没有位置概念，只管往前踢、往前跑，练习者多数往有球处跑，形成"扎堆"现象。后来，人们在比赛中做了攻守分工，进攻练习者逐步减少，防守练习者逐渐增加，这种改进获得了成功，最后演变到全攻全守阵形的出现。

从 1863 年开始，比赛阵形由"九锋一卫制"到出现"二三五"（即塔式）阵形，攻守练习者的人数排列逐渐向平衡发展。

1930 年英国创造了"WM"式阵形，此阵形在很长一段时间内为世界众多国家所采用，一直延续使用到 20 世纪 50 年代，它被称为足球运动发展中的第一次变革。

20 世纪 50 年代后期，巴西队首次采用了四前锋式的"四二四"阵形，动摇了沿用 30 年之久的"WM"式阵形。此后巴西队采用这种阵形在 1958 年获得了世界杯冠军，使"四二四"阵形成为 20 世纪 60 年代世界足球的基本阵形，它被称为足球运动发展中的第二次变革。

1774年第10届世界杯比赛中,荷兰队和联邦德国队采用了"全攻全守"的打法,足球比赛攻防更为高速、激烈,体现了足球的最高水平,这被称为足球运动发展中的第三次变革。人们逐渐认识到攻守平衡不仅是阵形排列上的平衡,实质上是要求攻防人数在比赛过程中的平衡,要求每个队员进攻时都能上得去,防守时都能及时退回。

(一) 边后卫

1. 防守

边后卫的主要职责是防守边路。

(1) 严防边路。防守对方的边锋或进入边锋位置的其他队员,要做到以下几点:

①占据有利位置。站在内线,比对手更靠近自己的球门;与对手保持合适的距离,即上前能截球,转身向后跑能先于对手得到球;将运球的对手往边线挤,以缩小其活动范围;在内线紧跟移位对手。

②识别对手特点。对个人运球突破的边锋,要提前防守并与对手保持一定距离,如对手靠传切突破,要封堵传球线路,机动灵活地采取防守手段。

(2) 封锁攻门通路。防守同侧边锋时可以采用"堵内放外"的原则,切断对手内切直达球门的通路;当对手突破自己而中卫补位时,则应积极地进行交叉补位,弥补中路空隙;对方在异侧边路进攻时,应该"放边保中",随时弥补中卫防守上的漏洞和抢断对手长传转移球。

(3) 协助造越位。需要运用造越位战术时,边后卫压出应快,切忌因动作落后而导致"造越位"战术的失败。进攻边后卫在完成好防守的前提下,要积极参与进攻。

2. 进攻

(1) 迅速发动进攻。当边后卫抢到球后,在可能的情况下利用中长传球迅速将球传到有较大威胁的地方,以突然发动有效进攻。

(2) 接守门员发球。守门员得球后,边后卫应快速向边线拉开,接应守门员发球,由边后卫组织进攻。

(3) 担当临时边锋。当本队控球时,前方边路地区出现明显空当时,应该及时插上,充当边锋。

(二) 突前中卫(盯人中卫)

1. 防守

双中后卫中突前位置的队员叫突前中卫,也叫盯人中卫,是防守中的支柱。

(1) 盯住突前中锋。首先要占据有利位置,要力争占据内线靠近球的一侧;在靠近本方球门30 m危险区要紧逼贴身,在其他地区可适当松动;将运球对手往边路挤。其次要识别对手特点,抑制进攻对手优点,最大限度地削弱其进攻危险性;要机动灵活抢夺,既不能让对手舒服地接球,又不能盲目乱扑,同时要积极参与空中争夺。

(2) 交叉补位。当突前中卫抢断失败,拖后中卫上前阻截时,突前中卫则应迅速向拖后中卫身后进行补位,以便重新形成双层防线的局面。

2. 进攻

中卫的主要任务是防守,在完成好防守的前提下,可适时适当参加进攻。中卫抢到球后可将球传给边卫、前卫或前锋来发动进攻；在中场接应同伴的传球组织进攻，加强中场进攻力量，战机成熟时可直接投入一线进攻，力争射门，进攻结束必须迅速回位。

（三）自由中卫（拖后中卫）

1. 防守

自由中卫的主要职责有以下六种：

（1）驻守防区，截获传球。有目的地在防区内游动，随时准备截获对方传到本方后卫身后的球，破坏对方的有效进攻。

（2）断抢渗透性直传球，弥补门前空当。

（3）阻击离开自己基本位置的插上队员。

（4）机动保护，及时补漏。遇到有同伴后卫被对方突破应立即补上去或抢或破坏或延缓对方速度。

（5）掩护进攻，弥补空当。

（6）居后指挥，稳固防守。

2. 进攻

（1）压球发动进攻，任务同突前中卫。

（2）接应配合，倒脚传球。

（3）突然插上进攻。

（四）前卫

前卫队员是处在后卫与前锋之间位置的队员，起着桥梁和攻守枢纽的作用。前卫分为三种类型。

1. 组织型前卫

主要任务为组织进攻，在中场随时准备摆脱防守，接应同伴，充分发挥组织者的作用；控制节奏，根据比赛临场情况、进攻的速度和节奏，选择有利的传球进攻时机、传球路线；攻击球门，适时插上或套边占领空当，接获同伴传球后射门；积极防守，对口盯人，在中场延缓对方进攻，伺机抢夺、破坏。

2. 防守型前卫

主要任务为不对口盯人；机动防守，在本方罚球弧前面的中场地带，采用盯人与区域防守的方式完成各种防守任务；及时补位；伺机进攻。

3. 进攻型前卫

主要任务为制造空当，通过无球跑动在"两肋"策动，吸引对方注意力，从而打开缺口，为同伴创造条件；组织进攻，在中场控球时应当发挥组织进攻的作用；射门，利用中锋做二过一突破，攻击对方球门。

前卫练习者要经常活动在中场地带，几名练习者应经常成三角站位。

（五）中锋

位于进攻的最前线，距离对方球门最近，充当得分手的作用。中锋的基本任务是积极射门；扯动制造空当和对方防守失误；传球，为同伴创造射门机会并积极反抢。

（六）边锋

主要任务是边路进攻，从边路突破射门、传中或扯动，为同伴制造机会；参与中路进攻，突然与中锋交叉换位，充当中锋；积极防守，不让对方边后卫助攻，回撤参加防守。

二、进攻战术

（一）个人进攻战术

1. 摆脱与跑位
2. 传球
3. 运球突破

1）运球突破的主要方法

（1）强行突破。强行突破是练习者以突然的推拨球与快速起跑相结合的个人战术动作。

（2）运球假动作突破。运球假动作突破是练习者佯做运球动作，在腿部、上体和头部的配合下迷惑对手，使对手产生错误判断而做出抢球动作。当发现其一侧露出空隙时，立即运球突破。

（3）单、双脚快速拨球突破。这是以小巧熟练的单、双脚运球的变化，不断变换运球方向，使对手难以判断运球突破的方向和时机。抓住对方在堵截中露出的空隙，快速运球突破。

（4）变速运球突破。主要用于运球摆脱。一般对手多位于自己身体的侧面，在侧身掩护运球的同时，利用运球速度的变化，达到摆脱对手的目的。

（5）人球分过突破。它是球和突破的人分别从防守者的左右侧通过进而突破对手的方法。

2）在下列情况下，应采用运球突破战术

（1）运球练习者在无人接应或不利于传球的情况下，运球突破对手。

（2）在对方罚球区附近，一旦突破便能获得射门机会，大胆运球突破。

（3）在对手紧逼，处在一对一的情况下，一旦突破便可传中或进行传球渗透时，运球突破。

3）运球突破的注意事项

（1）掌握突破时机。当运球逼近至距离对手 1.5 m 左右，而对手企图抢截又犹豫不定的瞬间，应果断突破。

（2）做假动作时，要控制自身重心，不要失去身体平衡，失掉突破良机。

（3）假如对手身后有较大的空隙，而又没有其他防守人，突破时推拨球力量可大些。突破动作尽量简洁实用有效，一旦突破，能射即射，能配合传球则立刻传，不要贻误战机。

（二）局部进攻战术

局部进攻战术主要是两个进攻队员，通过传球和跑动，突破一个防守队员的"二过一"来完成的。在"二过一"的基础上，"三过一""二打二""三打三"的道理基本相同。

1. "二过一"的方法
（1）斜传直插"二过一"。
（2）直传斜插"二过一"。
（3）踢墙式"二过一"。
（4）回传反切"二过一"。
（5）交叉掩护"二过一"。

2. 二人传球配合时对练习者的要求

（1）抓住机会。由于场上局部地区出现好的传球时机或"二过一"的局面只能是一瞬间的事，稍一迟缓，"二过一"的条件就消失，所以进攻队员要善于抓住战机完成"二过一"配合。

（2）灵活运用。采用哪种"二过一"应根据防守队员的位置，场上空位及接应练习者的位置等情况来决定，需要两个人的默契配合才能完成。

（3）随机应变。在进行二人传球配合过程中，控球队员一定要做传球配合或运球突破两手准备，一旦同伴接应发生困难或出现控球队员突破的良好时机时，应随机运球突破，这样才能收到良好的效果。

（4）配合默契。在"二过一"传球配合中，要求传球练习者传球准确，接应练习者根据有可能成功的"二过一"条件进行跑位接应，跑位要突然快速，有效摆脱防守人。

（三）全队进攻战术

全队进攻战术是指进攻面比较广，参加进攻的人数比较多的战术配合，一次进攻由发动、发展和结束三个阶段组成。边路进攻是指在对方半场侧面地区发展的进攻；中路进攻指在对方半场中间地区发展的进攻。

1. 边路进攻的方法
（1）边锋或其他跑到边路的队员运球突破下底或里切。
（2）边锋与中锋或前卫"二过一"突破传中。
（3）斜线传中。

2. 中路进攻的方法
（1）回传反切配合。
（2）插上配合射门。

中路地带由于离门近，角度大，威胁也大，缺点是对方在中路多采用重兵把守，突破难度大，一般来说，考虑全队进攻战术时，必须考虑本方的特点和对手的实际，确定是采用以边路为主结合中路的战术，还是采用以中路为主结合边路的战术，单一使用边路进攻或中路进攻的效果是不会令人满意的。

3. 其他进攻的方法

（1）外围吊中。一般在进攻受阻，难以从中间和边路发展时，采用斜线长传吊中和利用高大中锋的身高优势以完成顶射攻门或传球配合攻门任务。

（2）快速反击。在攻方大举进攻时，后卫压至中场，由于插上进攻防守人数相对减少，因此，后防空隙较大，此时守方应能抓住攻方失球后来不及回位，或在退守中防守位置出现错误的时机，发动快速反击。

（3）插上进攻。多数球队前锋一般安排两名队员，而往往又被盯得很死，为了保证第一线的攻击力，常常靠处在中后场的前卫、后卫突然插到第一线进攻，出奇制胜。

（4）转移进攻。攻方在一侧进攻时，守方在有球的一侧采取局部紧逼盯人，并力争做到以多防少，当进攻难以在这一侧展开时应及时地将球转移至另一侧展开进攻。在转移进攻时，守方需要一定的时间调整防守，攻方则在赢得时间或抓住防守的漏洞时展开攻击。

三、防守战术

（一）个人防守战术

1. 选位

防守队员选择的位置，原则上是站在对手与本方球门中心所形成的一条直线上，与对手的距离必须根据场区以及球所处的位置来决定，同时还应使防守者清楚地看到场上情况。

2. 盯人

指防守者本身所处的位置能够限制、看守对手的活动，及时地封堵对手接球或传球路线。

盯人有两种：紧逼盯人与松动盯人。紧逼盯人是贴近对手不给他从容活动的机会。松动盯人是与对手保持一定距离，以便随时上前抢截对手的球或在对手得球后能立即逼近对手进行紧逼盯人。一般情况下，离球远的一侧可采取松动盯人，离球近或有可能接球的练习者以及防守对球门有威胁的对手的练习者要采取紧逼盯人。

（二）局部的防守配合

1. 保护与补位

保护与补位是局部地区集体防守的基础，保护是补位的前提，防守练习者补同伴在防守中出现的漏洞称为补位。补位有两种：一种是保护练习者去补位；另一种是临近练习者相互补位，即交换防守。

2. 保护与补位的注意事项

（1）防守人能追上进攻持球人时，不要轻易补位。

（2）最好是相邻位置的两个防守人之间补位，不要牵动过多的防守人交换位置。

（3）两个防守人之间，要站成斜线，这样有利于补位。

（三）全队防守战术

全队防守战术包括盯人防守、区域防守和混合防守三种。混合防守战术即盯人防守和区域防守相结合的防守方法。

混合防守集中了盯人防守和区域防守的优点，避免两种防守的弱点，它能延缓对方进攻，快速退守到位，保持防守层次，紧逼盯人。严密封锁球门前 30 m 范围是全队集体防守的关键。

四、定位球战术

定位球战术包括中圈开球、掷界外球、球门球、角球、任意球等攻守战术。限于篇幅，这里仅对最后两种战术进行介绍。

（一）角球战术

1. 角球进攻战术

（1）直接传至球门前，同队队员包抄射门，一般踢内弧线球传至门前，包抄队员跟进抢点射门。

（2）短传配合。发给近处接应的队员，再传至门前。

2. 角球防守战术

对方踢角球时，锋、卫要快速回防，一般投球好的队员守住门前危险区，重点防守投球好的进攻对手。其他人采用盯人防守，并站在球门与进攻对手之间，守门员应站在稍靠近远端门柱附近，当守门员出击接球时，要有两名队员及时退至球门线，补守门员的位置。

（二）任意球战术

1. 任意球进攻战术

在中、后场的任意球，要求进攻队员快速、准确地发球。在前场，尤其在罚球区附近的任意球，它能直接威胁球门，多采用直接射门或传球配合射门。

2. 任意球防守战术

罚任意球时，守方的前锋、前卫应迅速退守，有可能直接射门的任意球，要筑"人墙"。

3. 任意球防守战术应注意的问题

（1）筑"人墙"要快，并且要在组织好之前，由一名队员站在球前干扰进攻对手发球，以避免攻方队员突然发球。

（2）"人墙"一般由 2~5 人组成，角度大，人数相应要多。

（3）筑"人墙"要听从守门员指挥，"人墙"封堵球门的近角，守门员则封远角。其他防守队员要盯门前相应的进攻对手或做区域防守。

（4）除守门员外，其他任何防守队员都不站在"人墙"的后面。

（5）发球时，"人墙"不要躲闪球和跳动，更不能散开，以免球穿过"人墙"而射入门。

五、战术教学与训练

（一）战术练习方法

（1）摆脱与跑位。两人一组，在无球情况下，一人为防守者，另一人为进攻者，进攻者以各种摆脱方法甩掉防守者。

（2）个人运球突破。两人一组，每组一球，从中线开始，一人运球突破另一人射门，方法不限。

（3）基本配合方法的练习。三人一组，练习五种"二过一"战术。多人做"二对二""三对三""四对四"传抢练习。

（4）人盯人抢截练习。

（5）小场地比赛。

（6）半场攻守练习。

（7）全场比赛。

（二）战术练习的基本要求

（1）应从两三个人的传切配合着手，熟练传球路线和跑动路线，要有要求。

（2）要采取循序渐进原则，从非对抗到对抗，从训练到实战。

（3）要培养队员的战术知识。

（4）训练要结合本队的特点，要根据本队的实际情况设计本队需要的战术。

第十二章 羽毛球

第一节 羽毛球运动概述

一、羽毛球运动的起源

据有关资料记载，羽毛球起源于英国，它是由印度的"游戏"逐步演变而成的。19世纪中叶，印度的浦那城内，一种类似今日羽毛球活动的游戏十分普及，它是以绒线编织成球形，上插羽毛，人们手持木拍，隔网将球在空中来回对击，19世纪60年代，一批退役的英国军官把这种称为"浦那游戏"（Poona game）的活动带回英国，并逐步使它演变成一项竞技运动。

1873 在，在英国格拉斯哥郡的伯明顿镇有一位名叫鲍费特的公爵，一天他在自己的庄园里宴请宾客时恰逢下雨，客人只好聚在客厅里。当时有位从印度退役的军官，将"浦那游戏"介绍给大家，并在大厅里活动起来，因这项活动极富趣味性，很快就风行开来。此后，这种室内游戏迅速传遍英国，为纪念这项运动的诞生地，伯明顿（Badminton）被作为英文羽毛球的名字而流传于世界。

二、我国羽毛球运动的发展

现代羽毛球运动大约在1920年前后传入我国，最初主要在上海、广州、天津、北京、厦门等城市的外国租界内和基督教青年会、教会学校等地方开展。1948年，旧中国第7届全运会首次将羽毛球列为表演项目，由马来西亚华侨羽毛球队表演。

新中国成立后，党和政府十分重视羽毛球运动的发展，羽毛球运动广泛地开展起来。1953年在天津举行了第一次以大区为单位的全国羽毛球表演赛（参加队：华北、华东、西北、中南、火车头等）。

1954年，以王文教为代表的几名印尼归国华侨组成了国家队。1957年，我国派出运动员参加了在莫斯科举行的世界青年联欢节的羽毛球比赛，获得了男子单打、男子双打冠军。并与外国运动员合作，获得混双冠军。同年还组队访问印尼，在9场比赛中，我们取得了7胜2负的好成绩。

1958年，各省、市、自治区相继组成自己的羽毛球队。1959年，第一届全运会将羽毛球列为正式比赛项目，北京、上海、福建、广东、安徽、河北、山西、河南、青海、黑龙江、湖北、湖南、新疆、四川、宁夏、甘肃、江西、吉林、广西、云南等二十多个队参加比赛。

我国运动员"破除迷信，解放思想，走自己路"，吸收了国内外羽毛球技术方面的经验教训，改造训练方法，通过多年的运动训练和比赛实践，抛弃了陈旧慢打。推出"以快为主"、"以攻为主"的积极打法，不断完善自己的打法，逐步形成了"快、狠、准、活"的独特技术。在1963年，连获第4届、第5届汤姆斯杯冠军的印度尼西亚羽毛球队来我国进行访问比赛，我国取得了6胜4负的战绩。20世纪60年代，我国羽毛球技术跨入了世界水平行列。

1965年，中国队第一次访问北欧羽毛球强国——丹麦、瑞典等国。我国运动员以快速、积极进攻的新颖打法，在比赛中占据优势地位，获得全胜战绩。其中战胜了当时连获九届全英羽毛球公开赛男子单打冠军、女子双打冠军等世界名将。外国行家评论：中国队是没冠军桂冠的世界冠军，没有中国队参加的比赛，冠军是不实在的。

20世纪70年代，受"文化大革命"影响，我国羽毛球队思想混乱、组织瘫痪、训练停止，比赛取消。在第四届亚洲羽毛球锦标赛中，中国队以2:3负于印尼队。1978年第8届亚运会，我国羽毛球选手出现青黄不接的情况。

1980年，国际羽联恢复了我国的合法席位，中国运动员一举夺得了第12届汤姆斯杯的冠军。从1980年至今，我们共获得7次汤姆斯杯冠军、11次尤伯杯冠军，男队连获2004年、2006年、2008年3次汤姆斯杯冠军，女队从1998年至今连获6次尤伯杯冠军。在2008年第29届奥运会羽毛球5个项目的比赛中，中国获得了男子单打、女子单打、女子双打3个项目的金牌。确定了我们在羽毛球项目上的领先地位，为推动世界羽毛球运动的发展作出了巨大贡献。

三、世界羽毛球运动的发展

20世纪初，羽毛球运动在欧美迅速发展。1934年，由英格兰、法国、爱尔兰、苏格兰、荷兰、加拿大、丹麦、新西兰、威尔士9个羽毛球协会共同协商成立了国际羽毛球联合会，简称国际羽联，总部设在伦敦。这段时期羽毛球技术风格特点是慢和稳，打法多以慢拉慢吊为主。

20世纪40年代末至20世纪50年代初，亚洲羽毛球运动日渐发展。马来西亚率先打破欧美一统天下的局面，他们凭"以快制慢，以攻为主"的技、战术特点，在1950年的全英锦标赛中一举获得男子单、双打冠军。国际羽坛开始出现了亚欧选手竞争的局面。

20世纪50年代后期，印度尼西亚羽的毛球运动异军突起，他们在广泛吸收欧亚羽毛球强国选手先进技术的基础上，加快击球的速度和注意对球落点的控制，在稳准的前提下发展了快速进攻，在第4届汤姆斯杯赛中击败马来西亚获得冠军。此后，又连续获得第5、第6届汤姆斯杯冠军，开创了汤姆斯杯史上第二个"三连冠"纪录。从1958—1979年20年间的8届汤姆斯杯赛中，印尼队共夺得7次冠军。

20世纪60年代中后期，中国羽毛球运动开始走向世界。中国选手在吸收欧、亚强手先进技术、战术的基础上，着重在基本手法和步法上进行大胆革新，创造出一整套独特的训练方法。在"快、狠、准、活"技术风格和"以我为主、以攻为主、以快为主"比赛风格的指导下，在双边比赛中两度击败世界冠军印尼队，并打败北欧劲旅丹麦、瑞典等强队。但由于中国当时没有加入国际羽毛球联合会，不能参加正式的世界比赛，所以这段时期，中国羽毛球运动被誉为世界羽毛球运动的"无冕之王"。

20世纪七八十年代,是世界羽坛步入亚洲的时代。1978年在中国香港成立了世界羽毛球联合会,简称世界羽联。为推动羽毛球运动的发展,1981年世界羽联和国际羽联合并。亚洲选手在原来快攻打法的基础上,全面提高了控制与反控制的技术能力,世界羽毛球运动技术、战术都进入全面发展时期,也为本项目步入奥运会奠定了基础。1992年,羽毛球运动经过一百多年的发展正式成为奥运会的比赛项目。

第二节　羽毛球基本技术与教学方法

一、握拍法

(一) 正手握拍法

握拍之前,先用左手拿住球拍,使拍面与地面垂直,再张开右手拇指与食指分开,虎口对拍柄的内侧棱,掌根与拍柄底取平,食指与中指稍有间隙,其他指自然并拢斜握着拍柄,拇指内侧贴在拍柄的另一宽面,松活地握着拍。

(二) 反手握拍法

反手握拍法是在正手握拍的基础上,球拍稍向外转,四指并拢横握拍柄,拇指指腹压在拍柄另一宽面。

二、发球与接发球技术

(一) 发球技术

1. 正手发球

(1) 发球站位。单打发球在中线附近,站在离前发球线 1 m 左右的地方。双打发球站位靠近前发球线。

(2) 准备姿势。身体左肩侧对球网,左脚在前,右脚在后,重心在右脚上。右手持拍向右后侧举起,肘部放松微屈,左手拇指、食指和中指夹住球,举在胸腹间。发球时,身体重心由右脚移至左脚。此发球站位和准备姿势适用于各种正手发球动作。

①正手发高远球。发球的时候,左手把球举在身体的靠右前方并放下,使球落下,右手同时由大臂带动小臂,从后方向前,往左前上方挥动,大臂开始挥动的时候,身体重心由右脚慢慢地移到左脚。当球落到击球人手臂向下自然伸直能触到球的那一刹那,紧握球拍,并利用手腕力量,向前上方鞭打用力击球,当把球击出的同时,手臂向左上方挥动,击球之后身体重心也由右脚移至左脚,身体微微向前倾。

②正手发平高球。在发平高球的刹那,前臂加速带动手腕向前上方挥动,拍面要向前上方倾斜,以向前用力为主。鞭打击球,击球时动作比发高远球的动作小。注意发出球的弧线以对方伸拍击不着球的高度为宜,并落到对方场区底线以内。

③正手发平快球。站位比发平高球稍微靠后(防对方很快回球到本方后场),充分利用前臂带动手腕的爆发力向前方用力,球直接从对方的肩稍上的高度越过,直攻对方后场。发平快球的关键是出手动作要小而快,但前期动作应和发高远球一致。

④正手发网前球。发网前球时，站位稍前。击球时，握拍要放松，大臂动作要小，主要靠小臂带动手腕向前切送，用力要轻，使攻球刚好越网而过，落在对方前发球线附近。

2. 反手发球

（1）发球站位。站在前发球线后 10～50 cm 及发球区中线的附近，也可以站在前发球线及场地边线附近。

（2）准备姿势。面向球网，两脚前后站立（左脚或右脚在前均可），上体稍前倾，身体重心在前脚上。右手反握拍，左手拇指和食指捏住球的两三根羽毛，球托明显朝下，球体与拍面平行或球托对准拍面放在拍面前方。

①反手发网前球。反手发网前球击球时，小臂带动手腕，球拍由后向前横切推送，使球的最高弧线略高于网顶，通过拍面的切削动作使球落到对方场区的前发球线附近。

②反手发平球。发球时，球拍挥动方向与反手发网前球一样，只是在击球的一刹那，手腕采用弹击的方法，拍面角度接近垂直，将球击到双打发球线以里附近。

3. 教学方法

（1）讲解。正、反手发球在比赛中的作用和地位；正、反手发球的动作方法和要领。

（2）示范。先做各种发球动作示范，然后边讲解边示范，使学生初步建立发球技术动作的正确概念。

（3）组织练习。

①根据动作要领进行徒手挥拍模仿练习，固定正确发球动作姿势。

②两人一组，一对一做正手发后场高远球、平高球、平快球、网削球练习。

③两人一组，一对一做反手发后场平高球、平快球、网前小球练习。

（4）常见错误。

发球时动作僵硬；大、小臂手腕用力不协调；发球与挥拍配合不当；击球点靠近身体成提拉式发球或离得太远；握拍太紧以至发不出力；发球过手、过腰、脚移动。

（二）接发球技术

1. 接发球的站位

单打的接发球离发球线 1.5 m 左右处，在右发球区要站在靠中线的位置，在左发球区则站在中间偏边线位置，主要防备对方攻击反手部位。双打接发球时站在靠近前发球线，因为双打的后发球线距离前发球线比单打短了 0.76 m，发高远球容易被对方进攻，所以双打发球主要以发网前小球为主。

2. 接发球的准备姿势

单打接发球左脚在前，右脚在后，侧身对网，重心在前脚，后脚脚跟稍提起，双膝微屈，收腹含胸，持拍于右身前，两眼注视前方。双打接发球准备姿势同单打基本一样，但重心可随意放在任何一只脚上，球拍高举在肩上，注意力高度集中。

三、击球技术

（一）后场击球技术

1. 后场击高球

高球是自后场经过高空飞行打到对方后场端线的球。它是后场基本技术之一。高球分为高远球和平高球。击高远球就是打得又高又远，球飞至对方底线上空垂直落到端线以内附近。平高球是从高远球发展而来的，它飞行的速度比高远球快，弧线比高远球低，是后场进攻的有效技术之一。

（1）正手高远球。判断好来球的方向和落点，侧身后退，使球处在自己的右肩稍前上方位置。左肩对网，左脚在前，右脚在后，重心在右脚上。左臂屈肘，左手自然高举，右手持拍，手臂自然弯曲，将球拍举在右肩上方（大小臂夹角为45°~90°），两眼注视来球。击球时，右上臂后引，随之肘关节上提明显高于肩部，将球拍后引至头部，自然伸腕（拳心朝上），然后后脚蹬地、转体收腹协调用力，以肩为轴，上臂带动前臂快速向前上方甩腕（鞭打），在手臂伸直的最高点击球。击球后，持拍手臂顺惯性往前左下方挥动并收拍至体前。与此同时，右脚向前迈出，左脚后撤，身体重心由后脚移到前脚上。

（2）正手平高球。同击高远球一样，只是在击球的一刹那，用力主要是向前方，使击出的球弧线较低。

（3）头顶高远球。击球前准备姿势以及击球动作与正手击远高球基本相同，只是击球点偏左肩上方。准备击球时，侧身稍左后仰。击球时，大臂带动小臂使球拍绕过头顶，从左上方向前加速挥动，注意发挥手腕的爆发力以及蹬地收腹的力量击球。落地时左腿向左后方摆动幅度大些，并用左脚后蹬向中心位置回动。

（4）反手高远球。当判断来球是在后场区上空，迅速将身体转向左后方，移动步伐背对球网，并用反手握拍法握拍。最后一步用右脚前交叉跨到左后方，球拍由身前举到左肩附近，以大臂带动前臂转动。击球时前臂由左肩上方往下绕半弧形，最后一刹那时手指紧握球拍，球点在右肩上方为好，以手腕往右后方或根据还击球的需要，掌握好球拍的角度鞭打进行击球，击球后，转身，手臂回收至胸前。

2. 吊球

（1）正手吊球。击球前动作同正手击高球，击球的一刹那，拍面稍倾斜，手腕快速击球托的右侧后下部。关键是用力方向朝前下，使球越网后旋即下落。击球后，手臂随惯性自然回收到胸前。

（2）反手吊球。反手吊球击球前的动作同反手击高远球，不同处在于触球时拍面的掌握和力量的运用。吊直线球时，用球拍反面切削球托的后中部，向对方右网前发力；吊斜线球时，用球拍反面切削球托的左侧，朝对方左网前发力。

3. 杀球

杀球是把对方击来的高球全力向下扣压。这种球的特点是力量大、弧线直、速度快，对对方的威胁很大。它是进攻的主要技术。杀球分为正手杀直线球和对角线球、头顶杀直线球和对角线球、反手杀球和正手腾空突击杀球。篇幅所限，这里只对其中部分技术作一介绍。

（1）正手杀球。准备姿势与正手击高球相似，不同的是用力的方向最好朝下。在右脚起跳后，身体后仰成反弓后收腹用力，靠腰腹带动大臂、大臂带动前臂、前臂带动手腕，形成鞭打向下的力量，球拍正面击球托的后部，无切击，使球沿直线向前下方快速飞行。击球后立即成原准备姿势。

（2）反手杀球。动作方法与反手击高远球相同。不同之处是击球前的挥拍用力更大，身体反弓加上手臂、手腕的延伸、外展的鞭打用力，可向对方的直线或对角线的下方用力，击球的瞬间球拍与扣杀球方向的水平夹角小于90°。

4. 教学方法

（1）讲解。高、吊、杀技术动作要领以及高、吊、杀技术在比赛中应用时机与作用。

（2）示范。先做高、吊、杀技术的完整示范，使学生初步建立完整的动作概念。然后边讲解边示范。

（3）组织练习。

①根据动作要领进行徒手挥拍模仿练习，固定正确挥拍动作姿势。

②空中悬球练习，用一细绳将球挂在适合击高球的位置上，反复练习击高球动作，固定击球点。

③多球练习，两人一组，一人发高远球一人做后场直线高远球、平高球、吊球、杀球固定线路练习，交换进行。

④方法同上，打斜线高远球、平高球、吊球、杀球固定线路练习，交换进行。

⑤两人一球，一对一做连续高远球、平高球、吊球、杀球固定线路练习，交换进行。

5. 常见错误

（1）击球点选择不当，打不到球。对于初学者来说无论是高远球、平高球、吊球、杀球，在选择击球点时都易出现打不到球的情况。

（2）动作不协调，发力不好，高、吊、杀技术动作缺乏一致性。击球时用力顺序不协调。不是以肩为轴挥臂，而是以肘为轴。不是用挥臂甩腕动作靠"爆发力"把球击出，而是将球推出。杀球时腰腹力量用不上，手腕下甩不够。

（3）球的落点差，出球的弧线掌握不好。高球打不到底线，高度不够，杀球压不下来，吊球过网弧线太高，落点掌握不好。

（二）前场击球技术

前场技术包括网前的放、搓、推、放、勾、扑、挑球等。其中搓、推、勾、扑属进攻技术，要求击球的前期动作一致，击球刹那间产生突变，握拍要活，动作细腻，手腕、手指灵巧，以控制好球的落点。

1. 搓球

搓球一般在对方来球较靠近网上时运用。它是用球拍搓击球托侧下部，使球旋转翻滚越过网顶的击球技术。搓球是一种从一般的放网前球技术的基础上发展起来的富有进攻性的网前技术。搓球技术有正手搓球和反手搓球两种。

（1）正手搓球。侧身对右边网前，左脚跨成弓箭步，重心放在右脚，正手握拍。击球前，球拍随前臂稍外旋向右前上方斜举，手腕由后伸至稍内收闪动，握拍手的食指和拇指夹住球拍，中指、无名指和小指轻握拍柄，使球拍在手腕和手指的挥摆下用力，搓击来球的右下底部，使球旋转翻滚过网。

（2）反手搓球。侧身对左边网前，反手握拍。击球前前臂稍往前上举，手腕前屈，手臂约与网同高，拍面低于网顶，反拍迎球。搓球时，主要靠前臂的前伸外旋和手腕由内收至外展的合力，搓击球的右侧后底部，使球倒旋滚动过网。

2. 推球

推球是将网上来球用推击的方法，往对方底线击出的弧度较平、速度较快的球。由于击球点离过网距离很短，球又平直快速，再加上落点控制得好，所以，推球也很有进攻性。

3. 放球

放网前球往往是运动员没有及时赶到位，而在较高位置上击球的被动使用的一种技术。但质量高的放网前球（弧线低、贴网坠落）也可能扭转被动局面。放网前球是用球拍轻轻一托，将球向上弹起，刚过网就朝下坠落的技术动作。

4. 勾对角球

勾球是把在本方左、右边的网前球击到对方右、左边网前去的技术动作。勾球分为正手和反手两种，勾球是一种技巧性较高的技术，它与搓球、推球等交替运用，常能达到声东击西的战术效果。

5. 扑球

扑球是把对方击来的高于网上的球迅速扑压下去。由于扑球速度快，飞行的路线又短，往往使对方来不及接球，是威力最大的进攻技术。扑球可分为正手、反手扑球两种。

6. 挑球

把对方击来的网前球、吊球挑高回击到对方后场去，称为挑高球。这是一种处于较被动的情况下采取的防守性技术，通过挑高球到对方后场，可以赢得时间重新调整好身体重心和场上位置，准备下一次击球。

（1）正手挑球。准备动作同正手放网前球。击球前前臂充分外旋，手腕尽量后伸，右脚向右网前跨出一大步，重心在右脚上。击球时，从右下方向右前方至左上方挥拍击球。在此基础上，如球拍向右前上方挥动，挑出的是直线高球；球拍向左前上方挥动，挑出的则是对角线高球。击球后，身体重心即刻还原成准备姿势。

（2）反手挑球。准备动作同反手放网前球。击球前右臂往左后拉屈肘引拍至左肩旁，同时右脚向左前方跨出一大步，重心放在右脚上。击球时前臂充分内旋，手腕由屈至后伸闪动挥拍击球。若球拍由左下向左前上方挥动，则球向直线飞行；如球拍由左下向右前上方挥动，则球向对角线飞行。击球后，身体即刻还原准备姿势。

7. 教学方法

（1）讲解。各种网前技术动作要领以及网前技术在比赛中的应用时机与作用。

（2）示范。先做网前技术的完整示范，使学生初步建立完整的动作概念。然后边讲解边示范。

（3）组织练习。

①根据动作要领进行徒手模仿各种网前技术练习。

②多球练习，两人一组，隔网站立，一人抛球，另一人做搓球、勾球练习，两人交换。

③方法同上，进行推球、放球、挑球、扑球练习，交换进行。

④多球练习，两人一组，一人抛球，另一人结合步伐做搓球、勾球练习，两人交换。

⑤方法同上，结合步伐做放球、推球、挑球练习，交换进行。

⑥两人一球，隔网站立做搓球、勾球、放球练习。
⑦两人一球，一人连续挑球，一人连续吊球练习，交换进行。
⑧两人一球，半边场地自由练习推球、放球、挑球、扑球、搓球、勾球。

8. 常见错误

击球后，身体重心继续前冲，回动有困难；球不过网或过网弧度太高；搓球不够滚动，勾对角不到位，挑球不够高、不够远，放球离网太远、太高，扑球出界、触网或不过网。

（三）中场击球技术

1. 挡网前球技术

一般用于杀球力量大、球速快时，借助来球的反弹力量把球挡回去，它分为正手挡网前球和反手挡网前球两种。

（1）正手挡直线网前球。该技术多用于接对方快速下压的球。接球前移至右场区，身体右倾，手臂右伸，前臂外旋，手腕外展。击球时，前臂内旋稍翻腕带动球拍由右下向前上方挥动击球，把球挡向直线网前；也可以在击球时前臂由外旋到内收，带球拍由右向前切送挡直线网前球。击球后，身体左转正面对网，然后右脚上前一步，球拍随身体向左转收至体前。

（2）正手挡对角网前球。准备姿势同上。挥拍击球时，在肘关节屈收的同时前臂稍旋内，手腕由后伸到内收闪动击球托右侧。击球点在右侧前，手腕、手指控制拍面角度，使球向对角线网前坠。

（3）反手挡直线网前球。准备姿势同正手相似，只是动作方向与正手握拍法相反。击球时，借对方来球的冲力，以前臂带动球拍由左上方向左前方用拇指的顶力挥拍轻击球托，把球挡回直线网前。击球后，身体右转成正面对网，球拍随身体的移动收至体前。

（4）反手挡勾对角网前球。用反手勾对角接杀球握拍法。击球时，手腕由外展到后伸闪动挥拍击球托的左侧下部，使球向对角网前坠落。

2. 抽球技术

（1）正手平抽球。站在右场区中部，两脚平行开立稍宽于肩，重心在两脚间，微屈膝收腹，正手握拍举于右肩前。击球前肘关节前摆，前臂稍往后带外旋，手腕稍外展至后伸，引拍至体后。击球时前臂内旋，手腕伸直闪动，手指抓紧拍柄，球拍由后往右前方高速平扫来球。击球后手臂顺势左摆，左脚往左前迈进一步，准备迎击第二次来球。

（2）反手平抽球。右脚前交叉在左侧前，重心在左脚上，右手反手握拍在左侧前。击球前，肘部稍上指，前臂内旋，手腕外展，引拍至左侧。击球时，在髋的右转带动下，前臂外旋，手腕由外展到伸直，挥拍击球托底部。击球后，球拍随身体的回动收到右侧前。

3. 快打技术

（1）正手快打。在中场区，两脚平行站或右脚稍前站均可，两膝弯曲成半蹲，举拍（正手握拍）于肩上。击球点选在右肩上方，击球时，前臂向前，手腕由后伸至前屈，闪动挥拍击球托的后部，使球平直、急速地飞向对方中场区的附近。击球后，球拍顺势前盖，右脚往右前方迈一步，站在中线两侧稍偏后的位置上，球拍由左下回举至前上方，准备迎击下一次的来球。

（2）反手快打。两脚平行站在左场区，重心在右脚，举拍于右侧前。当判断来球是在左场区时，右前臂往左摆，身体稍向左转至右肩对网，左脚也往左侧迈一小步，前臂内旋，手腕外展引拍于左侧后。击球时，前臂外旋，手腕伸直闪动，手指突然抓紧拍柄，前盖球托后部，使球比较平直地向前飞行。击球后，球拍由右下回举至前上方，准备下一次击球。

4. 教学方法

（1）讲解。各种中场技术动作要领以及中场技术在比赛中应用时机与作用。

（2）示范。先做中场技术的完整示范，使学生初步建立完整的动作概念。然后边讲解边示范。

（3）组织练习。

①根据动作要领进行徒手各种中场技术的模仿练习。

②多球练习，两人一组，隔网站立，一人杀球后，另一人做正、反手挡网前球技术练习，两人交换。

③两人一组，隔网站立，做正、反平抽快打技术练习。

5. 常见错误

击球点在体后，造成出球无力；反应慢，接不到球；接球不过网。

四、步法

准备姿势站位从中心位置开始，两脚左右开立（稍前后），约同肩宽，重心在两脚前掌，后脚跟稍提起并左右微动；上体稍前倾，右手持拍于体前，两眼注视对方的来球。

（一）上网步法

1. 左侧垫步或交叉步上网

判断准对方的来球后，迅速将重心移到右脚，左脚掌内侧用力蹬地向来球方向迈出一步，当左脚着地时，右脚加速蹬地向前跨出，左脚用力蹬地使右脚向前跨一大步，以从脚跟到脚掌外侧的顺序着地，再过渡到前脚掌，上体稍前倾，右膝关节弯曲并成弓箭步。前腿用力缓冲，控制住身体，左脚自然地向前脚着地的方向靠小半步，保持正确的击球姿势。击球后，右脚前掌内侧蹬地用交叉步或并步回到中心位置。左侧跨步上网动作方法同右侧跨步上网方向相反。

2. 右侧垫步或交叉步上网

判断对方来球后，右脚先迈出一小步，左脚立即向右脚垫一小步（或从右脚后交叉迈出一小步），左脚着地后，脚内侧用力蹬地，右脚再向网前跨一大步成弓箭步，紧接着左脚自然地向前脚着地方向靠小半步，身体重心在前脚。击球后，前脚朝后蹬地，用小步、交叉步或并步退回中心位置。左侧垫步或交叉步上网，动作方法同右侧垫步、交叉步上网，方向相反。

（二）后退步法

1. 交叉步后退步法

判断准来球后，先调整重心至右脚，然后右脚蹬地迅速向右后撤一小步，同时上体右转，左肩对网，接着，左脚从右脚后交叉后撤一步（或用并步靠近右脚），右脚再向后移至来球位置。当右脚着地时，迅速向上蹬，使击球点增高，同时左脚向身后伸出。当击球完成时，左脚以前脚掌先着地，然后右脚着地，左脚着地时要缓冲、制动、回蹬连接紧凑，使身体迅速返回球场中心位置。

2. 头顶后退步法

判断来球后，以左脚前掌为轴，右脚向右后蹬转（蹬转的角度应较大）向右后方撤一步，上体稍有后仰，接着，左脚用并步或交叉步后退，右脚再退至来球位置，用头顶击球技术击球，击球后，迅速回到中心位置。

（三）左右两侧移动步法

1. 向右侧蹬跨步法

启动后，左脚掌内侧用力起蹬（同时向右转体），右脚向右侧跨出一大步（重心落在右脚上，脚尖偏向右侧，以脚趾制动），上体略向右侧倒（根据击球点的高低来确定侧倒的程度）作正手击球。击球后，以右脚前掌回蹬，回中心位置。这种步法在来球距身体较近时使用。

2. 向右侧垫步步法

启动后，左脚向右脚并一步，左脚一着地就用力向右蹬，使右脚迅速向右跨出一大步，右脚着地后腿成弓箭步，身体略向右侧倒，出手击球。击球后，右脚前掌回蹬，回中心位置。这种步法在球距身体较远时使用。

3. 向左侧背对球网移动步法

这种步法只适用于反手击球。启动后以左脚前掌为轴，向左转体，同时，右脚内侧用力蹬地，经左脚前向左侧跨一大步（中心在右脚上，以脚前掌制动）成背对网姿势，上身略向前倾做反手击球。击球后，以右脚回蹬随即转成面对面，回中心位置。

（四）教学方法

（1）讲解。各种步法移动的动作要领；步法移动的目的与作用；步法与手法的关系。

（2）示范。先完整示范，再边讲解边单个动作示范，并进行正面和侧面示范。组织练习。

①前场步法练习，后场步法练习，左右两侧移动步法练习，全场步法练习。

②看老师手势做动作，向前后、左右做上网、后退、防守移动步法练习。

③两人一组，一人指挥另一人练习，两人交换。

④前场、中场、后场六个点各放一球，做上网、后退、防守步法练习。要求步法到位，将球拿过来，放回去，反复练习。

（五）常见错误

移动判断错误，启动反应移动慢，步法与击球动作配合不协调，击球后缺乏回中心位置意识。

第三节　羽毛球基本战术

一、单打战术

（一）发球抢攻战术

发球抢攻战术一般分为发高远球、平高球、平快球、网前球等战术。采用何种战术应根据对方的具体情况，找出薄弱环节，有目的地选择。发球抢攻还应注意争取前三拍的主动进攻。发各种球的准备姿势和动作要注意一致性，给对方的判断带来困难，使之处于消极等待状态；发球后应立即做好接球的准备姿势，注意身体重心不要站死，要眼睛紧盯对方，观察、判断对方的任何变化，积极准备还击。

（二）发后场高远球战术

这种发球主要用于单打中，要求把球发到对方接发球区的端线或两底角处，给对方后退进攻击球造成难度。发高远球弧线高，飞行时间长，距离网远，球从高处垂直下落，使后退步法慢、进攻技术差的对手较难下压进攻。特别是左场区的底线外角位是对方的反手区，更是主要的攻击目标。但在发右场区的底线外角时要提防对方以直线平高球攻击自己的后场反手区。如把球发到对方接发球区的左、右半区的内角位，能避免对方以快速的直线攻击自己的两边。

（三）打四点球战术

此战术是把球准确地打到对方场区的四个角上，使对方每次击球都要在场上来回奔跑。使用这种战术时，对不同特点的对手要采用不同的拉、吊方法。若对步子慢、体力差、灵活性差、技术不全面的对手，可以多打前、后场，多拍拉、吊，也可使用重复球、假动作、回攻反手、打对角线来消耗其体力，抓住其空当和弱点来进行突击。

（四）过度球战术

过度球是为了摆脱被动状态，为下一拍的反攻积极创造条件。常用回击后场高远球来作为调整被动的手段。无论是接网前或后场底线的被动球，回击高远球都能争取时间，调整重心位置。首先争取时间，调整好自己的位置并控制住身体重心。其次，利用球的落点，破坏对方连续快速的进攻。在比赛中从被动变为主动，过度球是不可缺少的重要环节。

二、双打战术

（一）盯人打战术

当发现对方有一个人的防守能力或心理素质较差，失误率比较高或防守时球路单调，就可以采用这种战术。对付两名实力相当的队员也可以采用这一战术。集中攻势于对方一名队员，常能起到集中优势兵力以多打少、以优势打劣势、主动得分的作用。在另一队员过来协助时，又会暴露出空当，有利于本方成功突击另一线，容易使对方产生埋怨心理，影响比赛士气。

（二）攻中路战术

当对方分左右两边站位防守时，将球攻击到对方两人的中间；当对方前后站位时，可将球下压或平推两边半场。这种战术，可以造成对方抢球或让球，限制对方在接杀球时挑大角度高球，有利于攻方封网。

（三）攻后场战术

若对方后场扣杀能力差，本方可采用平高球、推平球、接杀球挑底线，把对方一人紧逼在底线两角移动。当对方被动还击时，则抓住机会大力扣杀。如另一对手后退支援时，即可攻网前空当。

（四）后攻前封战术

当本方处于主动进攻前后站位时，站在后场的队员见高球就杀或吊网前球，迫使对方接球挡网前。前场队员积极移动封网扑打。

第十三章　乒乓球

第一节　乒乓球运动概述

关于乒乓球运动的起源，有多种说法，我国目前较一致的观点是：乒乓球运动创始于英国，从网球运动派生而来。19世纪后期，英国有些大学生，在室内曾以餐桌为球台，模仿网球来玩，后来这种游戏形式作为一种室内游戏在英国流传开来，并被命名为"桌上网球"。在乒乓球出现之后，许多游戏和玩具生产商立即闻风而动，给这种新游戏起了带有各自国家特色的五花八门的名字。其中，"乒乓"模仿了球拍击球以及球落在球台上时的声音，这是英国的一家玩具公司在1900年给这种"新式草地网球"注册的名称。很快，乒乓球便流行开来，它将网球从宫廷搬到了平民百姓的普通家庭当中。

乒乓球运动的发展大致可概括为以下六个阶段：

第一阶段是欧洲全盛时期。1926年以前，乒乓球作为体育项目在英国和匈牙利开展的较为广泛，前期以欧洲的稳削打法占主导地位，后期削攻结合的打法逐渐发展起来，同时还出现了一些以攻为主的新打法。因此，这一时期以削为主和削攻结合的打法占据世界乒坛的主导地位。

第二阶段优势转向亚洲，日本队进入世界乒坛。日本乒协于1928年加入了国际乒联，但直到1952年日本乒乓球队才登上在孟买举行的第19届世界乒乓球赛的赛场。

第三阶段中国直拍近台快攻打法崛起。中国队崛起于20世纪50年代末。正当日本处于高峰状态时，中国运动员容国团以其独特的直拍近台快攻打法，在第25届世乒赛中连续打败许多世界强手，为我国夺得有史以来的第一个世界冠军。1961—1965年，中国队又以独特的快速进攻打法和旋转多变并配以有效反攻的积极防守打法，获得了11项世界冠军。中国创造的具有"快、准、狠、变"独特风格的近台快攻和"稳、低、转、攻"为技术风格的削球打法，把世界乒乓球技术大大向前推进了一步。

第四阶段欧洲乒乓球运动的复兴和欧亚对抗。欧洲人从20世纪50年代负于日本，60年代败于中国之后，整整用了20年的时间，经过反复地摸索，不断地总结，终于明确了自己技术发展的方向，形成了自己的风格特点。欧洲汲取了日本弧圈球的特点和中国快攻技术的优点，创造了适合他们特点的以弧圈为主和快攻结合的新型打法。在此期间，欧洲整体水平有了大幅度提高，乒乓球运动在欧洲复兴，同时也促进了中国、日本、韩国、朝鲜等国以及世界其他各国乒乓球技术的发展。

第五阶段进入奥运时代,欧亚竞争更加激烈。1988年,乒乓球被列入奥林匹克运动会的正式比赛项目,这极大地推动了世界乒乓球运动的进一步发展。世界各国尤其是欧亚乒乓球强国,更加重视乒乓球的普及和提高,中国队虽几经波折,但终于顶住了来自世界诸强的冲击,为长盛不衰40年的中国乒乓球在"小球时代"画上了圆满的句号。

第六阶段大球时代,中国乒乓球队再创辉煌。进入21世纪,国际乒联为使乒乓球运动进一步发展,将原来直径38 cm的乒乓球改为40 cm,球速减慢,回合增多,精彩场面不断出现。在第46届世乒赛上,中国乒乓球队包揽了全部7个项目的冠军。在2008年第29届奥运会上,中国乒乓球队又取得了全部4个项目的冠军,并包揽了男子单打、女子单打的全部奖牌。

第二节 乒乓球基本技术与教学方法

一、握拍法

(一) 直拍握

特点:手腕动作灵活,拍形变化快,利于正、反手转换和处理台内球、追身球。正手攻球快速有力,攻斜、直线球时拍形变化不大,便于从速度、球路和力量上取得主动。但反手攻球不易发力,防守时照顾面积较小。

(1) 近台快攻型握拍法。拍前,以食指第二指关节和拇指第一指关节叩拍;拍后,三指弯曲贴于拍的1/3上端。

(2) 弧圈球型握拍法。拍前,拇指紧贴在拍柄的左侧,食指扣住拍柄,形成一个小环状,紧握拍柄;拍后,三指自然弯曲顶住球拍的中部。这种握法适用于弧圈球打法。

(3) 直拍削球握拍法。大拇指弯曲,紧贴拍柄的左侧,用力下压,其余四指自然分开托住拍的后面。正手削球时,尽量使球拍后仰,减少来球冲力;反手削球时,拍后四指灵活地把球拍兜起,使拍柄向下。

(二) 横拍握

特点:照顾的面积比直拍大,易于发挥手臂的力量。反手攻球有力,但正反手转换时需转动拍面,动作大,影响摆速。手腕不如直拍灵活,处理台内短球、追身球较困难。攻直线球时,动作明显易被对方识破。

横拍的基本握法是:虎口贴拍,食指在拍前,拇指在拍后。

(三) 注意事项

(1) 握拍不能过大、过小或太深、太浅,以免影响手腕动作的灵活性和击球的发力。

(2) 不论直握或横握、在准备击球前或击球后,手指不要过分用力握拍。这样,一方面便于使拍形恢复准备击球的状态;另一方面也可使手的各部分肌肉及时放松,以免由于始终握拍过紧而造成手腕、前臂的僵硬。

二、站位与基本姿势

（1）作用。为来球判断、移动选位、引拍击球做准备。

（2）动作要领。两脚平行站立与肩同宽或稍宽，前脚掌内侧用力着地，两膝微屈稍内扣，重心落于两脚之间。上体略前倾，含胸收腹。持拍手臂自然弯曲，肘部向下略外张，手腕放松，前臂自然平举置球拍于腹前，离身 20~30 cm。下颌稍向后收，两眼注视来球。

（3）动作要点。屈膝提踵、含胸收腹、重心居中、注视来球。

三、基本步法

（1）单步。击球时，以一脚的前脚掌为轴，另一脚向前或向左、右移动一步，身体重心也随之移动到摆动的腿上，然后挥臂击球。来球距身体较近时常用这种步法。

（2）跨步。击球时，以一脚向前、向后、向右的不同来球方向跨出一大步，身体重心随即移动到摆动的腿上，另一脚迅速跟上，以便保持在最佳的距离上。

（3）并步。移动时，先以与来球异方向的脚向另一脚并一步，然后与来球同方向的脚再向来球的方向迈一步迎击来球。由于并步移动范围大，能保持重心稳定，一般在来球速度不太快时使用。

（4）跳步。以与来球异方向的脚先起动，用力蹬地，两脚一同向左或向右移动。蹬地脚先落地，另一脚跟着落地，站稳后击球。

（5）交叉步。击球时，以靠近来球方向的脚作为支撑脚，远离来球方向的脚迅速向来球方向在体前跨出一大步，腰和髋关节随势将支撑脚带向来球方向，在支撑脚落地前的瞬间击球。

四、发球与接发球技术

（一）发球技术

1. 正手发平击球

动作要领：左脚稍前，身体略向右转，左手掌心托球置于身体右侧前方。左手将球向上抛起，同时右臂内旋，使拍面角度稍前倾，向身体右后方引拍。右臂从身体右后方向右前方挥动。当球从高点下降至稍高于球网时，击球中上部向左前方发力，球击出后第一落点在球台中央。击球后手臂继续向左前方随势挥动，迅速还原。发力部位以前臂为主，动作过程中身体重心从右脚移至左脚。

2. 正手发右侧上旋急球（奔球）

动作要领：左脚稍前，身体略向右偏斜，左手掌心托球置于身前偏右侧。左手将球向上抛起，同时右臂内旋，使拍面角度稍前倾，前臂手腕自然下垂，肘关节高于前臂，向身体右后方引拍。上臂带动前臂由身体右方向左前方挥动。当球从高点下降至近于网高时，击球右侧向右侧上方摩擦，触球的一瞬间拇指压拍，手腕从右后方向左上方抖动，球击出后第一落点接近自己的端线。击球后手臂继续向左前方挥动，迅速还原。发力部位以前臂手腕为主，动作过程中身体重心从右脚移至左脚。

3. 正手发下旋加转球与不转球

下旋加转发球动作方法要领：左脚稍前，身体略向右偏倾，左手掌心托球置于身体右前方。左手将球向上抛起，同时右臂外旋，直握拍手腕曲，横握拍手腕略向外展和伸，右臂从身体右后上方向左前下方挥动。当球从高点下降至稍高于或平于网高时，前臂加速向左前下方发力，同时直握拍手腕作屈并同时内收，击球中下部向底部摩擦，球击出后第一落点接近于球网。手臂继续向左前下方随势挥动，迅速还原。发力部位以前臂和手腕为主，动作过程中身体重心从右脚移至左脚。

不转发球动作要领与下旋加转发球大致相同，区别在于：手臂外旋幅度小，减少拍面后仰角度，击球中部或中下部，减少向下摩擦球的力量，稍加向前推球的力量，使作用力线接近球心，从而形成不转球，待球离拍后前臂迅速外旋，带动手腕转动并快速向左前下方挥动，给对方造成错觉。

4. 反手发平击球

动作要领：右脚稍前或平站，身体略向左转，左手掌心托球置于身体左侧前方，左手将球向上抛起，同时右臂外旋，使拍面角度稍前倾，向身体左后方引拍，右臂从身体后方向右前方挥动。当球从高点下降至稍高于球网时，击球中上部向右前方发力，球击出后第一落点在球台中央。击球后手臂和手腕继续向右前方随势挥动，迅速还原。发力部位以前臂为主，动作过程中身体重心从左脚移至右脚。

5. 反手发急球

动作要领：右脚稍前或平站，身体略向左偏斜，左手掌心托球置于身前偏左侧，左手将球向上抛起，同时右臂外旋，使拍面角度稍前倾，上臂自然靠近身体左侧，向身体左后方引拍。右臂以肘关节为轴心，前臂向左前方横摆，腰部也配合从左向右转动。球从高点下降至低于网高时，击球左侧中上部，触球的一瞬间前臂加速向右前上方横摆，手腕摩擦球，腰部配合向右转动，球击出后第一落点接近自己端线。击球后手臂继续向右前上方挥动，迅速还原。发力部位以前臂为主，动作过程中身体重心从左脚移至右脚。

6. 反手发下旋加转球与不转球

反手发下旋加转球动作要领：右脚稍前或平站，身体略向左偏斜，左手掌心托球置于身体左前方。左手将球向上抛起，同时右臂内旋，直握拍手腕作屈，横握拍手腕作外展，使拍面角度后仰，向身体左后上方引拍。右臂从身体左后上方向右前下方挥动。当球从高点下降至稍高于或平于网高时，前臂加速向右前下方发力，同时直握拍手腕作伸，横握拍手腕作内收，击球中下部向底部摩擦，球击出后第一落点接近球网。击球后，手臂继续向右前下方随势挥动迅速还原。发力部位以前臂和手腕为主，动作过程中身体重心从左脚移至右脚。

反手发不转球动作要领：不转发球大致与下旋加转发球相同，区别在于，手臂内旋幅度小，减小拍面后仰角度，击球中部或中下部，减少向下摩擦的力量，稍加向前推球的力量，使作用力线接近球心，从而形成不转球。

7. 反手发右侧上（下）旋

反手右侧上旋发球动作要领：站位左半台，右脚稍前或平站，身体略向左偏斜，左手掌心托球置于身体左前方。左手将球向上抛起，同时右臂稍内旋，使拍面角度几乎垂直，向左后方引拍，腰部略向左转动。右臂从左后方向右上方挥动。当球从高点下降至接近网高时，前臂加速向右上方挥摆，直握拍手腕作伸，横握拍手腕作内收，腰部配合向右转，击球中部向右侧上方摩擦。根据发球长短调整球的第一落点远近。击球后，手臂继续向右上方随势挥动，迅速还原。发力部位以前臂、手腕为主，腰部辅助。动作过程中身体重心从左脚移至右脚。

右侧下旋发球动作要领：大致与右侧上旋发球动作相同，区别在于：引拍向左上方，手臂向右前下方挥摆，击球中下部向右侧下方向摩擦，触球高度略高于网。横握拍发反手上（下）旋球要加大上臂向右方挥摆的幅度。

8. 直拍反手发急下旋球

动作要领：站位左半台，两脚几乎平站，身体正对球台，左手掌心托球置于身体前方。左手将球向上抛起，同时右臂稍作内旋，使拍面角度略向后仰，向腹前上方引拍。右臂从身体后上方向前下方挥动。当球从高点下降至稍低于网高时，前臂加速向前下方推切，手腕同时稍作外展和伸，击球中下部。球击出后第一落点接近端线。击球后，手臂向前下方随势挥动，迅速还原。发力主要部位以前臂和手腕为主，动作过程中重心在两脚之间。

（二）接发球技术

1. 接发球的站位

要接好发球，首先要选好站位。对方若在球台的右角发球，则可能把球发至本方反手位置或发出右方大角度的球。因此，接发球的站位应在中间或偏右些；若对方在球台左角发球，则可能把球发至本方正手位置或发出左方大角度的球。因此，接发球的站位应偏左些；若对方发球位置比较适中，则自己的站位也就不能过偏。此外，还要根据自己的打法特点和站位习惯采取远、近适中的站位，以便对付或长或短的发球。

2. 接发球的方法

接发球的基本方法是由点、拨、带、拉、攻、推、搓、削、撇、侧等各种技术综合组成。而优秀运动员则可以在掌握以上接发球方法后根据自己技术打法的特长和技、战术的需要，打破一般接发球的规律去接对方任何来球。所以说要提高接发球的能力，必须提高各种基本技术。

（三）教学方法

（1）讲解。各种发球技术动作要领；发球技术在比赛中应用时机与作用。

（2）示范。先做各种发球技术的完整示范，使学生初步建立完整的动作概念。

（3）按照发球的动作要领，学生做台下徒手模仿练习（包括持球手抛球的动作）。

（4）双方上台进行单一的发球练习（采用多球效果更好）。

（5）先练发斜线，再练发直线。先不要求发球落点，再要求发球定点。

（6）先练单一性能的旋转发球，再练用相似手法发出两种不同性能的球。

（四）注意事项

在发球技术全面的基础上要"精"；发球要配套；发球要善变；发球动作要一致；发球要有针对性。

五、推挡球技术

推挡球是推球和挡球的总称,是初学者首先学习的一项技术,推挡球站位近、运作小、速度快、落点变化多,也有一些旋转变化。推挡是左推右攻型打法的主要技术之一,也是其他类型打法不可缺少的技术。各种推挡技术配合使用时,能利用速度、落点和旋转变化争取主动和创造进攻机会。在被动或相持时可起到积极防守的作用,并可变被动、相持为主动。推挡球可分为平挡、快推、加力推、减力挡、推下旋、推侧旋等。

(一) 挡球

挡球(也称平挡)分为正手挡球和反手挡球两种,是初学者的入门技术,挡球动作简单,容易掌握。其特点是力量小、球速慢,落点适中、不旋转或轻微旋转。通过练习可以熟悉球性,体会动作,为进一步学习其他推挡技术打好基础。

1. 反手挡球

动作要领:身体离台 40~50 cm,站位在球台中间或偏左。两脚开立,比肩稍宽(以下其他各种技术均同),右脚略前或两脚平站,两膝微屈,收腹含胸,上体略向左转。右臂自然弯曲,引拍至身体前方或略偏左,同时前臂外旋,使拍形接近垂直。来球从台面弹起后,前臂向前,以拍迎球。在来球的上升期,以接近垂直的拍形推击球的中部。击球瞬间只以前臂和手腕轻轻用力,主要借助来球的反弹力将球挡回。击球后,手和臂顺势向前挥动,并迅速还原成击球前的准备姿势。动作过程中,身体重心放在双脚上。

2. 正手挡球

动作要领:身体离台 40~50 cm,站位在球台中间或偏左。两脚开立,左脚略前,两膝微屈,收腹含胸,上体略向右转。右臂自然弯曲并内旋,使拍面接近垂直,置于身体右侧前方。来球从台面弹起后,前臂向前,以拍迎球,在来球的上升期,以接近垂直的拍形推击球的中部。仅以前臂和手腕轻轻用力,主要借助来球的反弹力将球挡回。击球后,手和臂顺势向前挥动,并迅速还原成准备姿势。动作过程中,身体重心放在双脚上。

(二) 快推

动作要领:身体离台约 40 cm,站位在球台中间或偏左。两脚平站或右脚略前,两膝微屈,收腹含胸,身体向前或略向左转。右上臂和肘关节靠近身体右侧。手臂自然弯曲,引拍至身前或偏左,同时前臂外旋,使拍面稍前倾,来球从台面弹起后,前臂和手腕向前或向前兼略向上挥拍迎球。在来球的上升前期,以稍前倾的拍形推击球的中上部。球拍击球瞬间,前臂和手腕自然向前或向前并略向上发力,并主要借用来球反弹之力将球快速击回。击球后,手和臂顺势向前挥动,并迅速还原成准备姿势。

(三) 加力推

动作要领:回球力量大,球速快,落点活,稍带上旋或不转。能遏制对方的进攻,迫使对方离台后退陷于被动防守局面,创造出进攻机会。与减力挡配合使用,更能控制和调动对方,取得主动权,是威力最大的一种推挡技术。

动作方法:身体离台约 50 cm,站位在球台中间或偏左。两脚平站或右脚稍前,两膝微屈,收腹含胸,身体向前或略向左转。右上臂和肘关节靠近身体右侧,前臂外旋并向上提起，引拍至身前或偏左，与球网同高或略高，拍面稍前倾。来球飞越球网时，上臂、前臂和手腕向前，挥拍迎球，同时，腰、髋向左转动。在来球的上升后期或高点期，以前倾拍形推击球的中上部。击球的瞬间，上臂、前臂和手腕向前下方发力推压，腰、髋亦协助用力。击球后，手和臂顺势向前下方挥动，并迅速还原成准备姿势。动作过程中，身体重心从左脚移到右脚。

（四）减力挡

动作要领：力量轻、动作小，能减弱来球的反弹力，故弧线低、落点近、不旋转、前进力极弱。多半在对方来球力量大或上旋强烈（特别是在对方站位较远）的情况下使用，能调动对方前后奔跑，取得主动权。如推后配合攻球或加力推，效果更好。

动作方法：身体离台约 40 cm，站位在球台中间或偏左。两脚平站或右脚略前，两膝微屈，收腹含胸，身体向前或略向左转。右上臂和肘关节靠近身体右侧，手臂自然弯曲，引拍至身前或偏左，同时前臂外旋，使拍面稍前倾。来球从台面弹起后，前臂和手腕向前挥拍迎球。

在来球的上升期，以前倾拍形推击球的中上部。球拍击球瞬间，前臂和手腕轻轻后移，以减小来球的反弹力（即减力），使球轻轻飞回。击球后，迅速还原成准备姿势。动作过程中，身体重心放在双脚上。

（五）推下旋

动作要领：身体离台约 40 cm，站位在球台中间或偏左。两脚平站或左脚稍前，两膝微屈，收腹含胸，身体向前或略向左转。右上臂和肘关节靠近身体右侧，前臂略内旋并提起，引拍至身前或偏左，与球网同高或略高，拍面微后仰。来球从台面弹起后，前臂和手腕向前下方挥拍迎球。在来球的上升后期或高点前期推击球的中部。球拍击球瞬间，上臂、前臂和手腕用力使球拍向前下方摩擦球。击球后，手和臂顺势向前下方挥动，并迅速还原成准备姿势。动作过程中，身体重心放在双脚上。

（六）推挤

动作要领：站位在球台中间或偏左，身体离台约 40 cm。两脚平站或左脚略前，两膝微屈，收腹含胸，身体向前，右上臂和肘关节靠近身体右侧。手臂自然弯曲，前臂上提并外旋，引拍至身前，使拍面稍前倾。来球从台面弹起后，前臂和手腕向左前下方挥拍迎球。在来球的上升前期，以稍前倾的拍形推击球的中上部，球拍击球瞬间，前臂和手腕向左前下方发力。击球后，手和臂顺势向左前下方挥动并迅速还原成准备姿势。动作过程中，身体重心放在两脚上。

（七）教学方法

（1）讲解。各种推挡技术动作要领；推挡技术在比赛中的应用时机与作用。

（2）示范。先做各种推挡技术的完整示范，使学生初步建立完整的动作概念。

（3）学生根据推挡技术的动作结构，做台下徒手模仿动作，体会动作要点。

（4）在原地徒手模仿动作已初步掌握的基础上，结合下肢步法，在移动中做徒手动作练习。

（5）双方在台上对练反手挡球，先练中线范围，再练对挡斜线、直线。要求逐步加快击球速度，目的在于：体会前臂和手腕向前推压的动作、击球时间、击球部位、拍面角度等，为过渡到推挡打下基础。

（6）双方在台上进行反手斜线推挡练习。

（7）在双方掌握基本推的基础上，一个用均匀力量推挡，另一个在快推中分别体会加力推、减力挡、推下旋、推挤等技术动作，双方轮换进行。

（8）先练定点，再练不定点。

（八）注意事项

（1）推挡动作，由于引拍受身体阻碍，所以在准备击球时，一定要弯腰收腹加大引拍距离，以利于发力。

（2）推挡站位虽然多在左半台，移动范围小，但不能忽视步法必须移动的重要性。推挡位置是否得当，是提高推挡质量的重要条件之一。

（3）推挡时，肘关节应始终保持自然靠近身体，不要用肘关节来调整左右击球位置。

（4）推挡回收还原迅速，是下一步击球的有利保证。

（5）虽然推挡动作由上肢来完成，但充分利用腰髋部位的转动和身体重心的移动来增大击球力量，也是十分必要的。

六、正、反手攻球技术

（一）正手攻球技术

正手攻球是乒乓球攻球技术中的重要组成部分。具有快速有力的特点，能体现积极主动快速进攻的指导思想。比赛时，正手攻球运用得好，就能使自己处于主动地位，使对方陷于被动。因此，无论什么打法的运动员，都必须很好地掌握这项技术。

1. 正手快带

动作要领：左脚稍前，站位较近，离台约 40 cm。手臂自然弯曲，内旋使拍面前倾，几乎是原位迎球（向后引拍少），将球拍引至身体右前方。手臂、手腕向左前方迎球，腰、髋开始向左转动。当来球跳至上升期，拍面前倾，球拍高于来球，击球中上部，借助腰、髋的转动，手臂迎前带击，手腕保持相对稳定不宜发力。击球后，手臂继续向前随势挥动，迅速还原成击球前的准备姿势。发力主要部位是手臂借来球反弹力量带击，腰、髋配合，动作过程中身体重心从右脚移至左脚。

2. 正手快攻

动作要领：左脚稍前，离台约 50 cm。手臂自然弯曲并作内旋使拍面稍前倾，以前臂后引为主（幅度小），将球拍引至身体后侧后方。手臂向左前方迎球。当来球跳至上升期，拍面稍前倾击中上部，在上臂带动下前臂快速向左前上方挥动，手腕配合外展。击球后，手臂继续向左前上方随势挥动，迅速还原成击球前的准备姿态。发力部位以前臂为主，动作过程中身体重心从右脚移至左脚。

3. 正手扣杀

动作要领：站位近台，左脚稍前。手臂自然弯曲并作内旋使拍面稍前倾，随着腰、髋的转动，手臂向后移动将球拍引至身体右后方。当来球跳至高点期，上臂带动前臂同时加速向左前下方发力挥动，腰、髋向左转动发力，拍面前倾击球中上部。击球后，手臂继续向左前下方随势挥动，迅速还原成击球前的准备姿势。发力部位以上臂、前臂为主，腰、髋配合，动作过程中身体重心从右脚移至左脚。

4. 正手拉攻

动作要领：左脚稍前，身体离台约 60 cm。手臂根据对方来球旋转强弱，或作内旋使拍面接近垂直，或作外旋使拍面稍后仰，前臂下沉，将球拍引至身体右后下方。前臂向左前方挥动。当来球跳至高点期开始下降时，上臂带动前臂加速向左前上方挥动，手臂同时作外展。来球下旋强，拍面稍后仰击球中下部；来球下旋弱，拍面接近垂直击球中部。击球后，手臂、手腕继续向左前上方随势挥动，迅速还原成击球前的准备姿势。发力部位以前臂为主，动作过程中身体重心从右脚移至左脚。

5. 正手突击下旋球

正手突击下旋球球速快、动作小、击球带有突然性，是我国快攻打法的独有技术，是对付下旋球的主要得分手段。

6. 正手杀高球

正手杀高球动作大、力量重、球速快、线路广，球不转或微带旋转，是还击高球时威力最大的进攻技术。

7. 正手滑拍

正手滑拍站位近、动作小、速度快、带左侧旋或左侧上旋，可出其不意地突然变化球路迷惑对方，使对方失误或击出高球，为进攻创造条件，是一种威力较大的攻球技术。

8. 放高球

放高球站位远、弧线曲度大、回球高，它是防御时所采用的一种手段。利用带有一定上旋的、高弧线、飞至对方端线的球，造成对方回球困难或失误。放高球可以利用回球高度来争取时间、调整站位和动作，以便取得主动或反击的机会。

9. 放短球

放短球站位近、回球快、落点近网，当对方离台远时，可前后调动对方争取主动。放短球一般只适宜在来球近网和落点不太远时运用。

（二）反手攻球技术

1. 反手快带

动作要领：右脚稍前，上臂靠近身体，站位较近，离台约 40 cm。手臂自然弯曲，大胆外旋使拍面前倾，向后引拍很小几乎是原位迎球，将球拍引至身体左前方。手臂、手腕向前迎球，腰、髋开始向右转动。当来球跳至上升期，借助腰、髋的转动，手臂迎前带击，肘关节内收，手臂保持相对稳定不宜发力，拍面前倾，球拍高于球，击球中上部分。击球后，手臂继续随势向前挥动，迅速还原成击球前的准备姿势。发力主要以手臂借来球反弹力量带击，腰、髋配合，动作过程中身体重心从左脚移至右脚或基本放在两脚上。

2. 反手快攻

动作要领：手臂自然弯曲并外旋使拍面稍前倾，上臂、肘关节自然靠近身体，手腕作屈和内收，将球指引至腹前偏左位置。当来球跳至上升期，肘关节内收，前臂加速向右前上方发力并外旋，手臂同时配合作伸和外旋，拍面稍前倾击球中上部。击球后，前臂继续向前上方随势挥动，迅速还原成击球前的准备姿势。发力主要部位以前臂为主，肘关节加速内收配合，动作过程中身体重心从左脚移至右脚，或基本放至双脚上。

（三）教学方法

（1）讲解。各种攻球技术动作要领；各种攻球技术在比赛中的应用时机与作用。

（2）示范。先做各种攻球技术的完整示范，使学生初步建立完整的动作概念。

（3）学生根据各种攻球技术动作结构，做台下上肢徒手模仿练习，体会动作要点。

（4）在原地做上肢徒手模仿动作的基础上，结合步法做台下徒手练习。

（5）多球练习，台上单个动作练习，一人发球一人练习各种攻球，交换进行。

（6）一推一攻练习；对攻练习；推和攻结合的练习；发球抢攻练习（各项技术循序渐进反复练习）。

（四）注意事项

（1）由于攻球技术内容很多，所以在教学中，应注意掌握循序渐进的教学原则。

（2）由于攻球是在快速运动中进行的，所以动作方法难以定型，初学时一定要按动作结构反复进行台下徒手模仿练习。

（3）由于乒乓球比赛是在走动中进行的，所以一定要加强步法移动的练习，在走动中击球。扭转只注意上肢动作，忽视下肢移动的偏向。

（4）平时练习要结合实战，如练推挡结合侧身攻，要注意侧身前一板推挡球的质量，强调用落点或力量控制对方，然后再侧身，不能养成盲目侧身抢攻的习惯。

（5）在击球时，不但要注意上肢手法和下肢步法的运用，同时还要加强腰、髋、身体重心移动等辅助力量的运用。

七、搓球技术

搓球是近台还击下旋球的一种基本技术。由于回球线路较短，缺乏前进力，多在台内，因而可造成对方回球困难。另外，搓球又比较稳健，旋转和落点变化也较多，故可用做过渡技术，用以寻找进攻机会。搓球动作与削球相似，又比较易学，是削球必须掌握的入门技术。

（一）快搓

动作较小、击球节奏和速度较快，回球旋转强度一般，主要借助对方来球的前进力进行回击。快搓与其他搓球技术结合，能主动改变击球节奏，缩短对方击球时间，为争取主动权创造条件。

（1）正手快搓动作要领。左脚稍前，身体离台约 40 cm。手臂外旋使拍面角度稍后仰，后引动作小，前臂向右上方提起，将球拍引至身体右前上方。手臂向左前下方迎球。当来球跳至上升期，利用上臂前送的力量，借助对方来球的前进力，前臂、手腕向左前下方用力，拍面稍后仰击球中下部。击球后，手臂继续向左前下方随势挥动，迅速还原成击球前的准备姿势。发力主要部位以手臂为主，向前借力还击，动作过程中身体重心从右脚移至左脚。

（2）反手快搓动作要领。右脚移前，身体离台约 40 cm。手臂自然弯曲并内旋使拍面角度稍后仰，后引动作小，前臂向左上方提起，将球拍引至身体左前上方。手臂向右前下方迎球。当来球跳至上升期，利用手臂前送的力量，借助对方来球的前进力，前臂、手腕向右前下方用力，拍面稍后仰，击球中部。击球后，手臂继续向前下方随势挥动，迅速还原成击球前的准备姿势。发力主要部位以手臂为主，向前借力还击，动作过程中身体重心从左脚移至右脚。

（二）慢搓

（1）正手慢搓动作要领。左脚稍前，身体离台约 50 cm。手臂外旋使拍面角度后仰，手臂向右上方移动，前臂提起，同时直握拍手腕作伸，横握拍手腕作外展，将球拍引至身体右上方。手臂向右前下方迎球。当来球跳至下降前期，前臂加速向右前下方用力，同时直握拍手腕作屈，横握拍手腕作内收，拍面后仰击球中下部。击球后，手臂继续向左前下方随势挥动，迅速还原成击球前的准备姿势。发力部位以前臂、手腕为主，动作过程中身体重心从右脚移至左脚。

（2）反手慢搓动作要领。右脚稍前，身体离台约 50 cm。手臂内旋使拍面角度后仰，手臂向左上方移动，前臂提起，同时直握拍手腕作屈，横握拍手腕作外展，将球拍引至身体左上方。手臂向右前下方迎球。当来球跳至下降前期，前臂加速向右前下方用力，同时直握拍手腕作伸，横握拍手腕作内收。拍面后仰击球中下部。击球后，手臂继续向右前下方随势挥动。迅速还原成击球前的准备姿势。发力部位以前臂、手腕为主，动作过程中身体重心从左脚移至右脚。

（三）搓转与不转

用近似手法搓出转与不转两种球来迷惑对方，使其难以判断球的旋转强度，增加回击难度或直接失误。

（四）搓侧旋

回击过去的球向侧偏拐，球触对方球拍向侧反弹，由于带有侧旋转，就容易造成对方回球弧线较高，从而为自己抢攻创造条件。

（五）教学方法

（1）讲解。各种搓球技术动作要领；各种搓球技术在比赛中应用的时机与作用。

（2）示范。先做各种搓球技术的完整示范，使学生初步建立完整的动作概念。

（3）学生按照各种搓球技术动作结构，做台下上肢徒手模仿练习，体会动作要点。

（4）结合下肢步法移动，做台下上、下肢结合徒手模仿练习。

（5）自己向球台抛球，当球弹起后将球搓过去。

（6）发下旋球，双方正手对搓斜线。

（7）发下旋球，双方反手对搓斜线。

（8）发下旋球，一方正手搓直线，另一方反手搓直线，轮换练习。

（9）一方正手搓对方左、右两点，另一方正、反手搓对方正手一点，轮换练习。

（10）一方反手搓对方左、右两点，另一方正、反手搓对方反手一点，轮换练习。

（11）一方正、反手搓两条直线，另一方正、反手搓两条斜线，轮换练习。

（六）注意事项

（1）搓球多在台内进行，常受台面阻碍，所以动作不宜过大，发力要集中，要多用前臂和手腕。

（2）搓球虽然移动范围较小，但一定要做到每球必动，击球到位。这样，不但能够提高搓球质量，而且能够随时发动进攻。

（3）练习搓球，一方面要认识到它是一项为进攻服务的过渡技术，另一方面又要认识到，只有提高搓球质量，才能达到主动过渡，真正为进攻服务。

八、削球、弧圈球技术介绍

（一）削球

削球是攻削结合打法的主要技术，它击球时间晚、球速慢、命中率高、旋转和落点变化多，对方不易发力进攻，因而可在削中伺机反攻。削球技术按击球位置可划分为正手削球和反手削球，按站位远近可划分为近削和远削，按球的旋转程度的不同可划分为削转与不转，按来球的位置和性能的不同可划分为削追身球、削突击球、削加转弧圈球、削前冲弧圈球等。这里限于篇幅，只介绍其中几种削球技法。

（1）正手近削。动作较小，击球点较高，击球节奏和球速较快，带下旋，线路和落点变化多，能缩短对方击球的准备时间，并使对方左右移动击球，故能为进攻创造条件或直接得分。

（2）正手远削。动作较大，击球点较低，击球节奏和球速较慢，飞行弧线较长；以旋转变化为主，配合线路和落点变化来争取主动和创造进攻机会，也可直接得分。

（3）正手削追身球。来球逼近身体，必须迅速向左让位，才便于正手削球。

（二）弧圈球技术

弧圈球是一种带有强烈上旋的攻球技术，它能够制造适当的弧线，回击低而强烈的下旋球，命中率高，落台后前冲力大，攻击力强，比赛中既可主动攻击，又可在相持或被动时作为过渡技术。弧圈球根据击球位置的不同可划分为正手弧圈球，反手弧圈球，侧身弧圈球。

（1）正手加转弧圈球。与一般攻球相比较，站位稍远，动作稍大，球速稍慢，弧线曲度大、上旋特别强，第一弧线较高，第二弧线较低，落台后前冲并向下滑落。对方回击不当，容易出高球或出界。一般用它对付下旋球，可创造扣杀机会。

（2）正手前冲弧圈球。与正手加转弧圈球相同，只是球出手后带有强烈的右侧上旋，飞行弧线向左侧偏拐，落台后急速向左侧下滑。触对方拍面向右偏射，增加对方回击的难度。

（3）正手侧旋弧圈球。与正手加转弧圈球相同，只是球出手后带有强烈的右侧上旋，飞行弧线向左侧偏拐，落台后急速向左侧下滑。触对方拍面向右偏射，增加对方回击的难度。

（4）侧身正手弧圈球。遇到左半台的来球时，不用反手回击，而是根据来球落点，快速移步至球台左角外，侧身用正手弧圈球技术还击，从而达到在左半台位置发挥正手弧圈球的威力。它是直拍弧圈球打法的主要进攻技术之一。

（5）反手加转弧圈球。与正手加转弧圈球相同，但多为横拍运动员所使用。

（6）反手前冲弧圈球。与正手前冲弧圈球相同，但多为横板运动员所使用。

（7）反手侧旋弧圈球。与反手加转弧圈球基本相同，只是球出手后带有强烈的左侧上旋，飞行弧线向右偏拐，触对方拍面向左偏射，给对方回击增加了难度。

第三节　乒乓球运动基本竞赛规则

一、乒乓球器材和场地

（一）球台

球台的上层表面叫作比赛台面，应为与水平面平行的长方形，长 2.74 m，宽 1.525 m，离地面高 76 cm，应呈均匀的暗色，无光泽，沿每个 2.74 m 的比赛台面的边缘各有一条 2 cm 宽的白色边线，沿每个 1.525 m 的比赛台面的边缘各有一条 2 cm 宽的白色端线。双打时，各台区应由一条 3 mm 宽的白色中线，划分为两个相等的"半区"。中线与边线平行，并应视为右半区的一部分。

（二）球网

球网包括球网、悬网绳、网柱及将它们固定在球台上的夹钳。球网应悬挂在一根绳子上，绳子两端系在高 15.25 cm 的直立网柱上，网柱外缘离开边线外缘的距离为 15.25 cm，整个球网的顶端距比赛台面 15.25 cm，整个球网的底边应尽量贴近比赛台面，其两端应尽量贴近网柱。

（三）球

球应为圆球体，直径为 40 mm。球重 2.7 g，应用赛璐珞或类似的材料制成，呈白色、黄色或橙色，且无光泽。

（四）球拍

球拍的大小、形状和重量不限，但底板应平整、坚硬。球拍两面不论是否有覆盖物，必须无光泽，且一面为鲜红色，另一面为黑色。拍身边缘上的包边应无光泽，不得呈白色。

二、乒乓球的基本规则

（一）决定每场比赛的胜负

比赛分团体、单打、双打等数种，包括男子单打、女子单打、男子双打、女子双打、混合双打，以 11 分为一局，采用 5 局 3 胜或 7 局 4 胜制。一场比赛应连续进行，但在局与局之间，任何一名运动员都有权要求不超过两分钟的休息时间。

（二）决定每局比赛的胜负

在一局比赛中，先得 11 分的一方为胜方，10 平后，先多得 2 分的一方为胜方。

（三）发球、接发球和方位的选择

（1）发球、接发球和方位应抽签决定，中签者可以选择先发球或先接发球，或选择先在某一方。

（2）当一方运动员选择了先发球或先接发球，或选择先在某一方后，另一方运动员应有另一个选择的权力。

（3）在每获得两分之后，接发球方即成为发球方，依此类推，直至该局比赛结束，或者直至双方比分都达到10分或实行轮换发球法，这时，发球和接发次序仍然不变，但每人只轮发一分球。

（4）在双打的第一局比赛中，先发球方确定第一发球员，再由先接发球方确定第一接发球员，在以后的各局比赛中，第一发球员确定后，第一接发球员应是前一局发球给他的运动员。

（5）在双打中，每次换发球时，前面的接发球员应成为发球员，前面的发球员的同伴应成为接发球员。

（6）一局中首先发球的一方，在该场下一局应首先接发球。在双打决胜局中，当一方先得5分时，接发球方应交换接发球次序。

（7）一局中，在某一方位比赛的一方，在该场下一局应换到另一方位。在决胜局中，一方先得5分时，双方应交换方位。

（四）决定比赛一分的得失

除被判重发球的回合，下列情况运动员得1分：

（1）对方运动员未能合法发球。

（2）对方运动员未能合法还击。

（3）运动员在发球或还击后，对方运动员在击球前，球触及了除球网装置以外的任何东西。

（4）对方击球后，该球越过本方端线而没有触及本方台区。

（5）对方阻挡或连击；用不符合条款的拍面击球。

（6）对方运动员不执拍手触及比赛台面。

（7）对方运动员或他穿戴的任何东西使球台移动或触及球网装置。

（8）双打时，对方运动员击球次序错误。

（五）合法发球

（1）发球时，球应放在不执拍手的手掌上，手掌张开和伸平。球应是静止的，在发球方的端线之后和比赛台面的水平面之上。

（2）发球员须用手把球几乎垂直地向上抛起，不得使球旋转，并使球在离开不执拍手的手掌之后上升不少于16 cm。

（3）当球从抛起的最高点下降时，发球员方可击球，使球首先触及本方台区，然后越过或绕过球网装置，再触及接发球员的台区。在双打中，球应先后触及发球员和接发球员的右半区。

（4）从抛球前球静止的最后一瞬间到击球时，球和球拍应在比赛台面的水平面之上。

(5) 击球时，球应在发球方的端线之后，但不能超过发球员身体（手臂、头或腿除外）离端线最远的部分。

(5) 运动员发球时，有责任让裁判员或副裁判员看清他是否按照合法发球的规定发球。

(7) 如果裁判员怀疑发球员某个发球动作的正确性，并且他或者副裁判员都不能确信该发球动作不合法，一场比赛中此现象第一次出现时，裁判员可以警告发球员而不予判分。

(8) 在同一场比赛中，如果运动员发球动作的正确性再次受到怀疑，不管是否出于同样的原因，不再警告而判失一分。

(9) 无论是否是第一次，任何时候，只要发球员明显没有按照合法发球的规定发球，他将被判失一分，无须警告。

(10) 运动员因身体伤病而不能严格遵守合法发球的某些规定时，可由裁判员作出决定免予执行，但须在赛前向裁判员说明。

（六）重发球

出现下列情况应判重发球：

(1) 如果发球员发出的球，在越过或绕过球网装置时，触及球网装置，此后成为合法发球或被接发球员或其同伴阻挡。

(2) 如果接发球员或同伴未准备好时，球已发出，而且接发球员或其同伴均没有企图击球。

(3) 由于发生了运动员无法控制的干扰，而使运动员未能合法发球、合法还击或遵守规则。

(4) 裁判员或副裁判员暂停比赛。

（七）合法还击

对方发球或还击后，本方运动员必须击球，使球直接越过或绕过球网装置，或触及球网装置后，再触及对方台区。

（八）比赛次序

(1) 在单打中，首先由发球员合法发球，再由接发球员合法还击，然后两者交替合法还击。

(2) 在双打中，首先由发球员合法发球，再由接发球员合法还击，然后由发球员的同伴合法还击，再由接发球员的同伴合法还击，此后，运动员按此次序轮流合法还击。

（九）暂停比赛

在下列情况下可以暂停比赛：

(1) 要纠正发球、接发球次序或方位错误。

(2) 要实行轮换发球法。

(3) 警告或处罚运动员。

(4) 由于比赛环境受到干扰，以致该回合结果有可能受到影响。

（十）发球、接发球次序和方位的错误

（1）裁判员一旦发现发球、接发球次序错误，应立即暂停比赛，并按该场比赛开始时确立的次序，按场上比分由应该发球或接发球的运动员发球或接发球；在双打中，则按发现错误时那一局中首先有发球权的一方所确立的次序进行纠正，继续比赛。

（2）裁判员一旦发现运动员应交换方位而未交换时，应立即暂停比赛，并按该场比赛开始时确立的次序，按场上比分运动员应站的正确方位进行纠正，再继续比赛。

（3）在任何情况下，发现错误之前的所有得分均有效。

（十一）轮换发球法

（1）如果一局比赛进行到 10 min 仍未结束（双方都已获得至少 9 分时除外），或者在此之前任何时间应双方运动员要求，应实行轮换发球法。

（2）当时限到时，球仍处于比赛状态，裁判员应立即暂停比赛。由被暂停回合的发球员发球，继续比赛。

（3）当时限到时，球未处于比赛状态，应由前一回合的接发球员发球，继续比赛。

（4）此后，每个运动员都轮发一分球，直至该局结束。如果接发球方进行了 13 次合法还击，则判发球方失一分。

（5）换发球法一经实行，该场比赛的剩余部分必须继续实行，直至该场比赛结束。

第十四章 田径运动（奔跑、跳跃、抛投）

第一节 田径运动概述

田径运动是体育运动的重要项目之一，它包括竞走、赛跑、跳跃、投掷和全能运动等。人们通常把以时间计算成绩的竞走和跑的项目叫"径赛"，把以高度和远度计量成绩的跳跃和投掷项目叫"田赛"，"田赛"和"径赛"合称为田径运动。

一、田径运动的产生与发展

田径运动是在人类社会发展中逐步产生和发展的。远在上古时代，人们为了生存和获得生活资料，在和大自然和野兽斗争中，经常出没于崇山峻岭、沼泽平原，跨溪流，越障碍，投掷石块、木棒和各种捕猎工具等，并不断地重复和改进这些动作，逐步形成了走、跑、跳跃和投掷等各种生活劳动的技能，一代一代地传授下来。后来人们开始自发地或有一定组织和规则地进行跑、跳跃和投掷的比赛，公元前776年在希腊奥林匹克村举行的古代奥运会上就有了田径项目的比赛。而到了1896年在希腊雅典举行的第一届现代奥林匹克运动会上，田径运动的竞走、跑、跳跃和投掷的一些项目就被列为大会主要比赛项目。1912年国际业余田径联合会成立。它确定了国际统一的田径竞赛项目，拟订竞赛规则，组织国际比赛，设立与审批世界纪录。从此世界性的田径运动得到了迅速的发展。当前国际重大田径比赛活动主要有：奥林匹克运动会的田径比赛、世界杯田径赛和世界田径锦标赛以及一些国际田径大奖赛等。

二、田径运动项目分类

田径运动包括男女竞走、跑、跳跃、投掷的40多个单项，以及由跑、跳跃、投掷的部分项目组成的全能运动。田径运动分类和成人、少年竞赛项目如表14-1所示。

表14-1 田径运动分类和项目

类别	项目	成年 男子组	成年 女子组	少年 男子甲组	少年 男子乙组	少年 女子甲组	少年 女子乙组
径赛	短距离跑	100 m 200 m 400 m	100 m 200 m 400 m	100 m 200 m 400 m	60 m 100 m 200 m 400 m	100 m 200 m 400 m	60 m 100 m 200 m 400 m

续表

类别	项目	成年 男子组	成年 女子组	少年 男子甲组	少年 男子乙组	少年 女子甲组	少年 女子乙组
径赛	中距离跑	800 m 1 500 m 3 000 m	800 m 1 500 m 3 000 m	800 m 1 500 m 3 000 m	800 m	800 m 1 500 m 3 000 m	800 m
	长距离跑	5 000 m 10 000 m	5 000 m 10 000 m				
	跨栏跑	110 m (1.067 m) 400 m (0.914 m)	100 m (0.84 m) 400 m (0.726 m)	110 m (1.00 m) 400 m (0.914 m)	110 m (0.914 m)	100 m (0.84 m) 400 m (0.762 m)	110 m (0.84 m)
	障碍跑	3 000 m	3 000 m				
	马拉松	42 195 m	42 195 m				
	接力跑	100 m×4 400 m×4	100 m×4 400 m×4	100 m×4	100 m×4	100 m×4	100 m×4
田赛	跳跃	跳高、撑竿跳高、跳远、三级跳远	跳高、撑竿跳高、跳远、三级跳远	跳高、撑竿跳高、跳远、三级跳远	跳高、撑竿跳高、跳远、三级跳远	跳高、跳远	跳高、跳远
	投掷	铅球(7.26 kg) 标枪(800 g) 铁饼(2 kg) 链球(7.26 kg)	铅球(4 kg) 标枪(600 g) 铁饼(1 kg)	铅球(6 kg) 标枪(700 g) 铁饼(1.5 kg)	铅球(5 kg) 标枪(600 g) 铁饼(1 kg)	铅球(4 kg) 标枪(600 g) 铁饼(1 kg)	铅球(3 kg)
全能运动		十项(100 m、跳远、铅球、跳高、400 m；100 m栏、铁饼、撑竿跳高、标枪、1 500 m)	七项(100 m栏、铅球、跳高、200 m；标枪、跳远、800 m)	五项(跳远、标枪、200 m；铁饼、1 500 m)	三项(100 m、铅球、跳高)	五项(100 m栏、铅球、跳高；跳远、800 m)	三项(100 m、铅球、跳高)

三、田径运动的功能

(一) 田径运动的竞技价值

竞技体育是社会文化不可缺少的组成部分。每年国内和国际的田径运动竞赛很多，在综合性运动会上，田径竞赛项目金牌最多，影响最大，素有"得田径者得天下"之说。田径竞技运动水平的高低显示了一个国家的体育实力。所以田径竞技运动是实现为国争光计划的重点项目。通过田径竞赛可加强国内和国际的交往，提高国际威望，振奋民族精神。随着田径竞技运动的发展，可推动田径健身运动的普及，并且竞赛有观赏性，可起到消遣、娱乐和教育作用。

（二）田径运动的健身价值

健身运动也是社会文化不可缺少的组成部分。进行田径健身运动不受条件限制，便于广泛开展，经常利用田径项目（包括非竞技内容）锻炼身体，能提高人体走、跑、跳跃、投掷等基本活动的能力；能促进人体正常的生长发育和各器官、系统机能的发展；提高人体对外界环境的适应能力；能全面发展力量、速度、耐力等身体素质；增强体质、提高健康水平。因此它不仅是我国《国家体育锻炼标准》和《大中小学体育合格标准》中的主要项目，同时也是我国各级各类学校体育教学的主要内容。

（三）具有提高其他运动项目成绩的价值。

首先，很多运动项目都离不开跑、跳、投等动作。其次，由于田径项目多而全面，只要合理组合就能有效地增强体质和全面地发展身体素质，而身体素质全面发展水平的提高，就为提高专项运动成绩打下了坚实的基础，对于各项竞技运动的技术发展和成绩的提高从根本上起到了推进作用。因此，很多竞技运动项目都选择田径的有关项目作为身体训练的重要手段使其成为其他运动项目的基础。为较客观地衡量身体训练水平，检验身体训练的效果，一般都选用田径中的一些项目制定测验标准，并作为常规性测验指标。

（四）田径运动的教育价值

在进行田径健身教育、锻炼和田径竞技教育及竞赛中始终离不开心理素质培养和思想品德教育。在田径竞技运动和田径健身运动中随时会产生很多心理方面和思想品德方面的问题。这正是进行心理素质和思想品德教育的好时机。因此，不管是田径健身教育与锻炼，还是田径竞技教育与竞赛，都是进行心理素质培养和共产主义思想品德教育的一种手段，不仅能对学生和运动员进行爱国主义、集体主义等方面的教育，而且能培养学生和运动员勇敢、顽强、吃苦耐劳、克服困难的精神以及组织性、纪律性和竞争意识。

第二节　短距离跑

短距离跑简称短跑，是发展速度素质的田径项目。400 m 以内的跑均属短跑。其特点是人体在快速奔跑时，生理负荷很大，供能方式是以无氧代谢为主。因此要求人体器官在缺氧的条件下完成极限强度工作。

短跑的全程技术包括起跑、起跑后的加速度、途中跑和终点跑四个部分。全程跑成绩取决于起跑反应速度，起跑后加速跑能力，保持最高跑速的距离以及部分技术完成的质量。经常练习短跑可以提高代谢能力，可发展速度、爆发力、反应能力等身体素质，培养人的奋勇向前、不甘落后的精神和意志品质。

一、短跑技术

(一) 起跑

起跑的任务是获得向前冲力，使身体迅速摆脱静止状态，为起跑后加速创造有利的条件。

1. 起跑器的安装

起跑器安装的方法主要有"普通式""拉长式"两种（图14-1）。通常采用"普通式"，前起跑器安装在起跑线后一脚半（40~45 cm）处，后起跑器距离前起跑器一脚半。前、后起跑器的支撑面与地面分别成40°、45°角和70°、80°角，两个起跑器的中轴线间隔约15 cm。

图14-1 起跑器

2. 起跑技术

起跑技术包括"各就位""预备""鸣枪"三个阶段。

听到"各就位"口令后，做2~3次深呼吸，轻快地走到起跑器前，两手撑地，两脚依次踏在前、后起跑器的抵足板上，后膝跪地，两手放在紧靠起跑线后沿处，两臂伸直，肩与起跑线平行，两手间隔比肩稍宽，四指并拢和拇指成八字形支撑。颈部自然放松，两眼视前下方40~50 cm处，注意听"预备"口令。听到"预备"口令后，随之吸一口气，平稳地抬起臀部，与肩同高或稍高于肩，重心适当前移，肩部稍超出起跑线，这时体重主要落在两臂和前腿上。"预备"姿势应该稳定，两脚紧贴起跑器抵足板，注意力高度集中。听到枪声，两手迅速推离地面，两臂屈肘有力地做前后摆动，两腿迅速蹬起跑器，使身体向前上方运动，前腿快速有力地蹬伸髋、膝、踝三个关节（图14-2）。

图14-2 起跑的技术

(二) 起跑后的加速跑

起跑后的加速跑是从后腿蹬离起跑器，到途中跑之间的一个跑段。其任务是充分利用向前的冲力，在较短距离内尽快地获得高速度。

当后腿蹬离起跑器并结束前摆后，便积极下压着地。第一步的着地应尽量靠近身体重心投影点，脚着地后迅速转入后蹬。前腿在蹬离起跑器后，也迅速屈膝向前摆动。

起跑后的最初几步，两脚沿着两条相距不宽的直线前进，随着跑速的加快，两脚着地点就逐渐合拢到假定的一直线两侧（图14-3）。

加速跑的距离，一般为25~30 m。

图14-3　加速跑的技术

（三）途中跑

途中跑是短跑全程中距离最长、速度最快的一段。其任务是继续发挥和保持高速度跑。摆动腿的膝关节，迅速有力地向前上方摆出，支撑腿在摆动腿积极前摆的配合下，快速有力地伸展髋、膝和踝关节，蹬离地面形成支撑腿与摆动腿协调配合的动作。

1. 腾空阶段

小腿随时着蹬地后的惯性和大腿的摆动，迅速向大腿靠拢，形成大小腿边折叠边前摆的动作。与此同时，摆动腿以髋关节为轴积极下压，膝关节放松，小腿随摆动腿下压的惯性，自然向前下伸展，准备着地。

2. 着地缓冲阶段

着地动作应是非常积极的，在途中跑时，头部正直，上体稍有前倾。两臂前后摆动要轻快有力。

200 m和400 m起跑时，起跑器装在跑道右侧正对弯道切点的地方（图14-4）。在弯道上跑时，整个身体要向内倾斜，以克服惯性离心力的作用。右肩要高于左肩、右臂摆动的幅度和力量都应大于左臂，并稍偏右后方，右脚以前脚掌的内侧着地和蹬地，右脚以脚外侧着地和蹬地。

图14-4　途中跑技术

（四）终点跑

终点跑是全程跑的最后一段。任务是尽力保持途中跑的高速度跑过终点。

终点跑的技术，要求在离终点线 15~20 m 处，尽量保持上体前倾角度，加快两臂摆动的速度和力量。在跑到距离终点线一步时，上体急速前倾用胸部或肩部撞终点线，并跑过终点，然后逐渐减慢跑速（图 14-5）。

图 14-5　终点跑技术

二、短跑的练习

短跑练习应以途中跑为主，在初步掌握途中跑的基础上，再依次练习起跑、起跑后的加速跑和终点跑。

（一）途中跑技术的练习方法

（1）跑的专门练习。原地或行进间不等距离的小步跑、高抬腿跑、后蹬跑，目的在于体会跑的技术要领，纠正动作错误及加强腿部力量。在完成这些专门性练习时，要求动作正确放松，逐渐加快动作频率，并与途中跑结合起来练习。

①小步跑从提腰、提踵动作开始。身体稍前倾，摆动腿向前稍摆膝，膝关节放松，小腿和脚自然下垂。然后大腿下压，小腿顺惯性前摆，使小腿在脚落地前自然伸直，并很快以前脚掌积极着地，脚趾完成最后的"扒地"动作，同时另一腿向前摆时，两臂屈肘，配合腿的动作前后摆动。小步跑要求步幅小，步频快而放松（图14-6）。

②高抬腿跑动作要点与小步跑基本相同，先是要求摆动大腿，摆角与地面平行，支撑腿蹬地充分，向前送髋。上体要正直，不要前倾后仰，两膝放松，摆动腿，小腿自然向大腿折叠，不要向后勾起或向前踢小腿（图14-7）。

图 14-6　小步跑技术　　　　图 14-7　高抬腿技术

③后蹬跑躯干稍前倾，摆动腿以膝领先向前上方高抬并带髋向前，然后大腿积极下压，以前脚掌着地。蹬地腿充分蹬直髋、膝、踝三个关节，离地时用脚跑"扒地"。两臂

屈肘前后摆动。

（2）中等速度的放松大小跑60~100 m。注意脚的着地、后蹬、前摆和送髋的正确技术要领。

（3）分别进行不同距离的加速跑、重复跑、行进间跑。

（4）由直道转入弯道或弯道转入直道的加速跑或反复跑80~150 m。

（二）蹲踞式起跑和起跑后加速跑技术的练习方法

（1）在跑穴及起跑器上做无信号或有信号的蹲踞式起跑练习。注意"各就位"和"预备"动作的准确性，蹬离起跑器要快速有力。

（2）站于起跑线后，身体前倾到失去平衡的一瞬间，向前顺势跑出20~30 m。要求上体逐渐抬起，摆臂积极有力。

（3）直道或弯道上蹲踞式起跑和起跑后的加速跑20~30 m。

（三）终点跑和撞线的练习方法

用各种跑速跑30~40 m至终点做撞线动作。

（四）全程跑技术练习方法

（1）计时跑100 m或200 m全程。

（2）2~3人进行全程跑的比赛或测验。

（五）身体素质练习

（1）加强大腿肌肉、踝关节力量的练习。如负重双、单足全蹲跳起，半蹲跳起，负重提踵练习等。

（2）加强手臂摆臂力量和频率的练习。如原地徒手或手持轻器械做匀速、变速、加速的摆臂动作。

三、规则介绍

（1）在规定距离内以最短时间跑完全程者为优胜者，依次类推。

（2）起跑犯规达两次者取消其比赛资格。

（3）在途中窜入他人跑道中并从中获得利益者取消其比赛成绩。

（4）以躯干任何一点（肩、胸、腹部）越过终点线来判断其跑完了全程（头、手臂、腿、脚不包括在内）。

第三节　中长距离跑

中长距离跑是指800 m以上的跑程，是发展耐久力的项目。它一方面要求维持一定的跑速，另一方面应尽量合理地减少能量的消耗，所以运动员在跑的全程中，要注意正确地运用跑的技术并合理地分配自己的体力。同时，中长跑中的呼吸和比赛战术也至关重要，各种距离跑的技术基本上是相同的，但由于距离的长短和跑的强度不同，跑的技术也有区别。

一、中长跑的技术

所有的中长距离跑都是由起跑、起跑后加速跑、途中跑和终点跑四个部分组成的。

(一) 起跑和起跑后加速跑

起跑和起跑后加速跑的目的是使身体尽快摆脱静止状态,迅速启动,占据有利位置。中距离跑多采用半蹲踞式或站立式起跑,长距离则采用站立式起跑。采用站立式起跑时,听到"各就位"的口令后,先做1~2次深呼吸,然后慢跑式走到起跑线后,两脚前后开立,有力脚在前,脚尖紧靠起跑线后沿,后脚用前脚掌支撑站立,前后距离40~60 cm,左右间隔20 cm。两腿弯曲,上体前倾,重心落于前脚。前脚的异侧臂自然下垂,同侧臂在体侧后自然伸直。颈部放松,眼向前看3~5 m处,上体前倾程度根据个人习惯与比赛的战术而定。此时身体应保持稳定,集中注意力听枪声或"跑"的口令。

听到枪声或"跑"的口令时,两腿用力蹬地,后脚蹬地并迅速前摆,前腿迅速蹬直,两臂配合两腿做快而有力的摆动,使身体快速向前冲去进入加速跑阶段。这时上体前倾稍大,摆臂、摆腿和后蹬的动作都应迅速积极。这段加速跑距离的长短、速度的快慢,应根据项目、个人特点、比赛情况和战术要求而定,一般中距离跑的加速距离较长,跑速较快。起跑后应在不妨碍别人的情况下,跑向能发挥个人跑速与战术的位置,然后进入匀速而有节奏的途中跑。

(二) 途中跑

由于中长跑的距离比短跑长,因此要求中长跑时步频高,步幅舒展、均匀、放松,重心平稳,协调省力,落地积极有节奏,并尽量提高肌肉用力和放松的应变能力,一方面要尽可能减少体力的消耗,保持较高的跑速,另一方面要求在全程跑中具有能根据比赛的突发情况进行加速跑的能力。

中长跑时上体的姿势要比短跑直些,中距离跑的上体前倾角度为5°~10°,长距离跑约为5°。摆臂幅度和后蹬力量比短跑小。后蹬角比短跑大,腾空的时间也缩短(图14-8)。

图14-8 途中跑技术动作

(三) 终点跑

终点跑是中长跑全程结束前的最后一段加速跑,此时已处于疲劳状态,又是胜负的关键时刻。在这段距离内,要根据个人的水平、战术要求和对手的情况而及时进行调整,全力以赴，顽强拼搏，向终点冲刺。一般情况下 800 m 跑可在最后 200 m 开始，1 500 m 跑可在最后 400 m 开始，3 000 m 以上项目可在最后 400 m 或更长些的距离开始进入终点跑。

二、中长跑的呼吸

中长跑的呼吸节奏要与跑的节奏相适应。一般是采用跑两三步一呼气，两三步一吸气的办法，用鼻和半张开的口进行呼吸，并要有适宜的呼吸频率和呼吸深度。

由于在中长跑时，氧气供应满足不了肌肉活动的需要，造成"氧债"，因此跑到一定阶段（一般在全程的 1/3 或 1/2 处）会出现胸闷、呼吸困难、动作不协调、四肢无力、难于继续坚持下去的感觉。这种现象叫"极点"，它是跑的过程中的正常生理现象。通过锻炼可以缩短"极点"的持续时间及减缓对身体的不良影响程度。因此，在跑的时候当"极点"出现时，可调整呼吸与跑速，以顽强的意志坚持跑下去，经过一段时间，这种"极点"现象就会得以缓解，出现明显好转，之后，又可正常的跑进。这一身体机能出现好转的机能状态又称为"第二次呼吸"。

三、中长跑的练习方法

（1）跑走交替。即跑一段走一段，再跑一段再走一段，逐渐加长跑的距离，缩短走的距离，最后完全过渡到跑。

（2）变速跑。用快、慢交替跑来发展速度耐力，体会途中跑的用力和放松，练习在中长跑中如何分配自己的体力。

（3）匀速跑。用来练习速度耐力的方法，体会摆臂、呼吸的方法。跑的距离在 800 ~ 1 600 m，或更长的距离。

（4）反复跑。主要练习专项耐力。即在规定的时间内，反复跑一定的距离。一般采用 100 ~ 300 m、500 ~ 600 m；1 000 ~ 1 200 m；2 000 m 或更长距离。重复次数为 4 ~ 10 次，休息时间每次 3 ~ 8min。也可根据脉搏数恢复至 100 ~ 120 次/min 为重复时间。跑速一般是最好成绩的 85% ~ 90%。

（5）定时跑规定跑的时间或在规定时间内跑一定距离。可发展耐力，培养速度的感觉。

（6）越野跑。是在公路或野外自然环境中进行的一种长距离的大强度跑。由于越野跑途经的自然景色不断变化，能提高兴奋性，不易疲劳，在空气新鲜的乡间或林间跑步，锻炼效果更佳。

链接之一

马拉松的来历

马拉松原为希腊的一个地名。在雅典东北 30 km 处。公元前 490 年，希腊与波斯在雅典东部的军事重镇 Marathon 激战，希腊以少胜多取得了胜利，为了把胜利消息迅速告诉雅典人，希腊派遣长跑优胜者斐迪庇第斯从马拉松跑至雅典中央广场（全程 42 195 m）。在极速完成传达胜利的消息后，斐迪庇第斯体力衰竭倒地而亡。其后人为纪念他而设立了马拉松比赛。

第四节　接力跑

接力跑是由短跑和传、接棒技术组成的集体项目。接力跑包括男、女 100 m×4 和 400 m×4 等接力项目。

一、接力跑的技术

接力跑技术包括短跑技术和传、接棒技术两个部分，接力跑的成绩决定于各棒队员通过各自跑段的速度以及传接棒队员之间娴熟的传、接棒技术。

（一）100 m×4 接力跑技术

1. 起跑

（1）持棒人起跑。第一棒传棒人以右手持棒，采用蹲踞式起跑。持棒方法有三种：①右手的食指握住棒的后部，拇指与其他三指分开撑地。②右手的中指、无名指握住棒的后部，拇指、食指和小指三角撑地。③右手的中指、无名指和小指握住棒的后部，拇指和食指分开撑地。

（2）接棒人起跑。第2棒、第3棒、第4棒的起跑常采用半蹲踞式或站立式起跑、接棒人站在接力区后端或预跑线内。选定起跑位置，两脚前后开立，两膝弯屈，上体前倾。第2、第4棒队员站在跑道外侧，右腿在前，第3棒队员站于跑道内侧，目视传棒人，当传棒人跑到标志线时，接棒人便迅速起跑。

2. 传、接棒

传、接棒方法有上挑式和下压式两种。

（1）上挑式。接棒人的手臂自然向后伸出，手臂与躯干成 40°～45° 角，掌心向后，拇指与其他四指自然张开，虎口朝下，传棒人员将棒由下向前上送入接棒人的手中。

优点：接棒人向后伸手动作比较自然，容易掌握。

缺点：接棒后手握棒的中部，待第三棒传给第四棒时只能握住棒的前部不利于摆臂易掉棒。

（2）下压式。接棒人的手臂向后伸出，手臂与躯干成 50°～60° 角，手腕内旋，掌心向上，拇指与其他四指自然张开，虎口朝后，传棒人将棒由上向下传给接棒人的手中。

优点：每一棒次的接棒都能握住棒的中下部，便于持棒快跑。

缺点：接棒时手臂较紧张不自然。

100 m×4 接力跑多采用混合式传、接棒方法。即综合两种优点避免缺点的传接棒方法。一般为：第1棒右手持棒起跑，沿跑道内侧跑，用上挑式传给第2棒人，第2棒左手接棒沿跑道外侧跑，用下压式传给第3棒人，第3棒人右手接棒沿跑道内侧跑，用上挑式传给第4棒人，第4棒人左手接棒。

3. 传、接棒的时机和位置

接棒人站在预跑区后部，并在身后 5～7 m 处画一条起跑标志线。看到传棒人跑至标志线时接棒人迅速转身起跑眼看跑进方向，并做好接棒准备。当双方跑进接力区，离接力区前端4~5 m处迅速准确无误地完成交接棒，此时传棒人和接棒人的距离约为1.5 m。传接棒时传棒人可发出"接"的信号。

4. 各棒队员的安排

第1棒：起跑技术好，善于跑弯道。

第2棒：专项耐力好，善于传接棒。

第3棒：要有第2棒的特点还要善跑弯道。

第4棒：成绩最好，冲刺能力强。

（二）400 m×4接力跑技术

400 m×4接力跑传、接棒的技术相对比较简单，第一棒采用蹲踞式起跑，起跑技术同100 m×4接力跑的起跑；第2棒、第3棒、第4棒各采用站立式起跑，上体左转，目视后方，顺传棒人跑速主动接棒，随后快速跑出，传棒人将棒传出后应从跑道内侧退出跑道，避免影响其他接力队员的跑进。

400 m×4接力跑，多采用右手传递，左手接棒后换手的传接棒技术，即第1棒队员以右手持棒传给第2棒队员的左手，第2棒队员接棒跑出后将棒换至右手继续跑进，第3、第4棒队员均以此法传接棒。

400 m×4接力跑队员安排原则：

第1棒：实力第2，善于起跑者；

第2棒：实力第3，抢道技术好者；

第3棒：实力最弱，耐力较好者；

第4棒：实力最强，具有良好的战术意识和速度控制能力以及较强的心理素质者。

二、接力跑练习

（1）持棒原地摆臂，做"上挑式"和"下压式"传接棒练习。

（2）徒手原地摆臂。

（3）两人原地配合，要求传棒人与接棒人前后相距1.5 m左右。传棒人的右肩对着接棒人的左肩（或反之），前后两人差位站立。传棒人向前送棒时发出"接"的信号，接棒人听信号后迅速向后伸手接棒。

（4）两人行进间做同（3）的练习。

（5）第一棒右手握棒的蹲踞式起跑练习。

（6）第2棒、第3棒、第4棒半蹲踞式和站立式起跑练习。

（7）在接力区内做双人传、接棒技术练习。当传棒人用较快速度跑至标志线时，接棒人迅速起跑，在距接力区内末端3~4 m处完成传、接棒动作。

（8）全程接力跑练习：5~6人组队，连续进行50~100 m接力跑的练习；50 m×4接力跑练习；100 m×4接力跑练习；200 m×4接力跑练习等。要求：传接棒人双方事先要约定传接棒方法、起跑标志线；传棒人传完棒后沿自己的跑道缓慢减速；接棒人接棒时眼看前方不要向后看，以免窜道犯规。

三、规则介绍

（1）第1棒队员握棒起跑时，棒体不得触及起跑线和起跑线前地面，否则判起跑犯规。

（2）传、接棒动作必须在规定的接力区内完成。

（3）传棒人传完棒后退出跑道时阻碍其他队员跑进应判罚犯规。

（4）对有犯规行为的队将取消其比赛成绩。

链接之二

> 接力赛是田径运动中唯一的集体项目。以队为单位，每队4人。其起源有多种说法，有的认为起源于古代奥运会祭祀仪式中的火炬传递，有的认为与非洲盛行的"搬运木料"或"搬运水坛"游戏有关，也有的认为是从传递信件文书的邮驿演变而来。
>
> 奥运会比赛项目分男、女100 m×4接力跑和400 m×4接力跑。1908年第4届奥运会首次设立接力项目，但4名运动员所跑距离不等。1912年第5届奥运会改设100 m×4接力跑和400 m×4接力跑。女子100 m×4接力跑和400 m×4接力跑分别于1928年、1972年被列入奥运会比赛项目。

第五节　跨栏跑

跨栏跑是在快速跑中跨越一定数量、间距，一定高度栏架的跑跨结合的田径项目。跨栏跑的运动成绩是由运动员的单跑速度、过栏技术以及跑跨结合的能力决定的。

一、110 m和100 m跨栏跑的基本技术

（一）起跑至第一栏前的技术

起跑方式同短跑起跑方式。起跑到第1栏男子的距离是13.72 m，女子的是13 m。运动员一般跑7~9步。如果跑7步或9步则起跨脚放在后起跑器上，跑8步起跨脚放在前起跑器上（图14-9、图14-10）。

起跑后的加速跑中上体抬起比短跑要早些，这样便于高重心起跨。

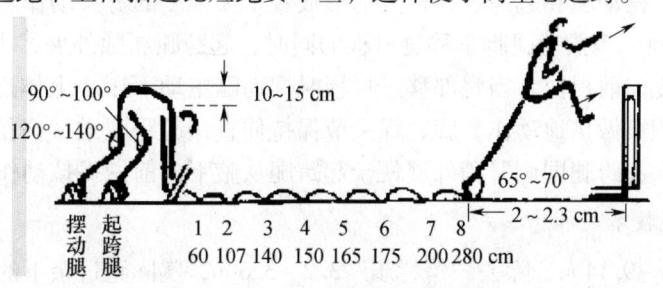

图14-9　110 m栏起跑至第一栏前的技术

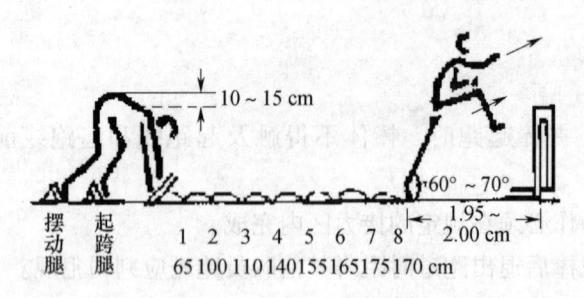

图 14-10　100 m 栏起跑至第一栏前的技术

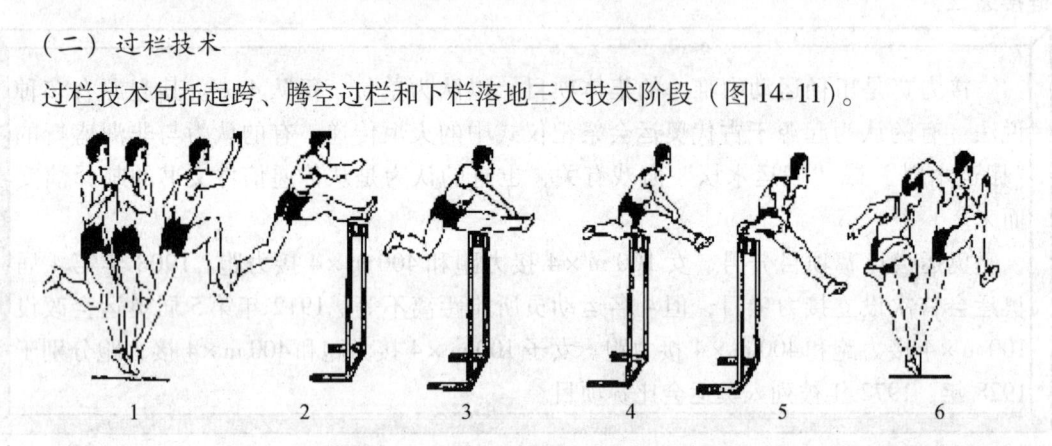

(二) 过栏技术

过栏技术包括起跨、腾空过栏和下栏落地三大技术阶段（图 14-11）。

图 14-11　过栏技术动作

(1) 起跨，是在快速跑动中，起跨腿用力后蹬，使身体腾空的技术动作。动作要领：起跨前应保持较快的跑速，最后一步比前一步的步长应缩短 10~20 cm。用起跨腿前脚掌或脚外侧着地，随身体重心前移过渡到全脚掌触地，此时膝关节微屈缓冲，当身体重心超过垂直面时，摆动腿向前上方加速高抬大腿，起跨腿同侧手臂往前上方用力摆出，肘关节与肩高，另一臂摆至体侧，同时起跨脚跟迅速提起。膝关节伸直，使上体加速前移，形成一种良好的攻栏姿势。起跨蹬地角约为 70°，起跨点距栏架 2~2.20 m。

(2) 腾空过栏，起跨腿蹬离地面后，摆动腿继续向前上方摆动直到膝关节超过栏板高度，此时小腿迅速前伸，使摆动腿伸直，脚尖微微上翘，以脚掌朝前。摆动腿异侧臂继续前伸至栏板上方，并带动上体前倾，使躯干与摆动腿形成锐角。

当摆动腿脚掌到达栏板上方之前，起跨腿一侧的髋关节保持伸展，小腿自然折叠并与地面平行。这样，摆动腿和起跨腿在栏架前形成一个大幅度的劈叉动作。

(3) 下栏落地，当摆动腿脚掌移过栏板的同时，起跨腿屈膝外展，小腿收紧抬平，脚尖勾起，以膝领先向前提拉。当臀部移过栏板时摆动腿主动下压，上体逐渐抬起，当摆动腿脚掌触地时应积极做扒地动作，膝、踝关节保持伸直，起跨腿继续高抬。两臂应一直保持屈肘前后摆动，起跨腿同侧臂稍外展便于起跨腿从腋下向前做提拉动作。

(三) 栏间跑技术

栏间距离为 8~9.14 m，除去"跨栏步" 3.2~3.6 m，实际跑过余下的为 5.4~5.7 m 的栏间距离。以栏间 3 步跑为例，其步长比例分布为：第 1 步 1.65 m，第 2 步约为 2.06 m，第

3步约为1.85 m。3步步长不等，每步步速和支撑、腾空时间关系都有变化，这就构成栏间跑所特有的节奏（图14-12）。

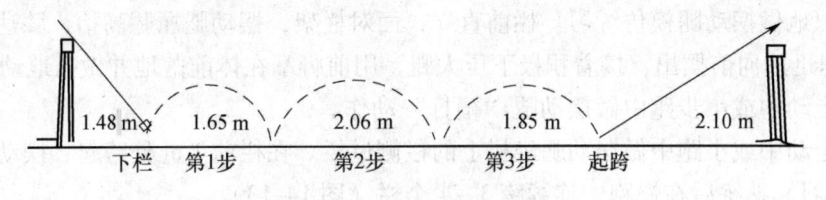

图14-12 栏间跑的距离分配

栏间跑第1步的水平速度同过栏有所降低，蹬地起步时膝关节始终伸直，因而步长短于后面两步，为了争取第一步必要的步长，应充分发挥踝关节及脚掌的力量，借起跨腿的高抬加快髋部前移，用力摆臂也能起到提高蹬地效果和加快动作频率的作用。

第2步的动作结构和支撑与腾空时间关系大致与短跑途中跑相同，要高抬大腿用前脚掌有弹性地蹬地，上体不得过大前倾。

第3步因准备起跨形成一个快速短步，动作特点与跨第一栏前的最后一步相同，摆腿不要太高。

良好的栏间跑技术应表现为高重心，步幅轻快而有弹性，节奏分明。

（四）全程跑

全程跑中要将合理的过栏技术与快速的栏间跑结合起来，注意动作的直线性、节奏性和协调性。在跨越最后两三栏时，要尽可能保持跑速，以顽强意志动员全部力量去完成动作。注意加强蹬地，适当加大上体前倾。最后一栏的下栏动作要更加积极，两臂加快摆动，以便更快转入终点跑，并像短跑冲刺一样跑过终点，撞线后逐渐减速。

二、400 m 跨栏跑技术

400 m 栏起跑到第一栏的距离是45 m，起跑采用蹲踞式起跑，起跑技术与500 m 跑基本相同。一般男运动员跑21～23步，女运动员跑25～26步。

400 m 栏有半程在弯道上过栏，弯道过栏用右脚起跨可较有力地利用向心力顺利过栏。用右脚前脚掌内侧蹬地，左腿摆动略向右倾，脚尖外转，右臂前伸时多向左侧用力，右肩高于左肩，身体左倾。下栏时，左腿以脚前掌外侧在靠近跑道内侧分道线处着地，起跨腿的提拉举膝也多向前方用力。

栏间距离为35 m，动作基本与400 m 跑动作相同，但步数、步长、节奏感非常重要。男子运动员一般跑15～17步，女子运动员一般跑17～19步。

最后一栏到终点的距离为40 m。此时运动员会感到非常疲劳，这一段往往是比赛的重要时刻，不但要保持跑的技术正确，加强摆臂，还应发挥跑的能力，以坚强的毅力争取不减速地冲向终点。

全程跑不但要保持栏间跑的良好节奏和顺利过栏的技术，还要很好地分配体力。一般后半程悖于前半程不宜超过3 s。

三、跨栏跑练习

（1）原地做摆动腿模仿练习。栏前直立，面对栏架，摆动腿屈膝高抬，膝达到栏架高度时，小腿迅速向前摆出，接着积极下压大腿，用前脚掌在体前落地并做扒地动作。

（2）走动中或小步跑中做摆动腿"鞭打"动作。

（3）走动中或小跑中做摆动腿经栏上的栏侧过栏。在栏前1 m处跨起，摆动腿从栏侧做（1）练习，熟练后在慢跑中连续跨3~4个栏（图14-13）。

图14-13 走动中或小跑中过栏练习

（4）原地提拉起跨腿过栏练习。双手扶肋木站立，起跨腿屈膝经腋下向前提拉过栏，膝部提举到身体正前方，自然落于体前，身体不要扭转或偏斜，栏架可横放或纵放（图14-14）。

图14-14 原地提拉起跨腿过栏练习

（5）走动中或慢跑中经栏侧提拉起跨腿，起跨腿蹬地要充分。

（6）原地做"跨栏步"中两腿交替换步动作。

（7）走动中或慢跑中做过栏动作。

（8）跑3~5步做过栏动作和栏间跑动作。

（9）跑动中从栏上过栏接栏间步连续3~4个栏。

（10）蹲踞式起跑至第一栏步点（7~9步）测量练习。

（11）全程跨栏跑练习，栏距可从7 m逐渐过渡到9.14 m。

四、规则介绍

（1）任何有意用手推倒、用摆动腿脚后跟以上部位踢倒栏架的行为应视为犯规行为。

（2）漏跨、从栏侧绕过的行为视为犯规行为。

链接之三

跨栏跑起源于英国，由牧羊人跨越羊圈栅栏的游戏演变而来。跨栏跑最早使用的栏架是掩埋在地面上的木支架或栅栏，1900 年出现可移动的倒 T 字形栏架。1935 年有人将 T 形栏架改成 L 形栏架，L 形栏架支脚的另一端朝向运动员的跑进方向，稍加阻力即可向前翻倒，减轻了运动员过栏时的恐惧心理。

奥运会比赛项目分男子 110 m 跨栏跑、400 m 跨栏跑（1896 年列入）；女子 100 m 跨栏跑（1932 年列入，当时为 80 m 跨栏跑，1972 年改为 100 m 跨栏跑）、400 m 跨栏跑（1984 年列入）。男子 110 m 跨栏跑的栏高为 106 cm，400 m 跨栏跑的栏高为 91.4 cm；女子 100 m 跨栏跑的栏高为 84 cm，400 m 跨栏跑的栏高为 76.2 cm。

目前，男子 110 m 跨栏跑的世界纪录是 12 秒 88，由我国优秀运动员刘翔在 2006 年在瑞士洛桑田径超级大奖赛创造。

第六节 跳 远

一、跳远的技术

跳远的完整技术由助跑、起跳、腾空、落地 4 个部分构成，其技术关键是快速助跑与正确的起跳相结合。

（一）助跑

跳远的助跑是为了获得必要的水平速度，为踏跳和起跳做好准备。

助跑的距离男子一般为 35～45 m，步数为 18～24 步，女子为 30～40 m，步数为 16～20 步。助跑距离的丈量方法：一般采用走步丈量法。走的步数一般为跑的步数乘 2 再减 2，如丈量 16 步助跑时，走（16×2）－2＝30 步即可。此方法丈量的助跑距离必须反复试跑后确定。助跑的方法：一般采用逐渐加速的方法。即随着跑速的加快，上体逐渐抬起，步长、步频也逐渐加快，倒数第 2 步稍大并有微蹲，最后一步长比倒数第 2 步短 20～40 cm（图 14-15）。助跑的标记点：一般起跳点为第 1 标记，倒数第 8 步处为第 2 标记。助跑的标记是为了检查助跑的节奏和准确性，但不能只顾踩标记而影响了助跑的速度和连贯性。

（二）起跳

起跳的任务是改变身体重心向前运动的方向，使它按适宜的腾起角（18°～24°）向空中腾起。腾起的初速度越大，越有可能跳出优良的成绩。

助跑到最后一步起跳腿迈出积极下压（图 14-16 之 1），以全脚掌踏起跳板，并向后快速"扒"地，摆动腿迅速向前摆，当身体重心移至起跳腿支点的垂直部位时，起跳腿迅速蹬伸，髋、膝、踝关节伸直。摆动腿继续向前上方摆至水平位置，小腿自然下垂（图 14-16 之 2）。起跳时两臂的摆动可以增大起跳效果。起跳腿开始蹬伸时同侧臂向前上摆动，异侧臂向侧上摆起，当两臂肘关节摆至肩高时突然"停止"摆动，这样可以借助摆臂的惯性，提肩、拔腰、挺胸、顶头，使身体重心向上提起，协助两腿完成起跳动作。

图 14-15　助跑技术动作　　　　　　　图 14-16　起跳技术动作

（三）腾空

起跳后身体便迅速腾空而起，并形成"腾空步"（图 14-17）。

"腾空步"后的空中动作有 3 种：蹲踞式、挺身式和走步式。因蹲踞式和挺身式较走步式易学易练，所以这里就介绍这两种空中姿势。

（1）蹲踞式，"腾空步"后，起跳腿逐渐向摆动腿靠拢，然后，两腿一并上举使膝接近胸部，两臂随上体前倾向前伸（图 14-18）。

图 14-17　腾空步　　　　　图 14-18　蹲踞式腾空技术动作

（2）挺身式，起跳成"腾空步"后，摆动腿自然下放，起跳腿微屈与摆动腿靠拢，两臂随摆动腿下放而由下向后上方摆振，同时展髋，挺胸抬头，形成挺身姿势（图 14-19）。

图 14-19　挺身式腾空技术动作

（四）落地

正确的落地技术有利于推迟脚着地的时间，可以提高跳远成绩，并能防止伤害事故的发生。落地技术包括以下动作（图 14-20）：

（1）着地前两腿屈膝高抬并主动向胸部靠拢成团身姿势。

图 14-20　落地技术动作

（2）即将着地时，膝关节迅速伸直，使小腿前伸，以脚跟先接触沙面。

（3）着地后，立即屈膝，身体前移，两臂前摆，使身体迅速移过落点，避免后坐影响成绩。

二、跳远的练习

（1）原地模仿起跳练习。两腿前后站立，起跳腿由后向前屈膝摆动至体前积极下压放脚，以全脚掌滚动着地，随即缓冲和蹬伸跳起，两臂随摆动腿一起向前上摆动。

（2）跳动或走动中做上一步练习。

（3）起跳后的腾空步练习，用摆动腿落沙坑。

（4）腾空姿势和落地动作练习。短距离助跳起跳成腾空步后，做蹲踞式、挺身式和落地动作，注意体会摆动腿和起跳以及两臂的协调配合。

（5）丈量步点，确定标记后反复助跳练习。

（6）全程助跑和起跳结合练习。

（7）全程助跑起跳和腾空落地结合练习。

三、规则介绍

（1）运动员的试跳顺序应抽签决定。

（2）运动员超过8人时，每人可试跳3次。前8名可再试跳3次。只有8人或不足8人时，每人均可试跳6次。

（3）助跑道宽122～125 cm，长大于40 m，起跳板长1.21～1.22 m，厚10 cm，落地区宽2.75～3 m，起跳板至落地区最远端不短于10 m。落地区内应填湿沙。沙面应与起跳板齐平。

（4）有下列情况之一应判为试跳失败：

①不论是未做起跳的助跑还是跳跃动作，运动员以身体任何部分触及起跳线以外地面。

②从起跳板两端以外，在起跳线延伸线的前面或后面起跳。

③在落地过程中触及落地区外地面，而区外触点较区内最近触点离起跳线近。

④完成试跳后，向后走出落地区。

（5）试跳成绩应从运动员身体任何部分着地的最近点至起跳线及其延长线直角丈量。

（6）每名运动员应以其最好的试跳成绩为其最后的决定成绩。

链接之四

> 跳远起源于人类猎取或逃避野兽时跨越河沟等活动，后成为军事训练的手段。为公元前708年古代奥运会五项全能项目之一。现代跳远运动始于英国，1827年9月26日在英国圣罗兰·博德尔俱乐部举行的第一次职业田径比赛中，威尔逊越过5.41 m的远度，这是第一个有记载的世界跳远成绩。跳远的腾空动作有蹲踞式、挺身

式和走步式。20世纪70年代出现前空翻跳远,因危险性大,被国际田联禁用。最初运动员是在地面起跳,1886年开始采用起跳板。起跳板为白色,埋入地下,与地面齐平,长1.22 m,宽20 cm,距沙坑近端不少于1 m。起跳板前有起跳线,起跳线前有用于判断运动员起跳是否犯规的橡皮泥显示板或沙台。运动员必须在起跳线后起跳。比赛时,如运动员不足8人,每人可试跳6次,超过8人,则先试跳3次,8名成绩最好的运动员再试跳3次。以运动员6次试跳的最好成绩排列名次。男、女跳远分别于1896年和1948年被列为奥运会比赛项目。

目前,男子跳远世界纪录由美国优秀男子跳远运动员迈克·鲍威尔创造,1991年他以8.95 m的成绩打破了比蒙保持了近23年的男子跳远世界纪录。

第七节 跳 高

跳高是人体通过快速助跑,单脚起跳越过垂直高度横杆的一项田赛运动。跳高的过杆姿势有跨越式、剪式、滚式、俯卧式和背越式。这里简要介绍当今普遍采用的背越式跳高的技术。

一、背越式跳高的技术

人体通过助跑、起跳,以背对横杆的姿势越过横杆并以背先着垫的方法叫背越式跳高,它由助跑、起跳、过杆和落地等部分组成(图14-21)。

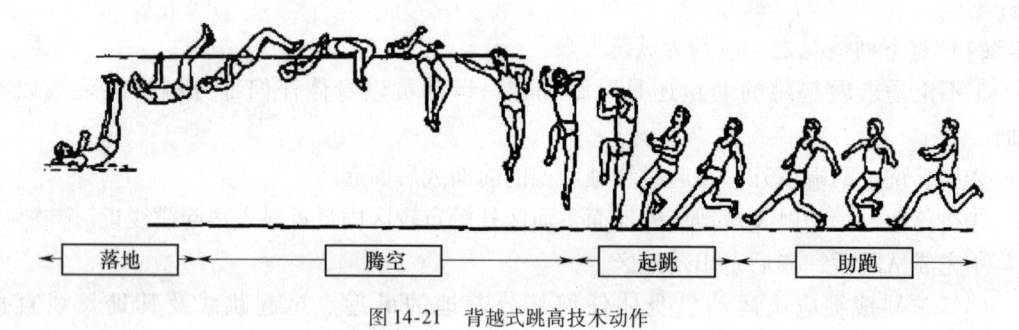

图14-21 背越式跳高技术动作

(一)助跑

助跑的任务是为了获得向前的水平速度,为快速有力地起跳创造条件。背越式跳高的助跑,前段为直线,后段为弧线,共跳8~12步,弧线段跑4~5步。助跑的前段为离重心弹性直线加速跑,后段弧线跳时,身体向圆心倾斜,跑速越快,倾斜也越大,助跑要求轻松、自然、快速、准确而有节奏。

背越式跳高助跑步点的丈量方法:一般采用走步丈量法,先确定起跳点,起跳点设在距横杆的垂直面60~100 cm,离近侧跳高架的立柱1 m处。从起跳点沿横杆的平等方向向前自然走4步,再向助跑起点方向自然走6步,此处做一标志,为直、弧段交界处;再继续向前走7步做一标志即是起跑点。在此基础上反复多次助跑检验、调整，最后确定下来（图14-22）。

（二）起跳

背越式跳高用远离横杆一侧的腿起跳。当起跳脚踏上起跳点后，以脚跟外侧领先着地并迅速滚动到全脚掌，并迅速屈膝、屈踝进行退让工作，同时身体由倾斜转为垂直。摆动腿以髋带动大腿，屈膝向起跳腿同侧肩的前上方快速内扣摆起，起跳腿快速有力地蹬伸髋、膝、踝三关节。双臂用力向上提肩摆臂，及时做引肩动作（图14-21之起跳）。此时身体腾起，完成起跳动作。

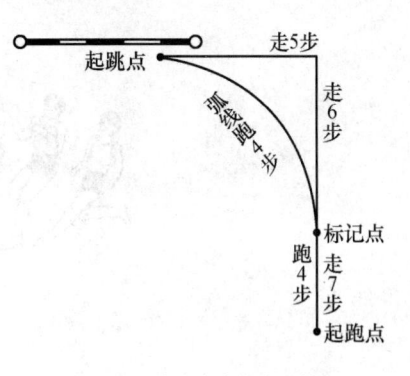

图14-22 助跑步点的丈量方法

（三）过杆和落地

起跳结束后，身体按弧线的切线方向腾起，由于骨盆在起跳时随摆动腿的内扣上摆而发生转动，人体在空中转动呈背对横杆的姿势。此时摆动腿的膝放松，起跳腿蹬伸离地后自然下垂，肩继续向横杆伸展，头和肩先过杆后抬头挺髋，使身体充分挺开，同时两膝微屈自然分开，两臂置于体侧，在杆上形成背卧反弓形的姿势。髋部越过横杆后，收腹低头把未过杆的两腿上举，使其越过横杆（图14-21之腾空），整个身体呈"L"状下落，以肩背领先落于垫上，顺势做后滚翻以缓冲下落动作（图14-21之落地）。

二、背越式跳高的练习

（一）发展弹跳力的练习

单脚多级跳，单脚跳台阶，原地单、双足纵跳摸高，双脚连跳过栏架，从50～100 cm高处跳下并接着跳起。

（二）掌握起跳技术的练习

（1）迈步摆腿练习。斜侧横杆或肋木站立，起跳腿向前迈步放脚，屈膝、屈踝，身体前移，摆动腿屈膝内扣上摆，起跳腿蹬伸髋、膝、踝关节，身体背向横杆式肋木，两臂向上提肩引臂。

（2）3步助跑做（1）练习并跳起。

（三）助跑与起跳结合练习

（1）沿15 m直径圆圈跑练习，体会身体向内倾斜。

（2）由直线进入圆圈跑练习。

（3）沿圆圈3步或5步跑起跳练习（图14-23）。

（四）过杆落地练习

（1）仰卧在垫子上，两肩和两脚撑地，做向上抬臀和挺髋的动作。

（2）背对垫子站立，做提踵、挺髋、仰头挺胸，肩后倒落于垫上。

（3）立定背越式跳高。两腿屈膝半蹲跳起，两臂配合上摆，向后倒肩，抬臀、挺髋，成背弓姿势越过横杆或橡皮筋，以肩落于垫上（图14-24）。

图 14-23　3 步跑起跳练习

图 14-24　立定背越式跳高练习

（4）助跑过杆练习。助跑 2~4 步做背越式过低横杆或橡皮筋。
（5）全程助跑背越式跳高练习。要求丈量、调整助跑步点、起跳点，助跑节奏明显，起跳后身体垂直向上腾起，背对横杆，过杆时挺髋或"背弓"形，然后两小腿向上甩起，以背落于垫上。

三、规则介绍

（1）运动员必须用单脚起跳。
（2）横杆每轮提升的幅度不得少于 2 cm。全能比赛每轮横杆提升幅度为 3 cm。
（3）比赛开始前，裁判员应向运动员宣布起跳高度及每轮横杆的升高计划。
（4）有下列情况之一，则判为试跳失败。
①试跳后，由于运动员在试跳时的动作，致使横杆未能留在横杆托上。
②在越过横杆之前，身体任何部分触及立柱之间、横杆延长线垂直面以外的地面或落地区。

链接之五

> 目前的跳高世界纪录是 2.45 m，由古巴运动员索托马约尔于 1993 年在西班牙创造。
> 我国选手朱建华曾创造该项目的世界纪录，朱建华现在还保持着 2.39m 的亚洲纪录，这一成绩是当年的世界纪录，于 1984 年 6 月 10 号创造。

第八节 铅 球

推铅球是田径运动田赛投掷项目之一，经常从事这项运动，对增强体质，发展躯干和上、下脚力量有显著的作用，并能培养坚毅、顽强的意志品质。

推铅球方法是单手持球于锁骨窝处，在直径 2.135 m 圆圈内，经过滑步（或旋转）后，单手从肩上方推出，使铅球落在规定的投掷区内。

一、推铅球技术

现代推铅球技术包括背向滑步推铅球和旋转推铅球。这里我们仅介绍背向滑步推铅球（以右手持球为例）。

推铅球是一个完整的、连贯的技术动作，从技术上可分为预备姿势、滑步、最后用力、维持身体平衡 5 部分（图 14-25）。

图 14-25 推铅球的完整技术动作

（一）握持方法

五指自然分开弯曲，把铅球放在食指、中指和无名指的指根部，大拇指和小拇指自然地扶在铅球的两侧，手腕背后屈（图 14-26），防止球体滑落和滑动。手指力量强的人可把球适当的向手指端移动一些。然后把球放于右肩锁骨窝处，贴靠颈部下颌侧面，掌心向前，大臂与肩高，使球保持稳定。左臂屈肘，横放胸前或屈肘上举（图 14-27）。

（二）滑步前的预备姿势

（1）高姿势。持球背对投掷方向，两脚前后站立，重心落在伸直的右腿上，上体正直，持球臂的肘部略低于肩，左臂自然上举。高姿势动作自然放松，并能协调转入滑步，有利于提高滑步的速度，但由于滑步前的摆腿和团身，身体的重心升降幅度大，要求运动员有较强的腿部力量与较高的平衡能力。

正面观　　　　　侧面观

图 14-26　握球　　　　　　　　　图 14-27　持球

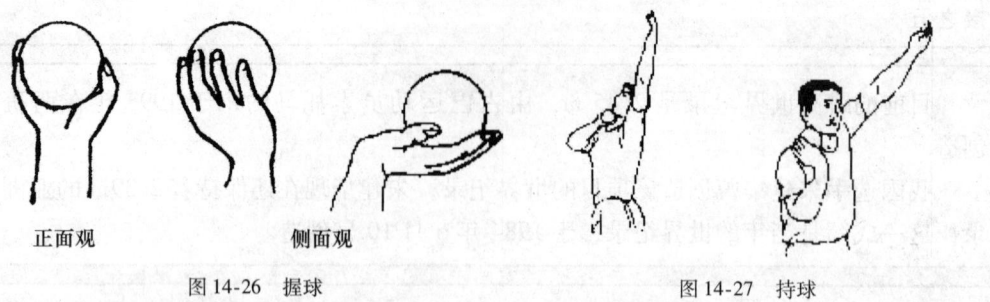

(2) 持球背对投掷方向，两脚前后站立，重心落在弯曲的右腿上，上体前曲，左腿在后自然弯曲，以脚尖点地，两脚相距 50～60 cm，这种姿势较简单，但是全身的肌肉较紧张。

根据姿势反射的原理，两种姿势的头部的位置必须保持与躯干在一条直线上，并保持正直。

(3) 滑步。滑步的目的是为了使器械获得一定的水平速度，为最后用力创造良好的条件。完善的滑步推铅球成绩要比原地推铅球成绩远 1.5～3 m。滑步时要注意身体的平衡、动作要协调、连贯，加速完成动作。背向滑步的预备姿势做好后，左腿可做 1～2 次预摆。当预摆结束，在左腿回摆时，右腿弯曲，使身体团紧，蓄势待发。当左膝回靠近右膝时，臀部后移，右腿用力蹬地伸直，左腿迅速借右腿蹬地的力量主动向抵趾板方向伸直摆出。这样右腿的蹬伸和左腿的主动蹬摆产生了快速力量，使身体快速向投掷方向移动。右腿蹬地后迅速拉收至身体重心下面（投掷圈圆心处），着地脚尖内扣，同时左脚迅速主动用前脚掌内侧着地落于与右脚跟同一直线，距右脚 50～60 cm 处。此时重心落于右腿上，上体保持前屈姿势。两臂保持低姿势时状态，为最后用力做准备（图 14-28）。

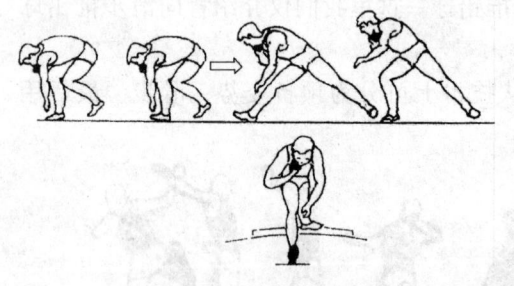

图 14-28　滑步的技术动作

(4) 最后用力。最后用力是从左脚着地的同时开始的。整个最后用力我们可以概括为"蹬""转""抬""送""推""拨"。滑步结束后，右脚比左脚先着地，右腿着地后积极蹬伸，膝和大腿内扣，推动右髋向投掷方向转动，上体在转动中逐渐抬起（为加快上体转动和抬起，左臂从胸前向左上方摆动，使原来背对投掷方向转至侧对投掷方向）。此时左臂和左肩高于右肩，铅球处于较低位置，体重大部分仍在弯曲而压紧的右腿上（图 14-29）。

图 14-29　最后用力的技术动作

由于右腿不停地蹬伸，大腿积极向前向上加速，右髋继续向投掷方向转动和上体逐渐前移（投掷方向），体重逐渐移至左腿，左膝微屈。当左臂继续向体侧摆动时，向前展胸转头，躯干开始做最后的鞭打动作（向前展胸愈积极，手臂伸直得愈快，推球速度也愈快）。随着两腿充分的蹬伸和躯干的最后鞭打，右肩积极向前上方送出，右臂迅速而有力地将球推出（图14-30），当铅球快出手时，快速而有力地屈腕拨球，使铅球从手指离开，加快出手速度，推球角度一般是38°～42°。

图14-30 推球的技术动作

铅球离手后，两腿弯曲或交换，降低重心，缓冲向前的冲力，维持身体平衡，防止出圈犯规。

二、推铅球的练习

（1）徒手模仿握持法。预备姿势，背向滑步及最后用力技术动作。

（2）发展手指力量的练习。手持铅球，用手指与手腕的力量将铅球推出或右手握入，左手来回推球8～10次，反复九组。

（3）原地正向推铅球练习。

（4）原地侧面推铅球练习，原地背向推铅球练习（图14-31）。

图14-31 原地侧面推铅球

（5）持球连续做背向滑步练习（图14-32）。

（6）持球做完整技术练习，体会全过程的连贯动作、动作幅度、用力顺序和各环节的相互配合。

图 14-32　背向滑步练习

三、规则介绍

（1）投掷圈内径为 2.135 m，落地区圆心角为 40°。

（2）运动员应在圈内用单手从肩部将铅球推出。持球手不得低于下颌部位，不得将铅球置于肩轴线后方推出，违者判试投失败。

（3）铅球必须完全落在落地区角度线内沿以内，运动员在器械落地后方可离开投掷圈，离开投掷圈时，最先接触到的铁圈上沿或圈外地面必须完全在圈外白线的后面。违者判试投失败，不计成绩。

（4）丈量成绩为落点后沿至投掷圈内沿的连线长度。连线的延长线必须通过投掷圈圆心。

链接之六

> 铅球起源于古代人类用石块猎取禽兽或防御攻击的活动。现代推铅球始于 14 世纪 40 年代欧洲炮兵闲暇期间推掷炮弹的游戏和比赛，后逐渐形成体育运动项目。铅球的制作经历了用铁、铅以及外铁内铅的过程。正式比赛男子铅球的重量为 7.26 kg，直径 11~13 cm；女子铅球的质量为 4 kg，直径为 9.5~11 cm。早期推铅球没有固定的方式，可以原地推，也可以助跑推；可以单手推，也可以双手推；还出现过按体重分级别的比赛。最初采用原地推铅球技术，后逐渐发展到侧向推、上步侧向推。20 世纪 50 年代，美国运动员奥布赖恩发明背向滑步推铅球技术，该技术被称为"铅球史上的一场革命"。20 世纪 70 年代，苏联运动员巴雷什尼科夫发明旋转推铅球技术，由于旋转后难以控制身体平衡，至今只有极少数运动员使用。比赛时，运动员应在直径 2.135 m 的圈内，用单手将球从肩上推出，铅球必须落在落地区角度线以内方为有效。男、女铅球分别于 1896 年和 1948 年被列为奥运会比赛项目。

第十五章 户外运动（定向越野、野营、山地自行车）

第一节 定向越野

定向越野是一种借助地图和指北针按规定方向行进的体育活动。它以激烈的竞争性、广泛的知识性和浓厚的趣味性强烈地吸引着广大的定向爱好者。定向越野是一项非常健康的智慧型体育项目，它不仅能强健体魄，使人们的体力、智力得到全面锻炼和提高，而且能培养参赛者独立思考、快速反应、果断处事的能力，还能增长知识、启发智力，调节人们的学习、生活和工作情绪。

一、什么是定向越野

定向越野是定向运动的主要比赛项目之一。运动员依据标有若干检查点和方向线的地图，借助于指北针，自己选择行进路线，依次到访各个检查点，在准确通过各个检查点的前提下，以全程耗时最少者为优胜。

二、定向运动的起源和发展

定向运动起源于瑞典。19世纪末20世纪初，欧洲北部斯堪的纳维亚半岛广阔而崎岖不平的土地上覆盖着一望无际的森林，散布着无数的湖泊，城镇、村庄稀疏散落，人们的交通工具主要是依靠那些隐现在林中湖畔弯弯曲曲的小路。在这样的地理环境中生活，如果没有地图和指北针，要想穿越莽莽林海是十分困难的。那些经常在斯堪的纳维亚半岛山林中活动的军人，便成了开展定向运动的先驱。他们深知，如果不具备在山林中辨别方向、选择道路和越野行进的能力，就不能完成保卫国家的重任。1918年，瑞典的一位名叫吉兰特的童子军领袖组织了一次叫作"寻宝游戏"的活动，引起了参赛者的极大兴趣，这便是定向运动的雏形。真正的定向比赛于1919年在瑞典斯德哥尔摩和挪威奥斯陆的军营区举行，标志着定向运动作为一种体育比赛项目的诞生。定向运动本身作为一种体育项目开展是从20世纪初在北欧开始的。到20世纪30年代已在芬兰、挪威、瑞典立足。1932年举行了第一次世界定向运动比赛。1961年国际定向联合会在丹麦哥本哈根成立，现有成员国50多个。国际定联是世界定向运动的行政实体，是国际体育联合会总会之一，定向运动也是国际承认的奥林匹克体育项目。在瑞典800万人口中就有150万定向运动员和150万业余爱好者，全国有700多个定向俱乐部，每年组织1 000多场正式定向比赛。瑞典国王是定向最权威的支持者和保护翼。众多政界要人、商业巨头、媒体名人都是定向运动的钟爱者和积极的参与者。所有学校学生及军队服役人员必须学习定向，它是教育和训练的一部分。对于瑞典人来说，定向已成为一种生活方式。

定向运动在我国作为一项正式的体育活动开展训练和比赛是在 1983 年，在此之前，定向运动只是利用地图按方位角行进的训练，是中国人民解放军军事训练科目之一。1983 年 3 月，中国人民解放军体育学院在广州白云山组织了首次"定向越野试验比赛"。1983 年 7 月，北京市测绘学会利用组织青少年测绘夏令营的机会在北京密云举行了一次定向越野比赛。1985 年 9 月，深圳市体委在中国人民解放军体育学院的协助下与香港野外定向会共同举办了首届"深港杯野外定向 85"比赛。1986 年 1 月 1 日至 5 日，在香港举行"亚洲及太平洋地区定向越野锦标赛"。1986 年 1 月 7 日，深圳市定向运动协会与香港野外定向会在深圳举行了一次"定向越野国际友谊赛"。

定向运动虽然起源于瑞典，但目前已风靡欧洲、澳洲及北美地区。在亚洲的日本、韩国和我国的香港以及南美的巴西和智利也已初具规模。1988 年世界公园定向组织来到中国，在清华大学和十三陵举行了两场比赛。1999 年有 12 名中国大学生运动员参加了世界公园定向组织在世界各地举行的巡回赛及其他主要国际定向赛事，使中国运动员有机会与世界精英学习、交流。我国地域辽阔，自然条件优越。利用山区、森林、郊外、公园及大学校园开展定向运动是非常理想的天然场所。随着我国人民生活水平的不断提高和体育事业的不断发展，我国的定向运动水平也会得到不断的提高。

三、定向越野器材

（一）地图

定向越野地图是定向越野最重要的器材，是定向越野必不可少的工具之一。要参加定向越野活动必须学会看地图，定向越野地图由地图比例尺、地貌符号、地物符号、方位线和图例注记 5 大主要要素组成。

1. 比例尺

定向越野通常采用 1:15 000 的地图。在我国大多数森林定向地图的比例尺为 1:10 000，大多数公园定向地图为 1:5 000。如需要也可采用其他比例尺的地图。

比赛时，一般是在运动途中采用目估法求实地距离。图上距离越长，目估的误差也越大。在图上量读的距离，无论是直线还是曲线都是水平距离，而实际距离要受地形起伏大小的影响。

2. 地貌符号

定向越野地图采用等高线显示地球表面高低起伏的自然状态。等高线越密，坡度越陡；等高线越稀，坡度越缓。等高线用棕色线条表示。等高距（相邻两条等高线之间的实地垂直距离）的大小表示地貌的详略程度。等高距通常为 5 m，根据需要也可采用 2 ~ 10 m，在一幅图上只能使用一种等高距。

3. 地物符号

地面上的各种地物在定向地图上用符号表示，地物符号由图形和颜色组成。一般原则是：蓝色表示水系；棕色表示地面起伏状态（等高线）及公路、沥青地；绿色表示植被；黄色表示空旷地；黄绿色表示私人区及果园；黑色表示人造景观、岩石。对于禁区及不可逾越的障碍，比赛图中有专门的符号说明。在定向越野运动中，独立、明显的地物作用非常大，能帮助参赛者进行图地对照、判定运动方向和确定站立点，准确判定检查点的实地位置。在训练时，由于受现有条件的限制，一般使用单色或双色图。如用双色图时，等高线用棕色，其他用黑色。定向越野地图一般都有图例说明和表示通行难易程度的颜色和符号。

4. 方位线

地图的方位是上北下南、左西右东。在定向越野地图上，绘有若干条等距离平行的、北端有箭头的方向线，称磁北方向线，即磁子午线，箭头所指的方向为地图的北方。利用磁北方向线可以标定地图和测量磁方位角。

5. 图例注记

定向越野地图上的图例注记主要包括：比例尺注记、等高距注记和图例说明。

（二）指北针

指北针主要用于在运动中辨别和保持方向。指北针样式较多，目前国际上的定向越野比赛通常使用由透明有机玻璃制成的指北针。无论用何种指北针，都能通过它透视地图，提高用图的速度。无论用何种指北针，只要灵敏度好即可。指北针通常由定向越野活动组织者提供，也可由参赛者自备。

（三）打卡器

打卡器是参赛者到达各个检查点位置的凭据，组织者也可利用其检查运动员是否到访了各个点标。打卡器有两种：一种是普通打卡器，另一种是电子打卡器（系统）。

1. 普通打卡器

主要由点签和检查卡片组成。点签常用的有印章式和钳式两种，检查卡片由组织者自行设计。点签放在各个点标处，每个点标处只能放一个点签，用点签在检查卡片上做标记以证明到访了某个检查点。每个印章式点签和钳式点签，均由不同的图案组成。

2. 电子打卡器（系统）

电子打卡器是目前最先进的电子计时打卡系统。

（1）系统组成。SI卡（指卡）、SI器（打卡器）、热敏打印包（终端输出打印系统、读数计算器即读卡器、打印机）。

（2）系统的操作使用。SI打卡器的启动：把打卡器按启动、终止、清除、核查、带数字编号的打卡器、终止的顺序排列在一起，在sportident徽标处用磁铁迅速启动所有打卡器，打卡器以鸣响和红灯闪烁反馈，表示开始工作。打卡器背面的黄灯每间隔2 s闪烁表示正常工作。打卡器电池可持续工作8 h，8 h之后自动关闭。由于打卡器被磁铁启动时内部时钟从0开始计时，所以要尽可能快地启动所有打卡器，如果启动时漏掉了某一打卡器（即某一打卡器未被同时启动），必须用off卡关闭所有打卡器，并重新启动。

SI打卡器在比赛中的使用方法：将清除器、核查器、启动器放在出发点位置，带数字编号的打卡器放在各个点标处，终止器放在停止线处。出发前，参赛者首先将指卡插入清除器圆孔中，清除掉指卡中原有的信息（清除器发出清除信号，这一过程持续3 s），而后，将指卡插入核查器圆孔内，检查指卡中的原有信息是否被清除（如果有红灯闪烁，证明原有信息被清除，否则应重新清除）。出发时，参赛者将指卡插入启动器内，并按顺序寻找点标。参赛者每到一处都应将 SI 卡（指卡）插入固定在点标处的打卡器中。打卡器上的红灯闪烁，证明运动员已到访了该点且到访的时间已被记录。到达终点后，将指卡插入终止器圆孔内，终止器发出信号，即到达终点的时间被储存。最后，到终点裁判处用 SI 卡（指卡）插入读卡器内，打印机便可自动打印出到达各点的时间、点与点之间的时间及跑完全程所用的时间。比赛结束后，应及时用 off 卡关闭所有打卡器，以节省电源。

终端打印系统的使用：终端打印系统由打印机、读卡器、连接打印机与读卡器的电缆线、230 V 交流转接器及导线、外部电池组、磁铁、关闭卡、热敏纸等组成。插上连接打印机和读卡器之间的电缆线，把开关拨到打印状态，接上电源（交流 230 V，内置或外置电池组），打开打印机的开关，显示绿灯亮。如显示黄灯，说明电池未被充电，按 Feed 键，检查打印机是否正常工作，并开始送纸，启动读卡器，把 SI 卡放在读卡器的孔内，蜂鸣之后 1～2 s 打印机自动打印出成绩，比赛结束后立即用关闭卡关闭读卡器。

（四）其他器材

（1）检查点标志。检查点用于检验运动员是否按规定跑完全程，并在检查点处设置了专门的标志。检查点标志由三面标志旗连接而成。每面正方形小旗，沿对角线分开，左上为白色，右下为红色，旗的尺寸为 30 cm×30 cm。旗的材料可以是布、硬纸壳、胶合板、金属板等材料。悬挂检查点标志的方法通常有两种，有桩式和无桩式。悬挂高度一般从检查点标志的上端计算，距地面 80～120 cm。

（2）号码布、起点会标、终点会标、音响设备、桌椅、急救器。

四、定向越野场地

（一）场地的选择

定向越野比赛没有专门的场地，它直接利用野外自然地形作为赛场。由于地形对定向越野比赛的难易程度和用时长短有较大的影响，因此要根据比赛需要选择地形。一般情况下，比较理想的定向越野比赛地形应具备下列特点：中等起伏的丘陵地，植被适度；地形变化多样的有限通视地域、生疏的人烟稀少地区。组织定向越野活动也可在近郊区、城市公园或校园内进行。所选场地，对所有运动员都应是陌生的。

（二）比赛路线的设计

定向越野比赛路线通常按"环"形设计，也可设计成"一"字形或"弓"字形。由起点、检查点、终点构成定向越野比赛路线的基本骨架。在比赛中，检查点间的距离通常设计为 500～1 000 m，检查点的数量越多，比赛的难度越大，用的时间就越长，检查点的数量越少，比赛的难度就越小，用的时间就越短。

（1）起点。起点地形以不让运动员观察到赛区的全貌为原则，起点与第一检查点之间应有足够的遮蔽物。

（2）路段。是定向越野比赛的关键性部分，运动员的比赛成绩主要是由路段比赛决定的。检查点的位置应使运动员既不能在很远的地方就能看到，也不能无须费力就能找到。

要充分体现定向越野不仅是体能竞赛,更主要的是智能和技能的拼搏。

(3) 终点。终点与起点可设在同一场地内,也可单独设置。终点地形要开阔,通视要好,便于运动员做最后的冲刺和观众的观看。

(4) 全程路线的设计。全程路线的长度应视运动员的水平、性别、年龄和比赛时间而定。一般比赛 4~8 km;精英赛 10~12 km;初学者路线长度应适当缩短。

(5) 路线标记。起点用等边三角形符号表示,边长 7 mm,三角形的一个角指向第一检查点方向。检查点用圆圈符号表示,直径 5~6 mm,按顺序进行编号。终点用两个同心圆符号表示,直径分别为 5 mm、7 mm。

五、定向越野技能训练

定向运动是一项能够使人们的体力和智力得到全面锻炼和提高的新兴体育项目。在进行不同项目的定向运动时,由于使用的装备器材以及组织比赛的方法不同,因而需要的技能也不同。这里仅介绍徒步定向越野的基本技能。

(一) 越野跑的方法

越野跑时,由于跑的地点和环境在变化,所以跑的技术也随之变化。下面介绍几种常见地形上的越野跑技术。在道路上跑时,基本上采用中、长跑技术,并尽量注意在路面平坦的地方奔跑。在草地上跑时,用全脚掌着地,同时留心向前下方看,以免陷入坑洼或碰在石头上。上坡时,上体应向前倾,大腿抬高一些,并用前脚掌着地,小步跑上去。遇到较陡的斜坡。可改用走步的方法或用"之"字形跑法(走法),必要时可用单手或双手辅助攀登。下坡时,上体应稍向后倾,并用全脚掌或脚跟着地的方法行进。遇到较陡的下坡或坡面很滑的斜坡时,可用侧脚掌着地,甚至采用蹲状的并用手在体后牵拉(草、树)、撑(地)的方式行进。从稍高的地方往下跳时,可用跨步跳的动作。在树林中奔跑时,注意不要被树枝、树叶、藤蔓等刮伤,特别要防止被树枝戳伤眼睛,要用一手或两手随时保护好眼睛。

(二) 行进路线的选择

能够迅速、果断地选择最佳的行进路线,是运动员在比赛中取胜的重要手段。选择行进路线是在识图用图的基础上进行的,是体能与技能在比赛中的综合运用。

1. 选择路线的标准

省体力、距离短、最安全、便于发挥自己的技能和体能优势。

2. 选择路线的基本问题

当遇到高地、陡坡、围栏等障碍时,要考虑是翻越还是绕行,当遇到密林、沼泽、水塘之类的障碍时,要考虑是通过还是绕行。

3. 选择路线需遵循的原则

(1) 走高不走低。即应尽量在高处(如山脊、山背)行进,避免在低处(如山谷、凹地)行进。因为地势高,展望好,便于确定站立点和保持行进方向;高处通风、干燥,杂草、虫害及其他危险少;人们习惯在高处行走,在高处常常会有放牧、砍柴人踏出的小路,利用它便于提高运动速度。

(2) 起伏不大树林稀疏的地段，坚持"选近不选远"的原则。两个检查点之间，地形较平坦，树木不多，可直接越野行进，没必要沿路绕远运动。

(3) 起伏较大，树林密集，障碍大的地段，坚持"统观全局提前绕"的原则。两个检查点之间，既无道路可利用，陡坡、断崖等障碍又难以直接通过时，应对整个地形进行全面分析，避开难以通行的地段，选择适当的行进路线行进。

(三) 注意事项

(1) 选择路线时要考虑地物的变化。定向越野比赛使用的地图，一般情况下，都与现地有一定的差别。因为，制作一张比赛地图，需要一个过程，而实地地物变化很快（如修路、盖房等），一般地形的变化特点是地物变化大，地貌变化小。因此，当地图与现地有变化时，应重点对照地貌，根据地貌形态准确地选择行进路线。即使比赛时用的是最新的地图，也可能与实地有所差别。地图上标明的道路是有限的，而实地上有许许多多图上没有标明的小径（一般的山脊、山背上都有小径，独立房与独立房之间都有小径），所以应把地貌的对照放在首位。

(2) 选择路线时要宁慢少停。在运动途中进行现地对照时，宁可运动速度慢一点，也要减少"停"（指停下来看地图，对照地形）的次数，或做到不停，这样才能加快运动速度。

(3) 迷失方向、走错路后要及时修正。在现地找不到目标点，走错路、迷失方向的现象经常出现，当出现这种情况时，要冷静对待，根据不同情况采用不同的方法处理。

①回头法。迷失方向后，应停止前进，如果错得不多，可按走过的路线，返回到最近的已知站立点，再按正确的路线行进。如果错得太多，又无法返回原路时，就要标定地图，对照地形，看迷失地区附近是否有较大或较突出的明显地形，如果有，就果断地放弃原行进方向向它靠拢，并利用它确定站立点，而后选择正确的行进路线。如果没有这个条件，就继续按原定的方向前进，等待途中遇到能够确定站立点的机会后再取捷径插向正确的行进路线上去。

②登高法。迷失方向后，当确认实地的位置与最近已知站立点距离较远时，用"回头法"会耽误更多的时间，这时可选择通视较好、地势较高的位置，根据与已知站立点的距离、概略方向进行图地对照，确定站立点地图上位置，再选择新的行进路线。

上述方法可灵活运用，无论采用哪种方法，都必须进行图地对照，确定站立点，而后才能正确地选择行进路线。

第二节 野 营

野营是体育的手段之一，属于野游型活动，同时也是文化休息的良好内容。野营是要在野外宿营。

野营是一项形式多样、内容丰富、深受大众喜爱且历史悠久的有益活动。据史料记载：早在汉代，已有"人日"（农历正月初七）"郊外踏青"的习俗；杜甫有"江边踏青罢，回首风旌旗"的诗句。北方以农历三月初三或清明为踏青节。

野营的突出特点是将健身、健心、益智、益群的功能融入大自然中完成。这项活动可以与旅游、行军、春游、野外实习等结合进行，也可单独组织。形式灵活机动，运动量可大可小，随意调整，适合终身享用。

健身价值表现在清新、自然的环境使人们远离城镇的喧嚣、环境污染，尽享日光浴、空气浴、森林浴，长距离的行走、登山，锻炼耐力、力量等身体素质及野外生存能力。由此，强壮体魄、增进健康的功能得到了充分体现。

健心价值表现为丰富多彩的内容，符合大学生浪漫、自由的性格，使同学们乐于接受，有益于培养学生广泛的兴趣和爱好；磨炼意志品质，陶冶情操，克服自身缺点与不足，适应艰苦环境造成的心理压力。

益智价值表现为通过接触大自然，增长知识和掌握生活实用技术，提高认识自然、了解社会的能力。

益群价值表现为极大地发扬团体协作精神，使每一个人在发挥能动性的同时懂得以集体利益为重，充分调动学生互助友爱的集体主义精神，遇到困难，大家集思广益，不等不靠。同时，提高同学们的生活适应能力及野外生存能力，为今后走上社会，适应社会打下良好的基础。

一、制定计划与准备工作

（一）体能及适应能力训练

在计划远足、野营活动前至少半个月，必须进行有针对性的体能及适应能力训练。

1. 训练内容

（1）发展奔跑能力训练。如30～100 m加速跑等。

（2）耐力训练。如3 000 m变速跑、5 000 m越野跑、1 000 m竞走等。

（3）下肢力量练习。如蹲起、跳台阶等。

（4）腰腹力量练习。如仰卧起坐、两头起等。

（5）上肢力量练习。如俯卧撑、引体向上等。

（6）地理环境适应练习。如限时登山、攀岩、游泳等。

2. 训练办法

以课堂上集体强化训练为主线，同时，在教师的指导下制订个人训练计划，通过课内、课外一体化的形式完成训练任务。

3. 考核办法

根据活动的地理环境、距离，选择有代表性的项目为考核内容。

（二）计划安排

1. 组织分工

（1）领队。负责活动的全面工作。

（2）会计。负责活动资金的管理。

（3）装备组。负责集体物资的管理运输，如炊具、帐篷、食物等。

（4）对外联络组。负责选择路线、宿营地及与学校、宿营地周边有关部门的联系。

（5）医疗组。负责成员受伤后的急性处理及伤后护理。

（6）气象、交通组。负责及时了解气象情况，熟悉前往地区的交通状况，以便遇到紧急情况时能争取时间。

2. 讨论活动细节

确定活动日程、路程、活动内容。其中，活动日程宜短不宜长，控制在5天以内，以免个人体力不支和后勤补给不畅；行走距离以每天不要超过35 km为宜。活动内容的选择掌握一个原则，以充分认识自然、了解社会为目的。

3. 出发前通知目的地政府和公安部门，以防突发事件

4. 研究交通指南，熟悉行进过程中及目的地交通状况

5. 须知事项

（1）及时掌握天气变化。
（2）熟知急救用品的存放。
（3）住宿、膳食的安排。
（4）如何与参加者家人联系。
（5）当地公安、医院、管理部门等的联系方法。
（6）落实宿营计划，如营地选择、营内外设施的配给。

（三）选择营地

1. 选择营地的条件

（1）远离公路及闹市。
（2）营地大小和参加人数配套。
（3）适合在草地、沙地或斜度不大的坡地扎营，可避免下雨积水。
（4）适合在水量小、有水源并确保其上游没有人居住或使用过水源的附近地区扎营。
（5）最好选在有自然屏障的避风处，如山丘或巨石的背后。

2. 不宜或不准扎营的地方

（1）河滩或引水小道。
（2）石矿场、军事练靶场。
（3）下雨时，会形成水路的地方，如山谷中的平地。
（4）大河岸附近，河中的河洲，靠近山谷的河流。
（5）营地上游有水坝。
（6）断崖的正上方或正下方。
（7）密林、山顶、岩石地区及孤立的大树附近。
（8）劲风辽阔的高地。
（9）荒废太久的田地。

（四）野外用品准备

1. 集体用品的准备

（1）帐篷。注意要在出发前进行检查和练习。
（2）设营工具。根据需要可携带斧头、锤子、钉子、绳子、铁锹甚至镰刀等工具。
（3）野炊用具。依据具体情况可准备下列用具，如锅、菜板、菜刀、饭勺、碗、刷碗

布、小盆、洗涤剂及各种调料，数量可依人数多少而定。

（4）照明用具。应急灯、手电筒、电池、蜡烛等。

（5）医药品。带一些外伤药、止泻药、防暑药、防蚊虫药、创可贴、绷带、胶布等医药品。

2. 个人用品的准备

（1）衣着。野外活动着装，应以宽松舒适、耐磨、随意为原则。即便是盛夏，女同学也不宜穿裙子，男同学不要穿短裤，尽量减少皮肤裸露的部分，以避免野外蚊虫及枯枝或带刺植物的侵害，贴身衣服应选择柔软吸汗的纯棉制品，切忌穿着尼龙纤维织物。另外，根据气候、季节，还应准备风衣、羽绒服、宽松式牛仔裤或棉制的休闲服等生活用品。

（2）鞋袜。为了便于野外行动，选择柔软舒适的鞋袜对保护好双脚至关重要。一般户外活动着绸面旅游鞋比较适宜，但冬季出行就应穿防寒、保暖和防水性能较好的皮面旅游鞋。如果进行山地旅行，应当准备防滑性能较好的硬橡胶底鞋子，有条件可购置专门的高腰登山鞋以减轻行走对膝踝部造成的冲击，使长途行走变得安全轻松，袜子应选择柔软、易吸汗的纯棉制品，冬季出行或在高山区活动，还应准备一两双纯毛袜子防冻伤。

（3）旅行背包。野外活动准备之物，既要齐全又应尽量减轻负担，选择舒适而适用的背包，非常重要。能装帐篷、防潮睡袋、睡垫、水壶等物品的大型背包，对方便野外活动是非常必要的。

二、远足、野营技术和技巧

即使有周密的计划和良好的装备，但如果缺乏远足的知识和技巧，远足活动也不会成功。为了使远足者能够顺利地完成远足旅程，学习并掌握远足应有的知识便有其重要的意义。

（一）到达起点后的准备工作

到达起点，首先把水壶灌满，上个洗手间，整理、检查装备是否齐全等，再做一些预测工作，想想遇上突发事件的处理对策。这些看似简单的事前准备工作虽然颇花时间，但往往决定整个远足活动的成败。匆匆忙忙去远足的人，最后往往弄得自己疲惫不堪。

（二）热身体操

出发前应先做一些活动，各关节和拉长肌肉及韧带的热身体操是非常重要和必要的，这样不但有暖身作用，更有活动筋骨的好处。在肌肉僵硬、关节干涩的状态下，突然远足容易受伤，但热身操不需要太剧烈，使身体发热即可，做时先由离心脏最远的地方开始，如从踝关节到下肢、腰腹，再到上肢继而头颈部，并且慢慢加重力量，等身体热起来，便可以出发了。

（三）调整装束

1. 行进中调整装束

行进中只要一觉得汗不断地流，就应该调整一下身体上的衣物，以免失去更多的水分，身上衣物的调整最好以轻便没有负担，走起路来不感到特别热，且不流汗为标准。

2. 上山时调整身上装备

上山的前 10 分钟是决定胜负的关键。自己在这段时间内觉得哪里不舒服，就应该迅速调整。例如鞋带的松紧，会影响走路舒服与否，走一段路之后，发现鞋带太松或太紧应迅速调整，以免造成脚部不适。此时担任领队者一定要细心观察或提醒同学们，注意自己身上的装备是否轻便、舒适，以免影响行进速度。

（四）队伍的行进方式

山地行进的原则是走梁不走沟，走纵不走横，有路自然沿路行走，没有路时则尽量沿山脊、山梁、林木稀疏的地方行走，非不得已时不要在深沟险壑和密林、灌丛及竹林中穿行。行进中副领队一般在队伍的最前面，领队在队伍的最后面，以便前后呼应。领队可视整体的前进情况，呼叫副领队控制前进的速度。副领队的后面通常跟着全队体能最差者，以他的速度为标准控制全队行进节奏就不会有问题。

（五）远足的行走技巧

长途行走宁慢勿快，不要稍感累就停下休息，一般山地行走速度为每分钟 70 步左右，疲劳时尽量以慢行或转移注意力的方法进行放松。行进中注意体力分配，调整节奏，地形平坦的地方可稍加快速度，把步幅拉大，地势险峻复杂之处不要贪快，每一步都要脚踏实地，尽量避免摔跤，把安全放在首位。

上山行走，必须低头、身体前倾、重心前移、用前脚掌蹬地，若以平顺、自然有节奏的呼吸配合脚步前进，是非常轻松愉快的，但若太急，很容易感到脚趾、小腿酸痛，甚至引起抽筋的状况，如果继续勉强行走，会感到更加疲惫。

下山的诀窍，下山比上山更容易发生事故，只要稍微重心不稳或脚一滑，脚跟关节便会损伤，甚至可能滑落或跌入山谷，下山时抬头、挺胸，双脚应稳当地一步步走。

（六）其他

1. 休息时间的长短

应以全队人员的体能来估计休息时间，不要一到休息处就马上坐下或喝水。每次休息时间以 10 min 最为理想，太短或太长都不好。太长的话，身体机能停滞下来，再出发类似又重新开动一样，反而会更容易疲劳。到达目的地后，可慢慢饮水、吃食物。

2. 正确的喝水方法

夏天远足，最大的敌人不是炎热，而是错误的喝水方法。有些人一感口渴，便大口大口地喝水，这样喝法，三四次便会把一升水喝完。其实，随身带的水应该一次只喝一小口，润润喉即可。水是远足时一种不可缺少的宝贵资源，而且并不是想要水便可马上找得到。因此，要珍惜你自己身边的水资源。

3. 队伍凌乱时的处理方法

首先，在前头者应等待随后赶上的队员，不妨向随后而来的其他队伍或群众询问落后者的状况。等候一段时间还不见赶来时，必须卸下装备，空手前往迎接。因为可能会有疲劳过度的队员需要扶持，或发生事故需要处理。而且必须两人以上采取该项行动。为了预防万一，不妨随身携带干粮、急救药箱等不太重的物品。

4. 迷路

倘若发觉自己所走的路线似乎有疑问，则应当机立断，停止行动，仔细对照周围的地形，且彼此提供意见，讨论之后，再行动。在山里迷路时若不能及时采取对策，其错误将越来越大。

5. 怎样避免"打泡"

（1）长途跋涉。为避免脚被磨破或长出水泡，最好穿平时穿的旧鞋、能吸汗的棉袜或线袜。如有条件，可买一瓶防起水泡的喷剂随身携带。

（2）消除水泡的方法。使用一根缝衣针，用火烧消毒后在水泡表面刺洞，从上方挤出水泡内的液体，千万不要把水泡的表皮剥掉，然后用碘酒、酒精消毒药水擦水泡表面及周围，最后用消毒纱布包好。

（七）终点放松操

到达后的体操是为了放松肌肉，消除疲劳。慢慢地将手脚拉在酸疼部位多按摩几次，使紧绷的肌肉松弛下来。

（八）设营

1. 架设和构筑简易帐篷

（1）屋顶型帐篷。将绳子拴在两棵树之间拉紧成脊线，或者用锹柄、木棍等物做支柱，用背包带连接两个支柱顶端，两端延长斜拉固定在地桩上形成屋脊样式，将篷布、塑料布或尼龙布等搭在脊线上形成两个屋顶坡面，被面底边用石块压牢即成。

（2）单坡面帐篷。利用断墙、塄坎等，将雨布的一边固定在墙或坎上，雨布的另一边固定在地面上，即可形成单面坡帐篷。

（3）单坡面遮棚。在林中过夜，可以就地取材搭制临时遮棚。先挑选和制作3根直径4 cm、长2 m的木棍做檩杆，选用5根直径3 cm、长1.5 m的树棍做椽子，各檩杆之间间隔0.5 m，椽子之间取等间隔用绳子绑牢。将脊檩靠在两棵树上成为单坡面框架。然后将带叶的小树枝扎成捆，像铺瓦一样一把一把重叠着挂在檩杆上，挂满后即成。

（4）吊床。夏季林中，宿营时间短时可采用吊床，吊床两端拴在两棵树上，上面再拉一根绳子，搭上方块雨布，四角用绳子系牢，便成为一个防水遮阳的帐篷。

2. 常用的几种搭炉灶方法

（1）挖灶，即在土地或土坡上掘炉灶。

（2）用石头垒炉灶。

（3）用树枝或木棍搭成支架，将锅吊在上面。

三、野营生活与活动

（一）野炊、野餐

野营生活中的野炊、野餐，直接影响到野营期间的营养和健康，野营者不仅在操作中学到许多知识，而且也能获得不少乐趣。大家齐心协力做出的一顿丰盛可口的饭菜，会使人感到回味无穷，终生难忘，但在野外用餐，尽可能做到简单而丰盛。为了避免加热带来的麻烦，宜以冷餐为主，诸如沙拉、火腿肠、黄鱼、咸水鸭、茶叶蛋、卤汁豆腐干、自制泡菜等，都是既便于携带又富有营养的野餐食品。饮品可带罐装的，杯子用一次性的纸杯或透明塑料杯，如在安全、卫生的前提下能采摘食用野菜、山菇等那更是锦上添花。冬季野餐可以烧烤，只要一堆木炭，一片金属网，就能品尝到烤肉的美味了。烧一锅开水，涮点海鲜、羊肉什么的，也另有风味。要提醒的是，野外用火要注意安全，餐毕应将垃圾收拾好就地掩埋或带回城处理。

（二）游戏活动

1. 急行竞赛

可规定一定距离的路程为急行军段，要求除装备组外的所有成员参加，队员们根据路线图前进，领队计时并判定出名次。

2. 文娱联欢会

利用营地的零碎时间（如清晨、饭前、傍晚）可以在营地或营地附近进行各种文娱活动，如游戏，篝火晚会等。

（三）社会调查

远足、野营期间的社会调查本着就近的原则到宿营地附近的农村、工厂进行，目的是让学生接触社会，了解社会，了解国情，增强他们的社会责任感。同时运用自己所掌握的知识结合当地特点，提出有益的建议，使每一次活动都成为既能开阔同学的视野，增长社会知识，又能为当地社会、经济的发展起到有益的作用。

（四）采集标本

通过采集动植物、岩石等标本，增长知识，增强对大自然的认识。

四、紧急救护知识

（一）触电

人触了电，首先要尽快切断电源。如果闸盒很近，须立即断开；如果一时找不到闸盒可用干燥的木棍、竹竿、椅子把等，将电线拨离触电的人体，千万不要用金属或潮湿的东西去接触伤员，以免自己也触电；如果一时找不到合适的东西，或者伤员的手死死地抓住电线，可用电工绝缘钳或带木把的斧子，将电线剪断或砍断。有时触电的伤员跌倒在潮湿的地方，救护的人要注意穿上胶鞋或站在干木板或凳子上，因为金属、水和潮湿的东西都是导电的。

伤员离开电源后，要立即进行人工呼吸及心脏按压，同时立即设法尽快请医生或送往医院抢救。

（二）溺水

溺水者肺中大量灌入水后，肺组织水肿，造成人体缺氧而窒息。溺水者被捞救上来后，首先确认是否停止了呼吸。如果呼吸停止了，应立即做人工呼吸。将病人置俯卧位，有规律地挤压背部，每分钟16～18次。溺水者苏醒后，为了慎重起见，要请医生检查，溺水者由于水进了肺部很可能引起肺炎，要进行抗感染治疗。

（三）蛇咬伤

人若不幸被毒蛇咬伤，要尽早地（不能超过 1 h）缚住伤处靠近心脏一端，以减少毒液上流。然后在被毒蛇咬伤处，用刀子浅浅地划一个十字口，挤出毒液，这样可减轻中毒症状。也可用口吸出，随吸随吐，但嘴上生疮或口内有伤的人不能吸，以免中毒。口吸需进行20～30 min。伤口上，可以用1%～3%的高锰酸钾溶液湿敷，或用大蒜汁、雄黄、甘草等配合涂敷。为确保安全，在进行了上述紧急处置后，仍需马上请医生注射抗毒血清，我国有治疗效果很好的蛇药，可以局部外敷和口服。

（四）狂犬咬伤

被狂犬咬伤，或者怀疑是狂犬咬伤者，应迅速去传染病医院进行狂犬疫苗预防接种。咬人的犬也应严密观察，观察其是否患有狂犬病。在农村，被猫或猪咬伤也应注射狂犬疫苗，同时对咬人的动物严密观察。

（五）中暑

中暑一般有以下三种情况：一种是长时间在高温环境中，身体散热困难，热量积蓄体内，体温调节发生障碍，使人发烧，同时出现头晕、胸闷、口渴、恶心等症状；另一种是出汗过多引起的，因为每100 mL的汗水里含有200～500 mg的盐，大量出汗会使身体丢失许多盐分，肌肉就会酸痛，甚至发生痉挛；第三种是由于太阳光直接照射头部，使脑膜和大脑充血、水肿，引起头痛头晕、耳鸣、眼花，严重者可昏迷、抽筋。

发现中暑病人，应尽快让其到阴凉的地方休息，发烧的病人，可用冷水毛巾敷头部，给病人服一些人丹、十滴水，喝一些带盐的茶水，病情严重者，应立即送医院抢救。

预防中暑主要在于采取一定的措施，如通风、降温、补充饮料等。

（六）食物中毒

本病的症状一般是进食不洁或污染的食物后，出现头痛、头晕、胃痛、恶心，有时呕吐，上腹有压痛等。此时必须立即把有毒的食物从胃里吐出来，可先让患者喝5～6杯加盐或苏打的水，然后用两个指头伸到嘴里，抵住舌根进行催吐。

若是严重中毒，上述方法要重复好几次。若患者已失去知觉，就要把患者的头偏到一边，以免呕吐物倒吸入呼吸道。对患者进行初步急救处理后，迅速将其送往医院救治。

（七）外伤出血

外伤出血是指有明确外伤造成的出血。一般分为外伤后骨折或软组织损伤和外伤引起内脏破裂出血两大类。

大腿股骨和骨盆骨折可导致大出血。股骨骨折出血可达500～2 000 mL，骨盆出血可多达5 000 mL，相当于一个成人全身的血液量。其他部位骨折出血虽较少，但是如不及时处理，也会影响身体的健康。对于四肢远端骨折出血，可以采取局部包扎压迫和固定的方法，一般是可以止住血的。骨盆骨折和股骨骨折是一种严重骨折，应该及时转送医院。

如果外伤引起内脏出血，一般多较凶险。例如，左上季肋部外伤后可引起脾出血，右上季肋部外伤可引起肝破裂，这时病人不仅外伤部位疼痛，而且伴有腹痛，脉搏快，血压下降的症状，如果进行腹腔穿刺可吸出血。内脏出血需要手术止血，一般来说，只要及时就医，是完全可以治愈的。

（八）脑震荡

头部受到打击后，出现短暂意志丧失可以从几秒钟到数十分钟，但脑实质没有受到破坏，进行神经系统功能检查也没发现异常，这叫脑震荡，伤者可能无法回忆受伤的经过，甚至受伤前一段时间的事情也不能回忆，医学上称这种症状为"逆行性遗忘"。病人有头痛、头昏、恶心、呕吐等表现，多数病人在1~2周内逐渐恢复，在治疗上无须特殊处理，可以针对头痛、恶心等症状适当用药治疗。早期可以适当休息，2~3周后应鼓励病人活动，自我照料生活，逐渐过渡到正常工作、学习。

（九）骨折

骨因外伤（直接外伤或间接外伤）使其完整性受到破坏，就叫骨折，完全性断裂叫完全性骨折。儿童由于骨质软，骨皮质厚，故易发生不完全骨折，也称青枝骨折。骨折后往往有骨折部位疼痛、压痛，叩击远端出现骨折部位震动疼症状。此外，骨折部位有肿胀、畸形、假关节活动，骨断端有摩擦音等。当然，仅了解是否骨折还不够，还应去医院拍摄X光片检查以进一步了解骨折的情况，然后决定有效的治疗方法。

骨折后，应对伤肢做简单的固定之后再送到医院治疗，否则，会造成进一步骨折，使周围神经、血管、肌肉受损，增加治疗的难度。

（十）肌腱损伤

肌腱损伤多因运动前准备活动不充分，运动中动作不正确，再加上外力的骤然作用而造成。肌腱损伤分部分性肌腱损伤和完全性损伤断裂。肌腱损伤后局部可出现肿胀、压痛，肌肉主动收缩或被动牵拉时疼痛明显，完全断裂时，可在断处现一凹陷区，肌肉的收缩力量在部分断裂时减弱，在完全断裂时消失。部分损伤时，可局部冷敷，外敷中药，并固定伤肢，待到4~6周后，逐渐锻炼以恢复肌肉收缩功能。如完全断裂，应急诊手术进行修补治疗。

（十一）开放性软组织损伤

外伤皮肤或黏膜受到针刺、刀割、重物打击而破裂出血，但肌肉等软组织以及骨膜完整，就叫开放性软组织损伤。譬如擦伤、切割伤等。这种外伤，体表组织受到破坏，创伤面易受污染，所以常发生感染。要特别警惕破伤风杆菌感染，因为破伤风若不及时治疗，有可能危及生命。破伤风早期出现的症状为张口困难，咀嚼费力，逐渐发展为全身抽搐，发高烧。所以在软组织开放性损伤后，要争取在6~8 h内到医院进行清洗，注射破伤风抗毒素。轻微的浅表擦伤，则在局部涂红汞或紫药水即可。

（十二）闭合性软组织外伤

皮肤或黏膜受到外伤（如挫伤、扭伤）后，表皮或黏膜尚完整，但组织发生了撕裂或断裂，并出现红肿现象，就叫闭合性软组织外伤。一般来说，伤后2~3天肿胀达到高峰，2~3周后，血肿吸收，受伤组织恢复。肌肉、神经、软骨断裂后不会再生，仅由疤痕组织代替。

闭合性软组织外伤后，早期应制动，用凉毛巾进行冷敷。对伤处进行包扎止血，并抬高伤肢以利消肿，同时外敷中药，内服药物有云南白药、七厘散等。3天后可改用热敷、理疗、按摩、推拿、针灸等，同时伤者可逐渐开始进行功能锻炼。

五、安全守则

（1）注意水源清洁，饮水必沸。
（2）注意食具清洁，可用热水或太阳晒消毒。
（3）处理废弃垃圾，以免招昆虫、野狗。
（4）注意火源安全，不能随意生火，尤其是营内或附近。
（5）天气变化时，应及时修改露营计划，转移到安全地带。
（6）偏僻地区露营不能少于5人，并与当地公安部门打招呼。

六、文明守则

（1）切勿随意生火或破坏自然景物。
（2）一定在指定地点宿营和生火。
（3）不能污染引水道、河道。
（4）不能损害野生动、植物。
（5）不能毁坏农作物，爱护农民财产。
（6）维护大自然的环境卫生，保存大自然美景的完美。

第三节 山地自行车

一、山地自行车概述

自从双轮自行车问世以来，它的使用范围就不仅仅局限于城市的街道。更早之前，人们就喜欢到大自然中去。20世纪初期自行车越野赛应运而生，这是现代山地自行车运动的雏形。随着20世纪30年代初期第一个大车轮的制造，山地自行车运动也逐渐发展起来了。在山地自行车的发展历史中有几位人物是功不可没的。

（一）盖瑞·费西、查理·凯利、祖·布瑞斯

在20世纪30—50年代，人们使用的自行车只有一个变速挡，并且车把和车轮都很大。盖瑞·费西、查理·凯利、祖·布瑞斯，作为自行车先驱，把这种自行车运动逐渐发展为大众体育项目。盖瑞·费西为了能在上山时有更多的选择，第一个改变了链条的装置，但结果只达到了预想效果的1/4。最让人难忘的还是骑车行驶塔玛帕斯山的壮举，1976年，查理·凯利第一次组织了传奇的"重新组装自行车"的下山活动。每次骑车之后他们都要拆掉倒轮闸，重新涂上润滑油。由于润滑油因多次刹车而耗尽，因此才有"重新组装"这个名字。祖·布瑞斯是结盟中的第三人，当旧的车架不能满足不断提高的要求时，他于1977年研制出了新的车架。这种车架在结构和外形上与现在的山地自行车车架很相似。当他于1978年制造出更新的款式时，他的同伴也为此激动不已。

（二）汤姆·瑞奇

汤姆·瑞奇在车架构造方面享有很高的声誉。在这个领域，他有相当丰富的经验，因

为在他只有 14 岁时便设计出了第一个车架。受祖·布瑞斯的鼓舞，他于 1978 年年底制造出了他的第一辆山地自行车。1979 年一家以"瑞奇山地自行车"冠名的公司成立，这就是"山地自行车"这个名称的来历。那时车把、车前部、车座、脚踏等部件都要亲手制造。瑞奇山地自行车重 17 kg。到 1979 年年底，这种自行车已售出 400 辆，但山地自行车的推广仍然被局限在北加利福尼亚地区。1980 年 1 月瑞奇山地自行车公司在安那海姆举行了一次国际性的展示会。美国一家著名的专业杂志《自行车杂志》，以此为主题进行了大量报道，激起了全国的自行车热潮。

山地自行车产生的同时，山地自行车比赛也被美国国家运动协会接受。在加利福尼亚，第一辆山地自行车被卖出之后不久，第一届比赛也应运而生，与富有传奇色彩的"重新组装自行车"下山相比，20 世纪 80 年代初，其弯道长达数公里的项目被称为"下山越野"。1983 年举行了美国山地自行车冠军赛。当时一位妇女因为在比赛中与男运动员紧紧相随，轻易地获得女子冠军而引起轰动。随着山地自行车市场的繁荣，职业车队逐渐开始成立。1987 年在欧洲举行了第一次大型比赛，即在法国举行的一次非正式的山地自行车比赛。1988 年便正式在欧洲举行比赛，德国的 Grundig 电气制造公司组织了全欧"Grundig 挑战杯"赛，紧接着又于 1991 年举办了"Grundig 世界杯"。山地自行车运动有如此迅速的发展势头，应归功于 Grundig 公司。

通过电视机构的专业组织提供的精彩画面，越来越多的媒体开始关注山地自行车运动。在欧洲有女子自行车和全欧自行车赛，这两项比赛的冠军赛都是在瑞士举行的。而在美国也由此发展了如山地障碍、爬山、平地以及下山等一系列新项目。近年来自行车运动又发展成为山地车表演特技项目。过去与今天不同，那时运动员在刚开始时要参加所有的项目，因为还要评出一周的总冠军。1989 年最后一次世界冠军赛兵分两路，一边在西班牙、比利时，另一边在加利福尼亚和玛莫斯湖。1990 年接受了公路自行车的国际自行车联合会也接受了山地自行车。

由于 1993 年在法国举行的世界冠军赛一举成名，奥委会接受山地自行车越野赛成为 1996 年亚特兰大奥运会的正式比赛项目，意味着山地自行车运动最终在体育界有了一席之地。"山地自行车只是昙花一现"，这种批判的声音突然消失了，紧接着，不仅仅是媒体，还有许多爱好者，对山地自行车的兴趣大大增加。1996 年在亚特兰大举行的越野比赛，是山地自行车历史中的一个里程碑，在那里山地自行车骄傲地出现在大众面前。比赛在观众巨大的欢呼声中举行，并向全世界进行了转播。

二、山地自行车

俗话说"工欲善其事，必先利其器"。作为一个山地自行车爱好者，拥有一辆称心如意的自行车，在旅途中会省却许多麻烦。让我们来认识一下山地自行车的构造。

几十年来，山地自行车的车架迅速发展，得到了彻底的改变。要满足山地自行车爱好者不断提高的需求，就必须变换车架的结构，为了符合动力学原理的要求，最大限度地节省体力，也要不断改变车架的设计。

（一）构成车架的材料

超过 90% 的自行车的车架都是由钢条制成的，但其他的材料也逐渐用于车架生产。铝车架的使用量急剧增长，铁、碳或两者的混合物则用来生产名贵车架。大多数钢车架是由钢、铝混合和经过加压处理的不裂钢管构成的。生产这种车架对技术有很高的要求。钢的优点是易加工、牢固、坚硬，缺点是质量大、易腐蚀。钢是构成车架的最古老却又最可靠的材料。铝车架从20世纪80年代初期开始出现以来，就受到越来越多人的喜爱。铝车架的重量轻、抗腐蚀，但硬度不够。为了提高铝车架的硬度，车管的直径便被加大了。

（二）车架的构造

在框架结构中，座梁和主梁长度都是非常重要的尺寸，它们决定着自行车框架的大小（按照自行车的型号，为了获得理想的座梁长度，专门有一个公式用于计算该尺寸）。

（1）车座和操作控制梁的角度决定自行车的行驶状态。对于山地自行车和旅行专用自行车而言，其角度是在71°~74°。通常情况下，人们在骑车时需要一个大的倾斜角度，而自行车的最大倾斜角只能达到74°，而在72°时会让人感觉骑起来很舒适。因此，车把与主梁之间的角度会影响自行车的转向节和行驶状态。转向节是由车把的弯度和控制角度来决定的，角度越大，控制越难；而角度较小时，无论运动员在做任何控制动作都会做出迅速的反应，便于操纵。

（2）轴心距（前、后）同样影响行驶状态。车轮距大（如荷兰的自行车）会让人感到骑起来很舒适。轮盘高度是指中轴到地面之间的距离。高度越低，车轮越容易发生颠簸，轮盘高度达到一定的高度可以使自行车在行驶中更加稳定。

（3）外伸梁的长度和倾斜角决定车座的位置和行驶状态。倾斜角小的外伸梁可以保持车座在一个很舒适的位置，而长且平的外伸梁更符合运动式车座的需要。

（三）车架与其他部分的组装

职业自行车运动员对车架的要求很高，大多数车架都是为运动员量身定做的，不好的车架很容易让人疲倦而影响运动成绩，更为严重的是可能使运动员出现背部肌肉疼痛，最终对自行车运动丧失兴趣。不要让人去适应车，而应让车符合人的要求。

（四）一步的长度

要选择合适的车架，测量车手一步的长度是很必要的。

两腿之间的车座坐点与地面之间的距离就是一步的长度。最简单的测量方法是光脚贴住墙，在双腿之间放一个水平仪，用双腿轻轻贴住。水平仪上缘和地面之间的距离就是一步的长度。用这个数据可以计算出合适的车架及其各部件相应的数值。

因为车架与鞋一样都不能随便购买，而应该根据自行车的型号来计算并选购。有两个公式可以使用，理想的山地自行车车架的大小可以用一步的长度乘以0.61，这个公式要求车架的大小精确到厘米。这个尺寸就是主梁与座梁的交叉点同踏板轴中心之间的距离。举一个例子：运动员一步的长度为82 cm，那么，这个车架的大小为82乘以0.61即50.02 cm，精确到厘米即50 cm，所需车架也就是从踏板中心到前面提到的交叉点的距离是50 cm。目前制造商提供的山地车车架数据大部分是指踏板中心到主梁与座梁之间的距离。在以下数据中，一步的长度是以英寸为单位。计算结果如下：

13 in = 33.0 cm

14 in = 35.6 cm

15 in = 38.1 cm
16 in = 40.6 cm
17 in = 43.2 cm
18 in = 45.7 cm
19 in = 48.6 cm
20 in = 50.8 cm
21 in = 53.3 cm
22 in = 55.9 cm

三、个人装备

（一）能防风、防雨的服装

在山地自行车运动中随时都会遇到恶劣的天气，因此，必须准备能防风、防雨的服装，尤其要注意防御寒风。中医认为风是最危险的。如果骑行时没有充分的保护来抵御骑行中的寒风，其后果是不堪设想的。有经验的运动员深知风的危险，并学会了怎样避开它。只有那些没有经验的运动员在寒冷的天气穿短裤训练。下山的时候要穿上随身携带的风衣积极防雨也很重要。遇上恶劣的天气时，如果有好的雨衣也能照常进行训练。这种雨衣由内外两层高级合成的纺织纤维构成，内层吸汗，外层存热。因此它能使体温总是保持恒定。一件透气性好的雨衣是每个山地自行车运动员所必备的。

（二）头盔和护肘

头盔和护肘是山地自行车运动员的必须装备，因为只要进行山地自行车运动就必然会摔跤。虽然大多数时候摔跤对身体不会造成很大的损害，但有时还是会出现头被擦破或肘部脱臼的情况，因此头和肘部尤其需要保护。

（三）其他装备

1. 手套、帽子和额头饰带

就像游泳运动员戴泳帽是为了防止热量散失一样，骑行时戴上手套、帽子和额头饰带能调节体温。当训练进行到后半段，身体比较虚弱并开始发冷时，它们的作用就更大了。

2. 合脚的鞋袜

只要脚暖和，就能应付各种天气，也不会轻易着凉。冬季穿的运动鞋不要太小，应让脚有足够的活动空间，保持顺畅的血液循环。鞋袜应高于脚踝，以保证运动的稳定性。

3. 运动眼镜

一副好的运动眼镜虽然不便宜，但能有效地防风，防止脏东西进入眼睛以及阳光照射。特别是在高速行驶的情况下，好的运动眼镜就显得尤其重要。

四、装备保养

质地良好的车轮是骑行安全、心情愉悦的基本前提。器材只有得到很好的保养，才会一直保持良好的性能。为了避免事故和损坏车辆，汽车要进行定期保养，山地自行车也应如此。洗车时，应对整辆自行车各个部件进行仔细检查，尤其要注意车架、脚踏板和链条是否有裂缝。

（一）快速清洁

快速清洁需要的时间极短，并且相当方便，运动员在恶劣气候下参加比赛时经常会使用这种服务。准备好刷子、海绵、水、内胎、擦车布和润滑油，训练结束后马上进行这种保养能使自行车各部件始终保持良好的性能，延长使用寿命。如果车上沾有潮湿的脏东西，应在它变干之前用水直接冲洗，最好不要进行高压清洁，因为这样会把细小的脏东西压入裂缝。

（二）全面清洁

通常经过一个赛季或一年才对自行车进行全面清洁。运动员一般都不亲自进行这种清洁活动，而是到专修店找有经验的修理工人帮忙。

（三）驱动装置的保养

驱动装置由链条和空转装置组成，它的性能会受到骑行技术、地形以及天气的影响，因此很容易被磨损。其中，链条的使用频率最高，最先被磨损，因而使得驱动装置的性能降低。正确选挡、定期检查清洁和润滑链条、控制链条所受的负荷能有效减轻驱动装置的磨损。

（四）轮胎的保养及更换

对器材进行定期的保养以及过硬的骑行技术能在很大程度上防止自行车的磨损。但是，磨损现象始终是不可避免的。在山地自行车比赛和训练中，大约80%的损坏都是由内胎爆裂引起的。气压很低时，自行车以巨大的冲力撞向障碍物，内胎撞到轮缘上，内胎壁随即爆裂。备用内胎、修补工具、打气筒和打电话所需要的零钱是进行山地自行车远行所必需的。如果技术熟练，要不了 5 min 便可更换坏掉的轮胎。

五、山地自行车的骑行技术

正确的骑行技术使人在骑行的过程中感到非常的舒服，并会给人带来更多的乐趣。它在对技术要求苛刻的比赛中和训练期间更为重要。尤其是在比赛的后半程，如果参赛者因骑行失误而落后，再好的自行车、再有力的腿都无济于事。骑行技术如此重要，但最初很少有人把它看成是影响成绩的因素。在训练计划中应纳入更多有关良好安全的骑行技术的训练内容，尤其在冬训期间更应该着重强调技术的提高。从其他体育项目换项而来的运动员往往很晚才认识到熟练的技能有多大的优势。在准备比赛的阶段很少有时间进行其他方面的基础训练，因此，那些技术欠佳或想要参加要求参赛者完美地掌握骑行技术的比赛的车手，应尽早地开始技术训练。用来进行技术训练的时间多了，用于其他训练的时间就会变少，但好的骑行技术能弥补身体条件的不足。与其他所有训练项目一样，技术训练也必须符合个人的实际情况，其难度也应逐渐增加。山地自行车的技术训练主要包括以下内容。

（一）前轮控制技术

没有经过训练的人驾驶性能极好的山地车时最经常犯的一个错误就是不能充分地控制前轮。控制前轮时，身体压力应放在前轮上让车行驶。但当陷入混乱时，未经过训练的人会全身紧张，并向后拉车把，这样就很容易摔倒。

（二）前轮刹车技术

如果有好的前轮刹车技术，就能在出发时选择更快的速度，在陡峭的路面上行驶时更需要很好的刹车技术。前轮刹车的作用比后轮更大。所以，使用刹车技术可以更好地拐弯并长时间地保持最高的速度。要提高前轮刹车的技术水平，使用后轮刹车失灵的山地车进行练习不失为一种好方法。

（三）越过障碍物

越过较大的或中等大小的障碍物（如树干）时，运动员所面临的最主要的问题就是重心如何转移和对越过障碍的时间的判断。在越过障碍物前的一瞬间，运动员需将前轮抬起，身体重心迅速前移，紧接着再将后轮抬起，即可轻松地越过障碍物。

越过障碍物时如果遇到较小的障碍物，运动员可以用很小的力量而不用刹车。离开车座是为此所做的最好的准备。障碍物越高，身体重心就越靠前。离开车座的技术在越障碍的练习中会经常使用。

（四）选挡和速比

不要尝试采用太高的速比驾车，高挡使膝盖承受很大的负荷，可能会导致超负荷运动或肌肉紧张。运动员选择低挡便能既快又有节奏地骑行。选择理想的转数因人而异，并取决于多种因素。我们向大家推荐的踏板频率是 80~90 次/min。

（五）上坡时的站立骑行技术

上坡时的站立骑行技术并不仅仅包括重心转移，和位于车把上的控制方向的手臂动作等的一个组合。第一，后轮适当分配体力、紧贴地面；第二，控制前轮的肘部弯曲下压；第三，选择适合自己的速比。

（六）下坡技术是重心转移、大腿伸直上坡时要求

在山间小路上快速下坡对运动员的要求很高。出发的同时对道路的预先观察很重要。下山时的技术要求：第一，手臂与腿保持松弛状态，两臂几乎伸直；第二，根据坡度将臀部放在车座后面，使身体重心后移；第三，控制好呼吸。

（七）转弯技术

如果掌握了良好的转弯技术就会增强安全性。在转弯过程中尽量不用前轮刹车，适当地运用后轮来刹车。在高速转弯的时候，前轮转弯的同时后轮也要有反应。

转弯的技术要求如下：控制前轮使重心前移；向后蹬压外侧踏板，内侧踏板抬高；行驶中观察，注意前方。

六、山地自行车的训练方法

（一）耐力训练

山地自行车运动中一般进行两种耐力训练，即长时间的耐力训练和普通的耐力训练。长时间的耐力训练是普通耐力训练的一种特殊形式，在增强基本耐力时，经常采用这种训练方法。这种耐力训练的特点是强度低、训练时间持续较长，因此经常被安排在周末进

行。在这个训练体系中,山地自行车运动员进行 2~6 h 的慢骑可看作是长时间的耐力训练的内容,他们也可以采用其他的训练方式(如滑冰、慢跑),亦可将强度不高的 2~3 h 的放松骑行作为耐力训练。

(二)间隔训练

间隔训练是指运动者在持续 1~10 min 的运动后,又开始进行新的强度的运动。在平地或丘陵地带定期进行这种训练能够使运动员亲身感受"极限",并延迟"极限"的出现,使他们既能进行高强度的训练,又能控制身体不出现有氧"极限"。当最大强度不超过 75% 时,这项艰苦的训练内容产生的一个重要结果就是无氧"极限"的升高。要想提高个人的最好成绩,最可行的一个方法就是在考虑全部训练内容的同时,将这项重要的训练纳入周训练计划。

(三)极限训练

极限训练主要是为身体的"警戒区",即无氧呼吸的极限而进行的训练。训练时的速度要比比赛时的速度稍慢些,在训练的后半段应尽快地骑完全程,训练的强度为最高心率的 81%~90%。较高的无氧"极限"出现在乳酸升高而产生疲劳以致影响到成绩之前,它使运动员有可能在几乎接近最高强度时完成行程。

(四)比赛形式的训练

比赛训练非常适用于检验实际的训练水平,在基础训练阶段、强度训练阶段、运动顶峰阶段和比赛的准备阶段都应当安排一些这种训练。速度训练、极限训练和组织比赛都属于这项训练内容。比赛训练有助于坚持训练目标,改进技术、战术和提高装备水平。

速度训练是指在极限范围内持续 10~45 min 的高强度训练。在彻底休息之前,可进行短暂的休息。

训练实例:2×15 min ~ 2×20 min,训练强度为 4 级;1×45 min,训练强度为 4 级。

极限间隙训练一般持续 5~10 min,重复 4~10 次。因为这种间隙训练的中间休息时间短(1min 甚至更短),训练持续的时间相对较长,因此它的速度比一般的间隔训练稍慢,强度稍低。

训练实例:4×10 min,运动强度 4 级,间隔 1 min;8×5 min,运动强度 4 级,间隔 0.5 min。

(五)交替训练

交替训练被公路自行车运动员当作高强度的训练手段。进行这种训练对速度、爆发力和耐力都有很高的要求。它很适合"坏天气"下的训练。为了防止厌烦情绪,最好将训练内容按间隔训练的原则进行分配。

训练实例:15 min 热身运动,不断增大运动强度;在第 5 挡进行 5 min 训练;在第 4 挡进行 4 min 训练;在第 3 挡进行 3 min 训练;在第 2 挡进行 2 min 训练;在最大挡进行 1 min 训练;休息 5 min;重复不断增加负荷的运动或者进行 10 min 的松弛运动。

(六)交叉训练

枯燥乏味是训练计划不能执行的主要原因。无论是谁,如果每天都以同样的强度,在同样的时间进行同样项目的训练，迟早都会丧失训练兴趣或出现伤病问题。

交叉训练就是选择两个或更多的运动方式进行训练。在进行交叉训练或多项训练时，主要注意的问题就是要尽可能地做到多样化、有趣且比例适当。在这种方式和状态下进行训练，整个竞技状态比单纯使用一种形式进行训练能够得到更加有效的改善（如自行车主要锻炼腿部肌肉，游泳主要锻炼上身肌肉）。山地自行车运动员可选择很多的交叉训练项目。穿着新的轮滑鞋进行一场大规模的比赛对于训练有素的自行车运动员或者短跑运动员而言，也会使他们感到肌肉酸痛。进行定期的专项训练并不意味着不能进行其他项目的锻炼，那些体力不好、有关节疾病的人或者是山地自行车运动员更愿意选择像轮滑、滑雪和跑步这类较柔和的运动项目，它们对肌肉和关节不会产生太大的压力。

对交叉训练的建议：

第一，抽出足够的时间进行体育锻炼。谁的时间分配得合理，谁就会发现，尽管运动员情况不同，成绩或多或少会有所提高。尽管有时没有完成训练计划，然而短暂的训练也比抱怨或根本不训练要好得多。

第二，选择适合的环境。当夏天在大海边的时候，为什么还要去室内游泳池？当周围有一群人进行训练时，为什么还要独自训练？积极加入他们的行列，因为在这种环境中你会做得更好。

第三，扔掉已经老化的器材或补充装备，根据自己的需要在体育专卖店配置好的装备。否则，一双不舒适的轮滑鞋或一个坏轮子都会影响兴趣。

第四，保持足够的训练时间。无论选择轮滑、自行车还是跑步。总之，方法是多种多样的，但要学会挤出时间进行锻炼。

第五，不断变换训练模式。努力适应天气的变化，不要因坏天气破坏了将要进行的自行车远行或者轮滑运动而生气。在体育运动中推迟并不代表着取消，相反，可以在室内游泳池或者其他有保护设施的场所进行锻炼。

第六，通过旅游来健身。在行李中装入跑鞋、泳裤、泳镜或者进行体能训练的橡胶带，经常进行一些对健康有利的运动。

第七，在空余时间参加集体锻炼会带来双倍的乐趣。同朋友在空余时间参加一些体育活动，选择多种体育项目的结合，这样，许多人都能根据自己的情况同时进行不同的锻炼。例如，一人进行短跑练习，另一个人就可以进行自行车或轮滑练习。

第十六章　攀岩运动

第一节　攀岩运动概述

一、攀岩运动的定义

攀岩运动是指攀登者借助安全保护装备，依靠手脚和身体平衡，克服自身重力，攀登自然岩壁或人造岩壁等的运动项目。

攀岩运动是一项深受人们欢迎的运动项目，它集教育、健身、娱乐和竞技于一体。它要求攀登者身体素质全面，具备勇敢、顽强和坚韧不拔的精神，能够在各种不同的高度及角度的岩壁上轻松舒展、准确地完成腾挪、转身、跳跃、引体等惊险动作。攀登者在岩壁上那稳如壁虎、矫若雄鹰的优美动作充分展示着人与自然的和谐之美，故攀岩运动被人们誉称为"岩壁上的芭蕾"。

攀岩运动在当今世界上与滑板、直排轮滑、特技单车、滑雪板、蹦极、高空跳伞、滑翔伞、冲浪、风浪板、尾波板、极限越野等冒险运动同样，也是一项极限运动，但攀岩运动因其有十分完善的安全保护措施，使该运动成为有惊无险的极限运动。

二、攀岩运动的起源及发展

攀岩运动是从登山运动中派生出来的现代竞技运动项目。攀岩技术的出现，迄今已有近140年历史。它的兴起最早可追溯到18世纪欧洲的"阿尔卑斯运动"，当时的登山者为了克服类似阿尔卑斯山等终年积雪的冰岩地形，进而发展出一套有系统的攀登技术。

攀岩运动作为体育运动起源于20世纪中期的欧洲，当时在苏联军队中是一项军事训练项目。

1947年苏联首先成立了攀岩委员会。1948年苏联在国内举办了首届攀岩锦标赛，这也是世界上第一次攀岩比赛。从那以后攀岩运动开始在欧洲盛行。20世纪六七十年代，欧洲举行了多次民间比赛。1976年苏联举办了首届国际攀岩比赛。1980年法国开始举办各种形式的攀岩比赛。1985年、1986年意大利举办的国际比赛，因有许多国家的攀岩高手参加而获得了巨大成功。虽然攀岩运动吸引了众多爱好者，但因自然岩壁都是在郊外，交通、时间问题给人们带来了诸多不便，人们只能利用节假日来从事这项运动。1985年法国人弗兰西斯·沙威格尼发明了可以自由装卸的仿自然人造岩壁。他实现了人们要把自然中的岩壁搬到城区的设想。人工岩壁比自然岩壁在比赛规则上易于操作，并利于观众观看。

1987 年国际攀登委员会批准人工岩壁上的攀岩比赛为国际正式比赛,并于当年在法国举办了人工岩壁上的首届攀岩比赛。1989 年首届世界杯攀岩赛分阶段在法国、英国、西班牙、意大利、保加利亚和苏联举行,运动员参加在各地举行的比赛,然后根据每站比赛的得分进行年度总排名,总成绩最好者即为"世界杯"得主。此后,每年都举行世界杯赛。1991 年举办了首届世界攀岩锦标赛,此后每两年举办一届。1992 年举行了首届世界青年攀岩锦标赛。

在亚洲,1991 年 1 月"亚洲竞技攀登联合会"在香港正式宣布成立,这标志着亚洲的攀岩运动进入了一个新的阶段。1992 年 9 月在韩国汉城举办了第一届亚洲攀岩锦标赛。此后每年举办一届。

在我国,1987 年中国登山协会派出 8 名教练和队员去日本长野系统学习攀岩,回国后,于当年 10 月在北京怀柔大水裕水库自然岩壁举办了第一届全国攀岩比赛。

1990 年在怀柔国家登山队训练基地的人工场地上第一次举办了攀岩比赛。1993 年攀岩比赛被国家体委列入正式比赛项目,此后每年都举行一次全国锦标赛。同年 9 月,第一届全国攀岩锦标赛在长春举行;10 月在武汉举行了国内首届国际邀请赛;12 月在长春又成功地举办了第二届亚洲锦标赛。1999 年中国首届极限运动大赛在浙江湖州举行,攀岩以其独特的魅力成为该赛事的固定项目,此后每年都举行一次。

三、攀岩运动的特点与作用

攀岩运动集教育、健身、娱乐、竞技、观赏于一体,作为青少年乐于向往参与的社会活动方式之一,不仅可以增强青少年体质,也有助于培养人们勇敢顽强的性格,挑战极限、超越自我的品质,迎接挑战的意志和承担风险的能力,有助于培养人们的竞争意识、协作精神和公平观念。

攀岩运动是在绝对安全的状况下极具惊险刺激、冒险的攀登活动。心理学观点认为,攀岩运动利用人类原始的攀爬本能挑战自我、超越自我、创新塑造自我;物理学观点认为攀岩运动员巧妙移动身体重心、维持身体平衡,不断克服地心引力向上攀升;从人体艺术的角度观察攀登者腾挪,形体舒展、灵捷、轻松自如,似岩壁上的芭蕾,极具观赏性。

总之,惊险刺激是攀岩最根本的特点,而其能充分满足人们要求回归自然、寻求刺激,并从中挑战自然、挑战自我的欲望,这也是它深受人们喜爱的根源。参与攀岩,会让参加者在与悬崖峭壁的抗衡中学会坚强,在与大山的拥抱中感受宽容,在征服攀登线后享受成功与胜利的喜悦。攀岩运动正以自己特有的魅力、突出的个性感染着人们。

四、攀岩运动的分类

(一)按地点分类

1. 自然岩壁攀登

定义:在野外攀爬天然生成的岩壁。

优点:可以接近自然,充分体会攀岩的乐趣。岩壁角度、石质的多样性带来攀登路线的千变万化。由于岩壁固定，路线公开且可长期保留，所以自然岩壁的定级可经多人检测对比，成为攀岩定级的主要依据。

缺点：野外岩场地处偏僻，交通不便，时间和金钱花费都较大，路线开发也比较费力。

2. 人工岩壁攀登

定义：在人工制造的攀岩墙上攀登，包括室内攀岩馆和室外人工岩壁（图16-1）。

图 16-1 人工岩壁

优点：对初学者安全性较高；交通方便，省时省力；不可预见因素少，可以定期训练或进行专项训练；人员密集，便于交流切磋；另外，人工岩壁可以对路线进行保密性设置从而成为攀岩比赛的主要形式。

缺点：缺少特殊地形，创意性少，自由发挥余地小；人工岩壁支点的可调性使得人工岩壁路线常变，定级主观性更强，准确度偏低。

（二）按攀登形式分类

1. 自由攀登（Free Climbing）

定义：不借助保护器械（主绳、快挂、铁锁等）的力量，只靠自身力量攀爬。

特点：此种攀登形式在我国占主导地位，较符合体育的含义范畴，考验人体潜能。

自由攀登按风格又细分为：

（1）完攀（Flash）。运动员在比赛之前可以收集路线的有关资料和观察路线，在攀登过程中一旦脱落或犯规即判其失败。

（2）首攀（On-Sighting）。运动员在比赛前对路线的信息一无所知，边观察边进行攀登，在攀登过程中一旦脱落或犯规即判其失败。

（3）极限攀登（Red-Point）。运动员可以对路线进行反复地观察和试攀，只要最终达到终点即可。

2. 器械攀登（Aid Climbing）

定义：借助器械的力量攀登。

特点：在大岩壁攀登（Big Wall）中较为常用，对于难度超过攀登者能力范围的路线有时也借助器械通过。其意义存在于攀登者的项目目标和活动历程中而不在于攻克难度动作。对器械操作的要求较高。

3. 顶绳攀登（Top Rope Climbing）（上方保护攀登）

定义：在岩壁上端预先设置好保护点，主绳通过保护点进行保护，攀登者在攀登过程中无须进行器械操作。

特点：安全，脱落时无冲坠力，适合初学者使用，但对岩壁的要求苛刻，岩壁必须高度合适（8~20 m）且路线横向跨度不大。由于需要绕到顶部进行预先操作，架设和回撤保护点的工作都比较烦琐。有时为方便初学者，可在先锋攀登的路线上架设顶绳。

4. 先锋攀登（Sport Climbing）（下方保护攀登）

定义：路线上预先打上数个膨胀钉和挂片，攀登过程中将快挂扣进挂片成为保护点并扣入主绳保护自己，攀登者需要边攀登边操作。

特点：在欧洲尤其法国最为盛行，它比传统攀登安全性高，可以降低心理恐惧（Fear Factor）对攀爬的影响，从而全力以赴突破生理极限，挑战最高难度。另外，在角度较大或横向跨度较大的路线中，先锋攀登方式比顶绳保护有更大的便利，可以让攀登者脱落后很容易地重新回到脱落处，对难点进行反复练习。由于这种方式使攀岩由冒险的刺激运动变成安全的体育训练，所以先锋攀登称为 Sport Climbing。

（三）按比赛形式分类

1. 难度攀岩（Lead）

是以攀岩路线的难度来区分选手成绩优劣的攀岩比赛。难度攀岩的比赛结果是以在规定时间里选手到达的岩壁高度来判定的。在比赛中，队员下方系绳保护，带绳向上攀登并按照比赛规定，有次序地挂上中间保护挂锁。比赛岩壁高度一般为9~18 m，线路由定线员根据参赛选手水平设定，线路总长为20~28 m，通常屋檐类型难度较大。

1）难度等级划分

现在普遍使用的是美国 YOSEMITE 级别标准。在20世纪50年代，美国攀岩者将山地和岩壁依陡峭程度和攀爬难度的不同划分为6个级别。

1级为平路行走（Level Walking）；

2级为野地跋涉（Trekking Over Terrain）；

3级为几乎不需要保护的较陡山路（Rope Seldom Used）；

4级为可能需要绳索保护的山路（Rope May Be Necessary）；

5级是技术攀岩（Technical Rock Climbing），属于我们的攀岩范畴；

6级为器械攀登（Direct Aid Climbing）。

2）其他体系定级标准及比照

与美国标准相对应，英国、法国等也有自成体系的标准（如表16-1所示）。国际攀岩界对此作了一体化的对照，使世界范围的交流更为便利。新兴的攀岩分支——抱石运动采用的 V0～V9 定级标准也按实际难度与 YOSEMITE 路线难度标准有对照表，这里不再一一赘述。

表 16-1 英国、法国体系定级标准

V 难度	英国	法国
V0	5.10c/d	6b
V1	5.11a	6b +
V2	5.11b - d	6c - 7a
V3	5.12a	7a +
V4	5.12b	7b
V5	5.12c	7b +
V6	5.12d	7c
V7	5.13a	7c +
V8	5.13b	8a
V9	5.13c	8a +
V10	5.13d	8b
V11	5.14a	8b +
V12	5.14b	8c
V13	5.14c	8c +
V14	5.14d	9a

3）许多攀岩教材都告诉我们，只有选择适当难度的路线来爬，才能帮助我们进步，难度太高或太低都不好。

2. 速度攀岩（Speed）

速度攀岩：指上方系绳保护，运动员按指定路线进行速度攀登的比赛。根据每位运动员完成比赛路线所用的时间来决定每轮比赛的名次。

速度攀登难度一般比较容易，岩壁高 9～12 m，岩壁上可能会有斜面但倾角在 30°以内，屋檐不超过 2 m。比赛前定线员会向运动员展示路线，进行两次试攀，第一次为慢速度攀登，第二次为模拟比赛速攀。比赛时 2～4 名选手在两条岩道上同时比赛，以时间计成绩，用时少的获胜。比赛为淘汰赛，选用上方（顶绳）保护。

目前，已经有了规定的比赛线路，高度为 15 m，世界纪录为 8.76 s（由中国运动员钟齐鑫在 2007 年西班牙世界攀岩锦标赛上创造）。

3. 抱石（攀石）（Bouldering）

Bouldering 直译为抱石，指攀登者在无绳索的状态下攀登不超过 5 m 高的大圆石或人工岩壁，不依赖任何外在的辅助力量，只靠攀登者的自身力量完成攀登过程。

抱石是攀岩的一种形式，但是与多数攀登形式的最大不同处是抱石不用绳索等器材确保，因而攀爬高度不高，以确保攀登者坠落无危险。而确保方法也异于一般攀登确保，抱石确保的目的也非使攀登者远离地面，而是使确保者坠落时，身体为垂直地面，避免攀登者因坠落而造成背与头部伤害。此外抱石的难度分级也异于运动攀登。

自1998年起，欧洲有了正式的抱石国际赛"Top Rock"，1999年起抱石赛被纳入世界杯赛程，平均一年有6场赛事。此外，在法、意两国也有固定的国际赛事。自1999年起亚洲极限运动资格赛（X-Games）将抱石纳入部分赛程，2001年第一届亚洲抱石锦标赛在台湾举行，2002年起部分国际赛亦将抱石赛纳入赛程。

1）抱石运动的特点

抱石是最原始的一种攀登形式，它的攀登形式直接，动作夸张、漂亮。它少了绳子的束缚，因此比起需保护装备的运动攀登，抱石更充分展现力与美。

抱石从一开始，就带着向难度挑战、展现人体攀爬潜能的意义，具有夸张的力度美感。抱石中常见腾挪、窜跃等大幅度动作，或者是使用极滑的、极小的支点，总让人发力、晃荡、摇摆，躯体和肌肉极度曲张，令人叹为观止，具有极强的欣赏性（图16-2）。

2）抱石与其他攀岩的区别

（1）不用设置绳索、安全带、快挂等其他装备保护，只需在所攀墙壁下方铺一张30～50 dm厚的海绵垫以防脱落。

（2）容易被攀岩爱好者所接受。一双攀岩鞋、一个镁粉袋即可满足攀登者的需求。

图16-2　抱石运动

（3）抱石运动适应人群广泛，5岁以上的健康人群都可以参加抱石运动。

抱石运动由于目前安全措施都十分完善，因此安全性相当高，在欧美国家，攀岩活动基本上就像上健身房一样，是一项时尚流行的健康运动。

五、攀岩装备

攀岩的装备主要有两种用途：一是用来保证此项运动的安全，包括主绳、安全带、铁锁、保护器、扁带、快挂、岩石塞、岩钉、膨胀钉、挂片、冲击钻、抱石垫、头盔；二是为了让攀登者的表现更出色，主要有攀岩鞋，镁粉袋等。

（一）主绳（图16-3）

贯穿攀登者、保护点和保护器的结合线。主绳一般长40～60 m，直径9～12 mm，承受力在900 kg以上，是轻便坚固的尼龙制品。不同人员应分别配以不同颜色的主绳，以便使用时识别。它是结组、渡河架桥、攀岩和各种保护必用的技术装备。在登山过程中，登山队员一般三四人结组使用，在攀岩、攀冰时用做主要保护绳。主绳是攀岩保护中不可或缺的生命线。

主绳内部是缠绕在一起的多股尼龙绳，外部则包有绳皮（SHEATH）起到固定和防磨的作用。

图16-3　主绳

主绳可分为动力绳和静力绳，它们的弹性不同。动力绳的弹性系数为 6~8，100 m 的动力绳在受力 80 kg 时可延伸 6~8 m，这样攀登者在脱落时会得到一个缓冲，减少冲力。动力绳是各种攀岩活动的主要用具。静力绳的延展性很小，弹性约为 2%，静拉力可达到 2 000 kN，一般用于下降和探洞。

主绳使用中的注意事项：绝对避免在锐利的岩角上横向切割；不可踩踏或在地上拖拽，以防岩屑、细沙进入纤维造成内部磨损；避免接触油类、酒精、汽油、油漆和酸碱性化学药品；每次使用前后进行检查，定期淘汰；不用时存放于阴凉、干燥处。

（二）安全带

安全带由圈套、带子和卡子组成，为尼龙制造品，系在腰部，是各种保护装备与人体的连接装置，也是上下山时必用的保护性装备。穿在攀登者身上，承载因攀登者脱落或下降而产生的质量和冲力。安全带的腰带为受力部分，其余腿带等则为了舒适、便利而设计（图16-4）。

穿安全带时一定要将腰带从腰带扣反穿回去，否则受力时有拉开的危险。反穿后的带头长度须在 10 cm 以上，短于 10 cm 则需换更大型号的。

攀登之前攀登者和保护者要互相检查安全带是否穿戴正确。

只有腰带和保护环是承重的，其他部分不可承载人体质量，装备环的承重在 5 kg 以下。

腰带、腿带上带有宽厚海绵垫的安全带，舒适但笨重，适用于室内攀登、定线过程中，竞技攀登时需要轻巧型安全带。传统攀登或器械攀登时，要考虑装备环的数量和位置是否合适。

（三）铁锁

铁锁保护性装置。在技术操作中，一些装备之间需要不断地进行连接和解脱，为避免烦琐的结绳、解绳操作，使动作简单而迅速，就必须使用铁锁。它的主要用途在于：勾挂上升器、下降器、胸带或主绳。铁锁为高级铝合金制品，是可自由开合的金属环状物，能将各类保护器械、装备连接在一起（图16-5）。

图16-4 安全带 　　图16-5 铁锁

丝扣铁锁在扣紧螺丝时能使铁锁门锁定在闭合状态，避免了不慎碰开的危险。普通铁锁不带丝扣装置，质量轻、操作便利，可用于临时保护点，若使用普通锁做固定保护，须遵循双重铁锁且对开门的原则。

铁锁的纵向抗拉力大于横向抗拉力，铁锁门打开时，纵向抗拉力会降低。铁锁门是最薄弱的环节，不可直接受力，正确的使用方式是保持铁锁门闭合且纵向受力。

避免高空跌落或硬物撞击，因为这样会带来内部的裂痕导致铁锁作废。

先锋攀登等可能出现冲坠的情况，攀登者应直接将主绳和安全带连接，不能使用铁锁作为中间环节。

（四）保护器

当主绳以正确方式通过保护器时，其特殊构造能增加摩擦力，使得主绳的制动端只需较小的握力即可控制受力端的较大质量。

8字形保护器以前最常用，但会使主绳反复拧转缠绕，ATC较好地解决了这一问题（图16-6）。

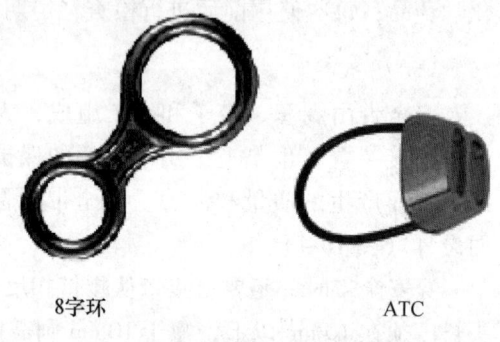

（五）快挂

扁带的两端分别连接一个铁锁成为快挂（图16-7），使用时一端扣入保护点，一端连接人体安全带或主绳，操作便利。快挂两端的铁锁都不带丝扣，存在不慎打开或受力压开的危险，所以只有一个快挂时，不能作为固定保护点使用。

8字环　　　　　ATC

图 16-6　保护器

扁带：软性带状物，通过机械缝合或手工打结成为长度不一的闭合圈，提供保护器械之间的软性连接。机械缝合的强度大于手工打结，但手工方式可自由调整扁带长度使其适合需要。移动中的主绳不可直接从扁带中穿过，否则，移动带来的摩擦热会损毁扁带。架设固定保护点时可用扁带连接两个或更多的临时保护点，此时须注意扁带的连接方式以区分主受力点和备用受力点，还要保证一个临时保护点失效时不冲击其他保护点，不影响整体保护效果。

（六）镁粉（袋）

辅助装备，镁粉可吸收手上的汗液和岩壁表面的水分，增大摩擦力（图16-8）。

（七）攀岩鞋

鞋底采用特殊的橡胶，摩擦力大大增加（图16-9）。从普通鞋到攀岩鞋是提高攀登水平的重要变革。

图 16-7　快挂 　　　图 16-8　镁粉（袋） 　　　图 16-9　攀岩鞋

使用时应选号码偏小的，穿进去将脚裹得很紧，这样能使脚成为一个整体，有利于增强脚感，便于精确踩点和发力。

攀岩鞋种类繁多，适应于不同的石质、岩壁角度以及不同的攀登方式。

第二节　攀岩技术

攀岩技术是指为克服地形上遇到的各种困难而采取的科学的操作方法。攀岩技术分为结绳、保护、攀岩、下降等技术。

一、结绳技术

绳索之间、绳索与其他装备之间的连接方法，称为结绳技术（或称结绳方法）。结绳技术是登山与攀岩运动必须掌握的基本技术之一。在登山与攀岩中，运动员互相保护、越过障碍、攀登岩壁、渡过山涧急流，都离不开绳索。绳索是登山攀岩技术中所使用的最重要的装备。然而绳索只有通过与运动员身体或其他物体的相互连接和固定，才能起到辅助行进和保证安全的作用。结绳方法是否运用得当，直接影响绳索使用的质量和效果。

（一）结绳类型及用途

结绳依其用途不同可分为：固定和操作用的绳结、接结用的绳结、保护用的绳结三种类型。

（1）固定和操作用的绳结。即将绳索一端直接固定于自然物体上。固定时多采用下列绳结。

①织布结（布林结）。通常用于绳索一端与自然物体之间的固定，如上方固定保护时将绳拴在自然物体上，有时在没有安全带的情况下，可将此结打于胸部作胸绳用（图16-10）。

②牵引结。为了拉紧绳子，将一端在树干上缠绕固定，利用绳子和树干的一定缠绕摩擦就可将绳拉得很紧、很结实，一般用于渡河搭桥（图16-11）。

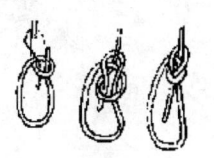

图16-10　织布结　　　　图16-11　牵引结

③通过结。用于和铁锁的连接或挂于铁锁中做固定用。此结有过程结和8字通过结（图16-12）。

④双套结。与铁锁连接做固定用（图16-13）。

图16-12　通过结　　　　图16-13　双套结

（2）接绳用的绳结。接绳用的绳结是将短绳接成长绳使用的绳结。

①平结：用于直径相同绳索之间的连接（图16-14）。

②交织结：用于直径相同绳索之间的连接（图16-15）。可分为单交织结和双交织结。

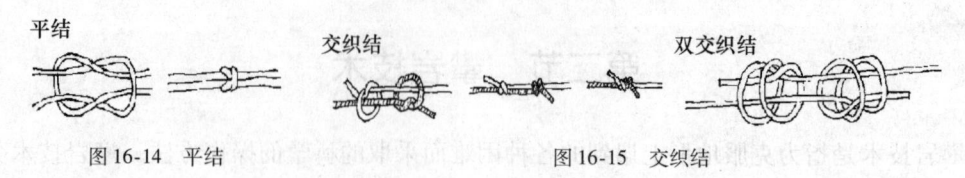

图 16-14 平结　　　　　图 16-15 交织结

③混合结：用于两根不同直径绳索之间的连接（图 16-16）。

④8 字结：用于直径相同的两根绳索之间的连接，也可用于一根绳索两头连接在一起做固定用（图 16-17）。

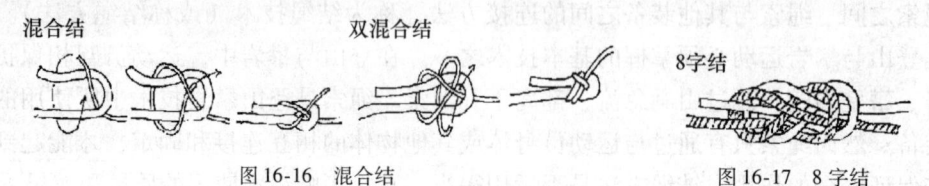

图 16-16 混合结　　　　　图 16-17 8 字结

（3）保护用的绳结。保护用的绳结是使绳索之间或绳索与铁锁之间能够产生摩擦和滑动的连接方法。

①单环结：用于沿主绳下降时的速度控制。将绳索在铁锁上按一定的方式缠绕，增加摩擦力而控制下降时的速度。常用于岩壁上坐式下降时用（图 16-18）。

②抓结：用于行进中的自我保护。利用细绳在粗绳上的一定缠绕，使之摩擦阻力加大，从而起到暂时固定和自我保护的作用。抓结有单抓结（即利用单根绳打结）和双抓结（即套绳打结）两种方法（图 16-19）。

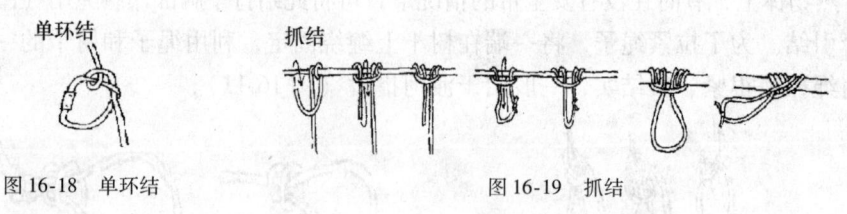

图 16-18 单环结　　　　　图 16-19 抓结

（二）结绳的要求及注意事项

1. 结绳要求

（1）基本要求是绳结要打得牢固，而且要简单易行，解结方便。

（2）要熟练掌握结绳方法，还要懂得各种绳结的应用。

2. 结绳注意事项

对绳索的展、收要有条理，不要乱挂乱放，造成交织混杂。在行进或攀登路线上装置绳索，要避开岩缝和尖石等障碍物，排除自然物对绳索拉力的干扰。切忌踩踏绳索，否则将对绳索造成隐患而酿成各种事故。

二、保护技术

攀岩者是在保护人通过攀岩绳给予的保护下进行攀登的。攀岩绳的一端通过铁锁或直接与攀岩者腰间的安全带连接，另一端穿过与保护者腰间安全带相连的铁锁和下降器，中间穿过一个或多个固定的安全支点上的铁锁。保护者在攀岩者上升时不断送绳（或收绳），在攀岩者失手时，拉紧绳索制止其坠落。攀岩者发生突然坠落时，冲击力是很大的，若保护者直接手握绳索很难拉住，而利用攀岩绳，可以通过绳索与铁锁及下降器的摩擦力抵消冲击力。由于在保护支点上有很大的摩擦力，所以体重较轻的人是可以保护体重较重的人的，但保护者必须具有熟练过硬的技术、强烈的责任心。保护的形式一般按保护支点的相对位置分为上方保护和下方保护。

（一）保护点的设置

1. 保护点的类型

固定保护点可分为两种，即天然固定点和人工固定点。天然固定点是可供绳索连接的岩柱、树木等，使用前必须仔细测试其牢固程度和可承受力。人工固定点是各种类型的金属器械，如挂片、岩钉、岩塞等。

2. 设置保护点所需装备

安全带（首先进行自我保护）、绳套（扁带）、铁锁、挂片、岩钉、膨胀锥、机械塞、岩塞等。

3. 设置保护点的方法

保护点的设置分为上方保护系统的设置和中间点（临时性保护点）的设置。根据不同的岩壁条件，所需的固定保护点数量从1个到多个不等。

（1）1个固定保护点。安装上方保护系统的设置时，其设置方法适用于固定点绝对安全的情况，如人工岩壁上设置好的横栏，自然岩壁上的大树。

安装中间点（临时性保护点）的设置时，人工岩壁用挂片，自然岩壁用膨胀锥加挂片。

（2）多个固定保护点。安装上方保护系统的设置时，是标准模式，适用于大部分情况。如人工岩壁上设置好的横栏，人工岩壁上的挂片，自然岩壁上用膨胀锥设置的固定点。适用于单个固定点不安全的情况。

4. 安全知识

（1）首先进行自我保护。

（2）保护点受力要均匀，夹角要小于60°。

（3）使用铁锁时大头朝下（双锁开口要错开）。

（二）上方保护

上方保护是保护支点在攀岩者上方的保护形式，与之对应的攀登方式为顶绳攀登。在攀岩者上升过程中，保护者不断收绳，使攀登人胸前不留有余绳，但也不要拉得过紧，以免影响攀岩者行动，这点在登大仰角时尤应注意。上方保护对攀岩者没有特殊要求，且攀岩者发生坠落时受到的冲击力较小，较为安全。保护人收绳时，应注意随时要有一只手握住下降器后面的绳索（或把下降器两头的绳索抓在一起），只抓住下降器前面的绳子是难以阻止攀岩者坠落的。

1. 操作程序（8步操作）

（1）攀岩者与保护者各自做好准备（穿戴好装备）。

（2）相互检查。重点：8字环、安全带，铁锁是否拧紧。

（3）攀岩者向保护者发出"开始"信号和手势。

（4）保护者向攀岩者发出"可以开始"信号和手势。

（5）开始攀登、保护（保护严格按照五步操作法）。
（6）攀岩者登顶后发出"下降"信号。
（7）保护者发出"可以下降"的信号，开始放绳。
（8）攀岩者返回后，向保护者表示感谢。

2. 安全知识

（1）起步时绳子稍紧一些，以防刚开始攀登就脱落。
（2）精力集中，密切关注攀岩者的行动，力求有一定的预见性。
（3）任何时间都有一只手紧握通过下降器的绳子随时制动。
（4）选择最佳的位置和站立姿势。
（5）收绳子时，双手协调配合。
（6）放绳子时，要缓慢匀速。

（三）下方保护

这是保护支点位于攀登人下方的保护方式，与之对应的攀登方式为先锋攀登。没有上方预设的保护点，因而要求攀岩者在上升过程中，不断地把保护绳挂在保护点（快挂）上的铁锁中。保护点可以是预先设置好的，也可以是在攀登过程中临时设置的。下方保护是先锋攀登唯一可行的保护方法，实用性较强，而且是国际比赛中规定的保护方法。但这种保护方法要求攀岩者自己挂保护，而且发生坠落时，坠落距离大，受到的冲击力强，因此一般由技术熟练者使用。

1. 操作程序（8步操作）

同上，要注意给绳和收绳的时机。

2. 安全知识

（1）起步时保护者要站在攀岩者的下方，双手张开，以防其开始就脱落。
（2）选择最佳的位置和站立姿势。
（3）任何时间都有一只手紧握通过下降器的绳子，随时制动。
（4）精力集中，密切关注攀岩者的行动，力求有一定的预见性。
（5）双手协调配合，根据需要随时收、放绳子，松紧度适中。
（6）攀岩者处于或可能处于危险状态时，要及时给予保护员提醒。
（7）脱落时，不能立刻收紧绳子，要给予一定缓冲。

（四）保护中应注意的事项

1. 装备检查

（1）安全带。各部分连接处一定要扣好并反扣，特别是主环，穿着时要特别注意不要扭曲任何一根带子。
（2）主锁。锁体是否有裂缝，锁门是否有弹性，最好使用2把锁。
（3）绳子。理顺绳子，并检查磨损情况，绳结（岩馆使用最好是兔耳结，并有防脱结），另一头一定要有收尾的结。
（4）头盔。检查盔体是否有裂缝，盔带的连接部分也应反扣。

2. 相互检查

（1）人与绳的连接部位。绳结、锁是否锁紧。

（2）绳子与保护器的关系。绳子穿入的方向一定要准确，可以拉绳子的两头试试并确认无误。

（3）保护器和安全带的关系。保护器一定要正确地连接在安全带上，并检查连接主锁是否锁紧。

3. 保护者

（1）绳索的松紧度。在离地面一定高度以后，绳索应保持略微弯曲状态，不要过紧（以免影响攀爬者发力，或将其拉离斜面）。

（2）保护动作。要让被保护者停留在较高的位置或是急停（应采用收绳及突然下坐的姿势），要让被保护者有较大的缓冲。

（3）亲身体会。密切关注攀爬者的动作，就像自己在攀爬一样，警惕攀爬者脱落的信号和身体表现出来的预示，对于攀爬者下方的线路构造不同，要采取不同的处理方式（以免攀爬者撞到突起岩壁）。

（4）提醒。保护者有义务指出攀爬者可能产生危险的错误动作（如用手抓挂片，在危险部位头朝下，快挂挂反了，绳子钩住了，脚在绳子的里面，抽绳的方向不对等）。

（5）自我保护。要时刻注意保护自己的安全，保护者有问题的话，被保护的人就更惨了。

4. 攀爬者

（1）防止落下物品和碎石。对于身上的装备等一定要确认挂住了才松手（特别是绳子和下降器，要不就下不来了），遇到落石不要尖叫（要叫落石，使用保护人能懂的语言，尽量保持口齿清楚）。

（2）脱落的动作。脱落时尽量保持镇定，身体控制住（保持头上脚下，不要横卧，不要背对岩壁），可以用脚适当蹬岩壁，一手抓住离安全带最近的那段绳索，另一手和两脚弯曲，准备撞到岩壁时给予缓冲。

（3）提示。在做蹲点（DYNO）前和休息后重新起步时要提示保护者，遇到特殊状况时也要和保护者进行交流。

（4）自己关注状态。对于自己与岩壁和绳子的关系要自己首先留意，并及时告知保护者调整（例如收紧，放松，可能要冲坠等）。

（5）保持镇静的心理。当你一切都细致入微的时候，应该可以确认自己是安全的，应该可以保持良好的自信心去更好地完成路线，所以应该能够保持镇定了！

以上只是一些相互保护时要注意的环节，对于实际操作很有帮助，并要时刻记住，成为职业操守。

三、攀岩技术

世界上所有运动项目都在平面或不规则的地形斜坡上进行活动，唯有攀岩运动是在垂直或仰角度上进行运动，运动场地及攀岩支点千变万化，这就决定了攀岩技术动作个性化性质强，特别是支点的作用，往往不是一种使用方法，根据线路支点搭配、岩壁角度、大小、支点槽深浅，而有多个方法选择，这就取决于攀岩者对路线的理解、技术特点、心理状态、训练水平、身体素质等因素。方法多种多样，而评判的标准是选择最容易、最省力、最便捷方式完成全路线攀登的方式为最佳技术动作。所以，学习攀岩技术实践性很强，必须在不断攀登中练习，如果能有技术熟练者在旁指导，将能收到事半功倍的效果。

（一）尽量节省手的力量

攀岩是用手和脚，通过寻找岩面上一切可利用的支点，克服攀爬者自身的体重及所携带器械的重量向上攀登。所有攀爬者应该有一定的手臂、手指、肢间及腰腹力量。由于手臂力量相对有限，在攀登过程中，应尽量用腿部力量，节省手的力量。

（二）控制好重心

控制重心平衡是攀岩过程中最关键的问题，重心控制得好就省力，反之，就会消耗许多不必要的力量，也就影响了整个攀登过程。

（三）有效地休息

在一条攀登路线中肯定是有些地方简单，有些地方难，要想一口气爬完全程比较困难，所以想爬得高一些，就应该会有效地休息。一般是到达一个比较容易的位置，以最省力的姿势，边休息边观察下一段要攀爬的线路。这一点在比赛过程中显得更为重要，因为在正式的比赛中，攀登路线是完全陌生的，而且选手只有一次机会。

（四）主动调节呼吸

攀爬一条路线是一个连续的过程，从一开始就应该主动地调节呼吸，而不应等快坚持不住了再去调整。

（五）攀岩基本技巧

（1）拉。抓住前上方牢固的支点，用力上拉引体向上。

（2）撑。利用台阶、缝隙或其他地形，以手掌和小臂使身体向上或向左右移动。

（3）推。利用侧面、下面的岩体或物体以手臂的力量使身体移动。

（4）靠。利用能够容纳身体的裂缝，用背部靠住一侧岩面，用四肢顶住对面岩石，使身体上移。

（5）胀。将手伸进缝隙里，用弯曲手掌或握拳，以此抓住岩石的缝隙并移动身体。

（6）蹬。用前脚掌内侧或脚趾的蹬力把身体支撑起来，减轻上肢的负担。

（7）跨。利用自身的柔韧性，避开难点，以寻求有利的支撑点。

（8）挂。用脚尖或脚跟挂住岩石，维持身体平衡使身体移动。

（9）踏。利用脚前部下踏面积较大的支点，减轻上肢的负担，移动身体。

（六）攀岩应用技术

1. 三点固定攀登法（图16-20）

三点固定攀登法是攀登岩石峭壁最基本的方法，是攀岩技术的基本功。其方法是在利用人的双手、双脚握或蹬牢三个支点的条件下，移动第四个支点的徒手攀登

图16-20 三点固定攀登法

法。攀登时的身体姿势为面向岩壁，身体自然放松，并与岩壁保持一定的距离，眼睛注意观察路线，寻找支点，两脚支撑身体重量，在三点固定好的情况下，移动第四点。此时，身体重心也要随着身体的移动而迅速转换。上下肢要协调配合，有节奏地进行攀登。

2. 二点固定攀登法

二点固定攀登法是攀岩常见技术。由于攀登线路可供选择支点少，运动员通过攀登技巧和补偿性动作，在身体重心不稳定状况下移动第三点。此类方法很多，最基本的方法有侧拉、正拉交叉臂等。

（1）侧拉（分同侧和异侧）。异侧侧拉技术动作，以左脚右手为例，垂直移动第三支点，侧拉时身体姿势侧向岩壁，左脚外侧蹬牢支点，膝关节、髋关节稍屈，含胸收腹，右手紧握支点。身体上升发力时，首先下脚蹬伸，平稳发力，髋关节左侧靠拢岩壁，展腹挺胸抬头抓握第三支点。

（2）正拉（分同侧和异侧）。异侧正拉技术动作，以左脚右手垂直移动第三支点，攀登时身体姿势面向岩壁，左脚拇指内侧蹬牢支点，膝关节、髋关节深屈，收腹含胸，右手紧握支点，身体上升发力时，身体重心移至左脚并蹬伸，平衡发力，右臂肩带肌带动前臂引体，抬头展胸，眼睛注视第三支点并以左手抓握第三支点。

3. 重心

在攀登中，应明确地意识到自己重心的位置，灵活地控制重心的移动。移动重心的主要目的是在动作中减轻双手负荷，保持身体平衡。一开始学时动作大多十分盲目，不知道体会动作，一心只想提升高度。其实初学者最好不要急于爬高，先做一段时间的平移练习，即水平地从岩壁一侧移到另一侧，体会重心、平衡、手脚的运用等基本技术。在最基本的三点固定，单手换点时，一般把重心向对侧移动，使手在离开原支点之前就已经没有负荷，可以轻松地出手。横向移动时，要使重心向下沉，使双手吊在支点上而不是费力地抠拉支点。在一般情况下，应把双脚踩实，再伸手够下一支点，而不要脚下虚踩，靠手上拉使身体上移。一定要注意体会用腿的力量使重心上移，手只是在重心上移时维持平衡。一般认为身体要尽量贴近岩壁，这是对的，可常见一些高手往往身体离岩壁很远，这是因为他们常用的侧拉、手脚同点、平衡身体等技术动作的准备动作需要与岩壁间有一定空间，所以他们只是在身体上升的一刻，身体贴向岩面。通常重心调节主要由推拉腰胯和腿平衡来实现。腰是人体中心，它的移动直接引起重心移动，其较大的移动往往形成一些很漂亮的动作。把腿横向伸出，利用腿脚的重量来平衡身体也是常见的做法（图16-21）。

图16-21　两种平衡重心的方法

4. 手臂动作

攀登中用手的根本目的是使身体向上运动和贴近岩壁。手在攀登中是抓握支点、维持身体平衡的关键。手指和手臂力量大小会直接影响攀登的质量和效果。一个优秀的攀岩运动员必须有足够的指力、腕力和臂力，尤其是力量耐力更为重要。

岩壁上的支点形状很多，常见的也有几十种。攀登者对这些支点的形状要熟悉，知道对不同支点，手应抓握何处，如何使力。手臂用力的方法，也因支点形状、突出（凹陷）的位置、方向、大小等不同而不同，一般常用的有抓、握、抠、拉、钩挂、捏、推压摩擦、支撑、挤胀、挤夹等（图16-22）。但也不要拘泥，同一支点可以有多种抓握方法。

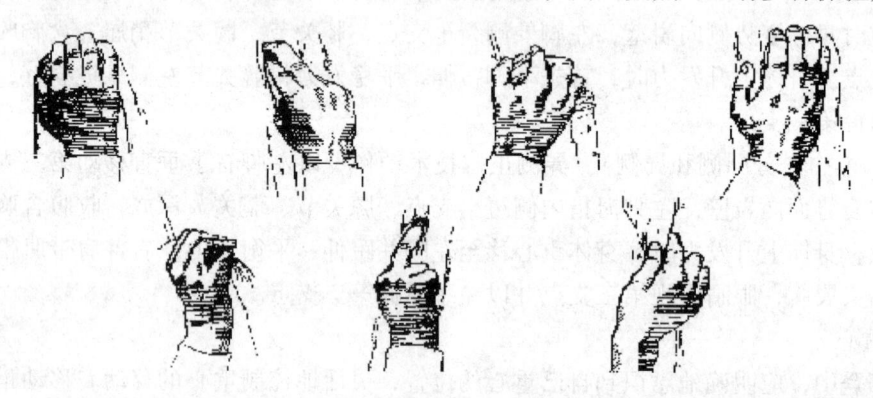

图16-22　不同支点的不同手法

抓握支点时，尤其是水平用力时，手臂位置要低，靠向下的拉力加大水平摩擦力，要充分使用拇指的力量，尽量把拇指搭在支点上。对于常见的水平浅槽的支点，可把拇指扭过来，把指肚一侧扣进平槽，或横搭在食指和中指指背上，都可增加很大的力量。

攀登中手指的力量十分重要，平常可用指卧撑、引体向上、指挂引体向上、提捏重物等方法练习。现在国外一些高手已能达到单指引体向上的力量水平。

在攀登较长路线时可选择在容易地段，两只手轮换休息。休息地段要选择没有仰角或仰角较小，且手上有较大支点处。休息时双脚踩稳支点，手臂拉直（弯曲时很难得到休息），上体后仰，但腰部一定要向前顶出，使下身贴近岩壁，把体重压到脚上，以减小手臂负担，做活动手指、抖手动作放松，并擦些镁粉，以免打滑。

5. 脚和腿的动作

攀岩要想达到一定水平，必须学会腿脚的运用。

攀登技术的好坏，关键是两脚和腿部力量是否能充分地发挥和利用。腿的负重能力和爆发力都很大，而且耐力强，攀登中要充分利用腿脚的力量。脚的动作是两腿微屈外旋，大脚趾内侧贴近岩面或膝内旋脚外侧贴近岩面，并向岩壁挤紧，以脚踩支点维持身体重量。有时可根据岩壁支点的形状、大小灵活应用。一只脚，能接触支点的只有四处：鞋正前尖、鞋尖内侧边（拇趾）、鞋尖外侧边（四趾趾尖）和鞋后跟尖（主要是翻屋檐时用来挂脚）。而且只能踩进一指左右的宽度，不能太多，而有时把整个脚掌放上去，为的是使脚在承力的情况下能够左右旋转运动，实行换脚，转体等动作。

换脚是一项基本的技术动作，攀登中经常使用。常见到一些初学者换脚时是前脚使劲一蹬，跃起，后脚准确地落在前脚原在的支点上，看起来十分利落，但实际上是错的，因为这样一方面使手指吃劲较大，另一方面造成身体失衡，更重要的是在脚点较高时无法用这种方法换脚。

正确的方法是要保持平稳，不增加手上的负担，以从右脚换到左脚为例，先把左脚提到右脚上方，右脚以脚在支点上最右侧为轴逆时针（向下看）转动，把支点左侧空出来，体重还在右脚上，左脚从上方切入，踩点，右脚趁势抽出，体重过渡到左脚。动作连贯起来，就像脚底抹了油一样，右脚从支点滑出，左脚同时滑入，体重一直由双脚负担，手只用来调节平衡。双脚在攀登过程中除了支承体重外，还常用来维持身体平衡，脚并不是总要踩在支点上的，有时要把一条腿悬空伸出，来调节身体重心的位置，使体重稳定地传到另一只脚上。

脚法简介：

（1）三种踏点踩法——内侧、正踩、外侧（图16-23）。

注：踩的面积大不一定好（可能变成摩擦点），要寻找较平且好用力之处，所以鞋子不能太大，否则无法在小地方用力。

（2）摩擦点。不是踩在小突点上而是鞋底的大部分压在岩面上尽量产生摩擦力，在圆滑的点上用到（图16-24）。

注：这种技巧比上一个难得多，而且要有信心才能在脚上多用力让手省点力，其实越用力摩擦力越大越稳。

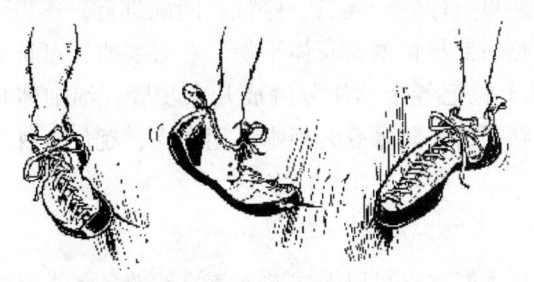

图16-23 内侧 正踩 外侧    图16-24 摩擦点

（3）用脚后跟钩住（图16-25）。

（4）用脚趾钩住（图16-26）。

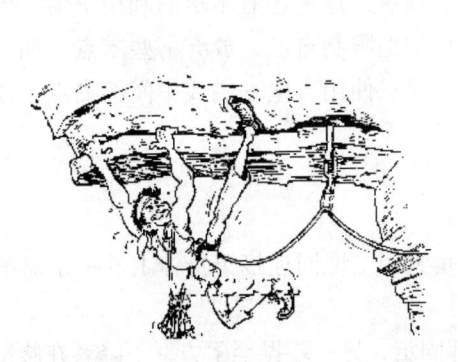

图16-25 脚后跟钩住的技术动作    图16-26 脚趾钩住的技术动作

6. 手脚同点

手脚同点是指当一些手点高度在腰部附近时,把同侧脚也踩到此点上,身体向上向前压,把重心移到脚上,发力蹬起,手伸出抓握下一支点,这期间另一手用来保持平衡的一种技术动作。手脚同点需要的岩壁支点较少,且身体上升幅度大,做此动作时有以下几点需要注意:若支点较高,应使身体稍侧转,面向支点,腰胯贴墙向后坠,腾出空间抬腿,不要面向岩壁直接抬腿;脚踩实后,另一脚和双手发力,把重心前送,压到前脚上,单腿发力顶起身体,同点手放开原支点,从侧面滑上,抓握下一支点,另一手固定不动调整身体平衡。手脚同点技术主要用在支点比较稀少的线路上。

(七) 节奏

攀岩讲究节奏,讲究动作的快慢和衔接。每个动作做完,身体都有一定的惯性。如果上一动作正确到位,身体平衡也不成问题,就可以利用这一惯性直接冲击下一支点,两个动作间不做停顿,从而发现原来很困难的一些支点,不知不觉间就通过了。否则,如果过分求稳,一动一停,每个动作前都要先移动重心、调节平衡,然后从零开始发力,必然导致体力消耗过大。动作要连贯但不能毛躁,各个细节要到位,上升时一定要由脚发力,不能为快而手拉脚蹬。手主要用做保持平衡和把身体拉向岩壁。动作不要求太快,要连贯,每个动作做实。一般做一两个连贯动作稍稍停顿一下,调整重心,观察选择路线,困难地段快速通过,容易地段稳定、调整。连贯—停顿—连贯—停顿,间歇进行,连贯动作时手脚、重心调整一定要到位,冲击到支点后要尽快恢复身体平衡。有必要时,可选好地段稍事休息,放松双手。进行练习时可以干脆把各个动作分解成几个步骤,细细体味各处细节,分析如何才能节省体力。这样做熟了,实际攀登时根本不用考虑,犹如条件反射般做出正确动作。

(八) 线路规划

一面岩壁安装着众多的支点,选择不同支点可以形成多条攀登线路。各人身体条件不同,也都有各自不同的最优路线。练习时可以先看别人的攀登路线,根据自己的身体条件选择一条最优路线,并锻炼自己的眼力,发现、规划新的线路。在正式比赛时,是不能观看别人路线的,必须自己规划,这就要对自己的身高臂长、抬腿高度、手指力量等有较好的了解。在练习当中,一面岩壁,在已经能够登顶后,往往还有不尽的利用价值。攀岩者可以通过规划不同的线路来增加难度,一般是自觉地限制自己,放弃一些支点,如放弃某几个大点,或故意绕开原线路上的某个关键点,或只使用岩壁一侧或中间的支点,或从一条线路过渡到另一条线路。

四、下降技术

利用器械下降是最常用的一种方法。原理是利用主绳同连接于身体上的一定器械之间的摩擦,控制下滑速度达到下降目的。

利用下降器下降时,将主绳一端在峭壁顶部固定,另一端抛至下方,下降者在腰部系好安全带,腹前挂好铁锁,然后主绳按"8"字形缠绕于 8 字环下降器上,如图 16-27 所示,或把主绳按要求绕于 GRIGRI 下降器,如图 16-28 所示,再将下降器和铁锁连接,左手握主绳上端，右手在胯后紧握从下降器穿绕出来的主绳。面向岩壁，两腿分开约成80°角，登住崖棱，身体后坐，使躯干与下肢约成100°角，将上方主绳搭于崖棱上之后，便可开始下降。

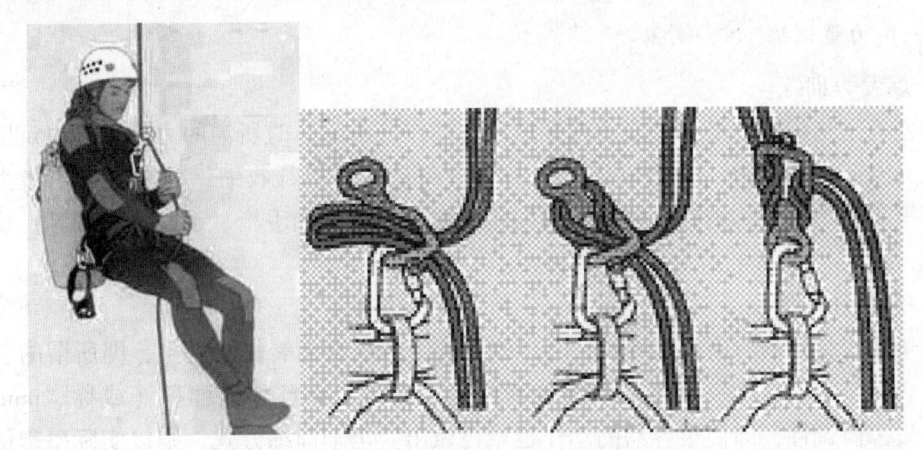

图 16-27　利用 8 字环下降器下降方法

这种方法下降的动作要领是：下降时两腿分开，手拉紧主绳，并将左手上方的绳子搭于崖棱时，左右脚上下支撑，用前脚掌蹬住岩壁，开始下降，先臀部后坐，同时右手松绳，两脚随身体的下降而迅速地向下移步，使之始终保持身体的平衡；如果右手松绳，臀前后坐，而两脚仍停留不动，则会使身体失去平衡而有造成向后翻倒的危险。因此，右手松绳，两脚随身体重心的下移而及时向下倒脚，支撑身体维持平衡是能否顺利下降的关键。右手松绳两脚迅速向下移动，要求协调配合，并要有节奏。由于两脚呈上下支撑，身体向右侧倾斜，这样不但便于移动，且可观

图 16-28　GRIGRI 下降器下降方法

察下降路线。下降速度的快慢主要看右手松送绳的多少。快给绳就要快倒脚，下降速度也就加快，一旦要停止下降，右手只要将主绳拉紧使之制动，即刻就可停下来。

为了使初学者尽快掌握下降动作，可增加抓结装置，即用辅助绳上端在主绳上（左手握端）打抓结，另一端固定于腹前安全带上，打抓结的距离约等于臂长。在下降时，左手下移的同时也将抓结捋下，一旦由于紧张右手松开下端的主绳时，抓结就可牢牢地抓住，从而起到保护作用，防止身体滑脱。在参加练习的人员较多时，还可增加一条主绳进行保护。采用上方固定保护方法，将绳的下端与下降者连接。这样，不但可增加安全度还可消除初学者的恐惧心理。

第三节　攀岩的身体训练与战术训练

一、攀岩的身体训练

攀岩是国内近年来发展最迅速的运动之一，无论是朝休闲方向发展还是朝竞赛方向发

展,有效率、科学化的训练对于攀岩者来说都是十分重要的。由于攀岩是项结合技巧、力量与智能的运动,因此其训练具有高度的专项性。

(一) 力量训练

1. 爆发力训练

爆发力是指瞬间动员大量肌力或采取动态动作(dyno)时所需的力量,其决定因素为最大肌力及肌肉动员力。若能以最大肌力为负荷量迫使肌纤收缩,便能发挥出最大动员力,而至于训练方式,则针对特定肌群强化的重量训练(如手指、手臂、肩带等)优于实际攀爬。

2. 力量耐力训练

由于攀岩持续的时间多在 6 min 内,故能量供给是以无氧代谢为主,即所谓的乳酸代谢系统。对于攀岩这样一项强调细微平衡的运动而言,一旦乳酸堆积(或称"pump"),选手将失去协调性,即使很容易的动作也难再做出。至于训练方式,则以实际攀爬优于重量训练。由于无氧代谢能力训练会造成肢体的极度疲惫与不协调,为了避免技巧因此而退步,最好选择熟悉的动作且强度适中的路线进行训练。

3. 肌耐力训练

肌耐力有别于心肺耐力,指的是特定肌群在攀登等难度或长时间路线时的能力。训练时可采用最大肌力 30% 左右的负荷量,在难度分布平均的路线上持续攀登 30 min。不过由于肌力与耐力间的抵换关系,耐力训练将不可避免地减少肌肉的爆发力,所以只有同时提升攀登技巧、避免力量的耗费并拟订适当的训练计划,才能使肌力与耐力同时达到巅峰。

练习方法:(负重)单杠或抓点引体向上、(负重)0°~90°单杠或抓点屈臂悬垂、指力板练习、攀爬岩壁。

(二) 技巧训练

1. 协调性

攀岩技巧源于攀爬时肢体移动的有效性,亦即身体的协调性。协调性的重要性在于调配爆发力、耐力、柔韧性等体能要素,以期用最省力的方式在岩壁上移动。由于大脑能从不断重复的动作中培养出直觉,从经验中学习如何将动作做得更有效率,因此协调性的根源便在于大脑中有一个丰富的"数据库"。数据库越丰富,越能减少反应错误的概率。直觉反应有赖于练习的频繁度,越常练习,越能做出精确的动作。倘若能在不需思考的情况下做出正确动作,便能使攀爬能力达到巅峰。此外,平常训练时应思索、研究如何将动作做到最省力、最平衡,学习在难关时仍能找到最适宜的动作模式。总之,攀岩是项强调高度技巧的运动,千万别一味投入到力量的训练中,而忽略协调与技巧的重要性。

2. 柔韧性

如果说协调性是技巧的基础,那么柔韧性便可说是协调性的基础。从运动力学角度分析,攀岩大多是以"三点不动一点动"的原则在岩壁上移动,只要攀岩者能让除移动点外的三点尽量保持成正三角形,并使重心贴近岩面,便能维持平衡,并让体重由双脚来分担。此外一个柔韧性好的攀岩者,由于肌肉延展性佳,运动伤害的概率也大大降低。一般而言，柔韧性训练可配合暖身与整理运动来进行。攀岩前可先在岩壁上攀爬简单路线约 10 min，待肌肉与关节不再紧绷后便可开始训练。训练原则如下：每个动作静态维持 10 s；勿在肌肉拉紧后用力弹压；肌腱有被拉扯的感觉，但并不疼痛；进行训练时保持轻、慢的原则，且不停地深呼吸；重复每个动作 2~3 次。

练习方法：横、纵劈叉；压肩；转肩；弓箭步压腿；体前屈；转腰；摆腿；踢腿等。

3. 技巧学习

原则上可分为手、脚两部分，前者着重不同形态把点的抓法，后者则着重脚踩法的准确度、稳定度与腿部协助身体平衡的功能。由于有效率的攀爬是指用脚来辅助身体提升以减少手的负担，因此脚的技巧训练的重要性与复杂性都比手技巧训练的高。首先，必须先学会将注意力集中在脚上，去感觉不同形态脚点所需使用的技巧与力道。接着便是学习如何利用双腿来形成正三角形并让身体贴近岩壁。

练习方法：折膝、甩腿、劈腿、蛙腿蹲坐、钩脚尖、挂脚跟等。

(三) 心智训练

1. 心理训练

许多攀岩者容易受恐惧感、压力、自我期许等心理的影响，使自己的技巧与力量难以发挥，因此心理训练的目的便在于让攀岩者学习如何控制所谓的"觉醒"程度。人体在危急状况下会迅速且自觉地做出反应，但对于攀岩这样一项强调精确度及整体战术的运动而言，过高的"觉醒"是不适合的。因为，首先想要爬得有效率，节省体力去攻克难关，便须懂得制定战略，然而只有在心情放松的情况下才能冷静地布局。其次，高度"觉醒"虽然会加快供能速度，增加肌纤维收缩，同时提升爆发力与耐力，但会增加排汗量，影响手指的摩擦力，并使协调性大为降低。因此对于攀岩这样一项强调智力与技巧的运动，中度"觉醒"是较适合的。"觉醒"程度的控制训练可分为认知训练及行为训练，前者旨在改变攀岩者对于周遭环境的看法，后者则是透过一些运动心理学的技巧使攀岩者达到最佳"觉醒"程度。

2. 智力训练

攀岩如同下棋，着重布局、思考与战术的运用，在比赛时尤其如此。就"临场攀登"能力的训练而言，主要包括记忆力、破解力及反应力三项要素。所谓记忆力是指观察路线时记点的能力与速度，由于比赛只有 6 min 的观察时间，如何迅速与正确地记住路径与动作便是智力训练的根本。接着，选手必须从整条路线上找出订线员所设的难关，并思考可能的破解方案。最后，倘若发现原本设想的方案无法破解或遭遇到未能预期的难关时，反应力便是得胜的关键。如何在短短的几秒内冷静地找出新的破解方案，且不使力量消耗殆尽，完全依赖于选手的比赛经验的累积。此外，战术训练亦是智力训练的重点，攀爬的流畅性与节奏性、挂快扣与休息的时机、宏观与微观审视路线的能力、合适的赛前热身与生理、心理控制模式、仿真与适应赛时情境等皆是战术训练的内容。

二、攀岩的战术训练

所谓战术，是指在合理范围内使选手的能力完全发挥，从而达到某一特定目标的策略，与心理层面的潜能激发有所不同。极限攀登（red-point）级数之所以高于首攀能力

(on-sight)，是由于前者可经由不断练习，修正和避免先前的缺失，寻找出最适当的攀登技巧、节奏及把点。现将极限攀登能力的战术训练分述如下：

（一）路线选择

在提升极限攀登级数时，许多攀岩者往往会尝试远远超出本身能力的路线，这种过于急躁的做法不但耗时，而且会扼杀进步空间。由于极限攀登能力是建立在排除动作缺失的基础上，将体能与技巧发挥到极致，所以建议以首攀最高级数加一级的路线进行极限攀登训练。

（二）单一动作的缺失排除

在决定攀登路线后，接着便是依序解决不同的难点。每个动作的完成，须视攀岩者对该动作的了解程度及体能状况而定。初次尝试时，仅能观察到把点的方向及位置，并依过去的经验攀爬。由于所知有限，不免耗费不必要的力量，但在调整姿势及寻找到休息点后便可较为省力。另外，在保护绳的辅助下，还可排除体能变量，使技巧充分发挥。

（三）数个动作的结合

在熟稔个别动作技巧后，便须将其结合，其要诀如下。

1. 分散疲劳

路线之所以困难，往往是因特定肌肉力竭所致。若使疲劳由不同肌群分摊，就能将肌力最有效地发挥，而极限攀登的特性便在于可事先构思最省力的攀登姿势。以把点而言，最简单的握法并不一定最省力，因为当一连串动作结合时，固定握法将使单一肌群迅速力竭。举例而言，倘若路线特性是连续使用第一指节前缘扣住把点（crimp），便可在攀登前半段采取开放型握法，为路线后半段预留所需肌力。此外，分散疲劳还有以下几点技巧：

（1）交换使用不同手指握点。
（2）拇指出力，以减轻其余四指负荷。
（3）以手掌外缘握住凸点，使手指暂时休息。
（4）以动态姿势攀登简单路段，预留静态支撑动作所需的肌力。
（5）将重心移至脚，使手臂暂时舒缓。总之，须全盘考虑及分配整条路线的力量使用，并在难点前的路段预留体力。

2. 决定挂快扣及抹粉时机

就挂快扣而言，应选择较佳的把点，即使上半身已超过固定点也无妨。因为在过低位置将绳扣入钩环，不仅在抽绳时较耗时（尤其当保护者给绳较慢时），而且若不慎松手，坠落距离将更长。至于抹粉，则应选择最平衡及轻松的姿势，使肌肉真正获得舒缓。

3. 驱除先锋攀登的恐惧感

上方固定点确保与先锋攀登的差别，在于对坠落的恐惧感。为了不让恐惧成为攀登能力的限制，可在每一固定点事先练习挂快扣的动作。

（四）排除连续动作的缺失

在排除单一难点后，接着便是连贯一系列的动作。然而，从起攀处开始连贯动作并非最有效的方式。假设难度平均分散在整条路线上，体力必随攀登高度递减。在体力递减的情况下，技巧也难以发挥，故须加重较高点的攀登技巧训练。换言之，应从"为何无法完攀路线?"的角度，而非从"可攀至多高才坠落?"的角度思考问题。练习时须遵循以下两原则：从高处逐步向低处练习连贯动作，而非每次皆从起攀点开始；对特殊难点加强练习。总之，训练时切勿高估自身能力，采用较保守的方式方能避免费力耗时。

（五）思考训练

攀岩动作具有连续性，思考训练的目的是在脑中复习与整合先前的练习，借以提升动作的流畅性。首先，将不同动作转化成一连串的关键词以方便记忆，如侧身上、动态等。接着，在冥想时若对某一动作产生迟疑，便须再回到岩壁上练习，直到消除疑惑。最后，可将自我幻想成旁观者，以快动作或慢动作反复观察并记住自己的攀登姿势。

三、首攀能力的战术训练

首攀能力的训练重点在于注意力的集中。攀岩者只有全神贯注才能在有限时间内将体力和技巧全部发挥。由于仅有一次机会，因此其战术与极限攀登训练注重事先计划不同。在集中注意力方面，可分为宏观及微观两个角度。在攀爬简易路段时，不需凝聚全部注意力，此时可从宏观角度思考后续动作或审视整条路线的体力配置。但在困难路段则须从微观角度全神贯注以突破体能与技巧的"瓶颈"。

（一）宏观思考

首先于起攀前，可做以下的自我评量：①路线长多少？②中途是否有休息点可将路线分段？③应采用何种节奏攀登这些路段？④何时挂快扣较适合？⑤路线是否有陷阱或易失误之处？此外，增进首攀能力的另一个重点则是分散疲劳的技巧。为了在肌肉硬化时仍能借休息将乳酸排除并恢复体力，便须掌握力竭的时间。为此，应从宏观角度审视后续路段，以变换握法延缓疲劳的到来，如交替使用不同手指或以拇指分担四指的负荷。

（二）微观思考

在攀登困难路段时，须以微观思考代替宏观思考。此时无论是肌力动员还是技巧施展皆处于临界点，攀岩者唯有摒除杂念，方能突破眼前"瓶颈"。在此关键时刻，须全然忽略绳索、确保或坠落恐惧感等因素，并拥有良好的自我控制力及处理危机的能力。所谓自我控制力，是指对自身体能的了解程度。以肌肉硬化为例，高手由于明了自我极限，可冷静面对此预警信息，但对新手而言，便可能将其理解为坠落的前兆。至于处理危机的能力，则是指危急时刻的反应敏捷度。正是由于这片刻的坚持，激发完成攀登的斗志。其中，参加比赛可说是微观思考的最佳训练方式。由于比赛时，即使无法"完攀"，一步的差距也可能扭转排名。所以选手即使力竭，也会为争取佳绩多攀一个点，从而发挥潜能，排除其余消极因素的影响。

（三）首攀能力的训练

因为首攀能力取决于反应力与判断力，所以只有多攀登新路线才能进步。攀爬固定路线虽可锻炼肌力，但由于熟悉攀登姿势，无须费神思考，将大大减少练习者的路线观察能力。为此，必须时常变更攀岩地点与岩质，避免使用特定的攀登姿势与技巧。此外，速度攀登或随机指点训练也可提升选手的反应力与判断力。

四、比赛战术

（一）胜负观

攀登者比赛时的攀登与平日攀登的心理变化的最大差别在于如何正确处理成功与失败的心理压力。而此压力对攀岩者究竟是动力还是阻力，则须视个人的理解与意志力而定。有人不认同比赛，认为其竞争性全然违背攀岩的基本精神。不过也有人认为无论比赛中有多少竞争者，最重要的是战胜自我，并将自己最佳的一面表现出来。换言之，比赛的最大竞争压力并非来自对手，而是自己。这一认知虽不能全然驱除比赛压力，但却是建立正确观念的第一步。

（二）赛前热身

赛前热身的目的，不仅在于提升体温以使生理状况处于最佳状态，更是为了使神经系统习惯于攀登动作。因此，赛前热身必须与实际攀登结合，将协调性与技巧融入热身运动。由于肌肉的离心收缩可刺激最大动员力，建议采用上下攀的方式热身，以使最大肌力得到最好地发挥。

（三）选定目标

每个人参赛皆有其动机，但无论是战胜对手还是挑战自我，皆须选定参赛目标。唯有选定目标，方能集中精神，坚持理想。然而在难度攀登的竞赛中，选手无法得知对手的表现及定线员的意图，因此究竟应以提升名次为目标还是以完成攀登路线为目标，便是一大难题。虽然目标因人而异，但若能根据自身的优缺点选择战略性目标，便能在难关前集中注意力，排除消极因素。另外，比赛时亦可选定某些战术性目标，以自我提醒的方式，弥补原有动作缺失，避免因紧张而失误。举例而言：别忘了"深呼吸"可使心情放松；记得"侧上、利用板面"等则可增加攀登的流畅性。不过，选择的目标数量不要过多，否则将会分散注意力。

（四）仿真赛时情境

在与竞赛相仿的环境下进行训练非常重要。倘若比赛时必须连续攀爬 5 条持续 10 min 的路线，平日训练便不能在每攀完一条路线后做长时间休息。

（五）恶劣环境训练

许多运动员为了切实仿真赛时的情境，而选择在最恶劣的环境下训练。如：排球选手刻意将球网拉高，以增进自身弹性；攀岩选手选择在烈日下训练，以适应在大热天举办的比赛。此种融入所有负面因素的战术训练，可使选手在赛时全神贯注，并坦然面对任何考验。

第四节　攀岩竞赛规则介绍

一、总则

1. 岩壁

（1）国际竞技攀登委员会（ICC）授权的所有比赛都必须在专门设计的人工岩壁上进

行,建议每条路线宽度至少3 m,高度至少12 m,路线长度至少15 m。

(2) 整个岩面均可用于攀登,但用于固定支点的螺丝孔不能用。

(3) 岩壁的侧缘和顶缘不允许攀登。

(4) 若需在岩壁上把某条路线与其他路线划分开,则界限必须连续且清晰可辨。

(5) 路线的起点必须清楚地标明。

2. 比赛形式

(1) 定义。(A) 难度赛:先锋攀登、下方保护方式,参赛者按规定顺序依次挂锁所到达的高度(若在横移或屋檐部分,则以沿路线方向的最大长度计)确定其在某轮比赛的名次;(B) 难度对抗赛:采用一般难度赛同样的技术规则,但决赛轮则以速度赛的决赛轮相同的淘汰方式进行;(C) 速度赛:上方保护方式,参赛者以完成路线的时间确定其在某一轮次的名次;(D) 攀石赛:由一系列以个人技术攀登的疑难路线组成。从安全方面考虑,每一疑难路线以保护(上方或下方)或无保护方式进行攀登,参赛者以取得的累积分数确定其在某一轮次的名次。

(2) 难度赛和难度对抗赛进行路线攀登的方式。(A) 在规定的路线观察后进行攀登;(B) 在指定定线员示范后进行攀登;(C) 在指定练习后进行攀登。

(3) 速度赛在指定定线员示范后进行攀登。

(4) 国际比赛可包括难度赛、难度对抗赛、速度赛和攀石赛等不同项目,但并非所有的国际比赛都进行每一个项目的比赛。

3. 安全性

安全事项按第二章国家协会竞赛组织规则的第五条执行。

4. 签到与隔离区

(1) 所有有资格参加比赛的运动员均须签到且按时进入隔离区,进入隔离区的具体时间由裁判长确定,由比赛主办者宣布。领队负责向运动员通知所有有关比赛的细节,所有运动员和代表队官员不准带手提电话进入隔离区。

(2) 只有下列人员才能进入隔离区。(A) ICC官员;(B) 国家协会或主办官员;(C) 有资格参加当前轮次比赛的运动员;(D) 指定的代表队官员;(E) 裁判长特别指定的人员,这些人在隔离区停留期间须由指定官员护送、监督,且须保证隔离区的安全,防止任何无故扰乱秩序、干扰运动员的情况发生;(F) 不允许动物进入隔离区。

5. 路线观察与练习

(1) 路线观察期间。除非有另外有关难度赛、难度对抗赛、速度赛和攀石赛的特别规定,应允许有资格参加某轮次比赛的运动员在比赛开始前观察并研究路线。在路线观察期间不允许领队陪同运动员。在观察区,所有运动员须遵守隔离区的规定。

(2) 观察时间由裁判长与定线员商定后宣布,每条路线不得超过6 min。

(3) 运动员必须在规定的区域观察路线。不得攀爬岩壁,不得站在装备或装置上,不得以任何形式与观察区外的任何人联络。若有疑问,只能向裁判长或项目裁判咨询。

(4) 在观察时间内,运动员可使用望远镜观察路线,可手画草图或记录,不允许使用其他观察和记录工具。在双脚不离开地面的情况下运动员可抓握第一个支点。每个运动员应在规则控制范围内独立了解攀爬路线所需要的全部信息。

(5) 除正式观察时间外，运动员不能通过其他任何途径获取任何有关比赛路线的信息。

(6) 观察时间结束后，运动员应立即回到隔离区。根据第六章比赛处罚规定，对任何无故拖延者将立即给予"黄牌"警告，若仍进一步拖延将立即取消其比赛资格。

(7) 练习（攀登）路线。对比赛的练习（旧）路线，裁判长与定线员协商后决定时间表、程序和运动员练习时间的长短。

6. 攀登前的准备

(1) 当得到离开隔离区进入过渡区的正式指令时，除指定官员外，运动员不能由任何人陪同。

(2) 到达过渡区，每一运动员应穿上攀岩鞋，用认可的绳结系好绳子，做好攀登前的一切准备。

(3) 运动员进入路线攀登前所有使用的装备和绳结须经指定官员检查、确认，安全且符合 ICC 规则规定。

(4) 运动员得到指令时应随时准备离开过渡区进入赛区。任何的无故拖延都会得到"黄牌"的警告，进一步拖延将根据第六章比赛处罚规定，取消其比赛资格。

7. 岩壁维护

(1) 主定线员须保证有一个熟练的岩壁维护组，每轮比赛都随时在赛场待命，以便项目裁判要求进行岩壁维护和修复时有效且安全地工作，严格执行安全规定，裁判长有权开除赛区内未遵守安全规定的任何工作人员。

(2) 修复支点。得到项目裁判的指示，主定线员应立即安排修复工作。修复后，定线员检查并向裁判长说明是否对后续比赛的运动员产生不公平的获益或不利。由裁判长做出继续、中止或重新比赛的决定，此决定是该轮比赛的最终裁决，且不受理对此决定的任何申诉。

(3) 清理支点。应由项目裁判（与定线员协商后）在每轮比赛之前确定清理岩上支点的次数和方式，并在观察路线之前的技术会上向运动员宣布。

8. 技术故障

(1) 技术故障的定义为：（A）对运动员有帮助或是有妨碍地拉紧绳子；（B）损坏或松动的支点；（C）位置不当的快挂或铁锁；（D）在比赛中发生的造成对运动员不利或不公平的获益的其他任何情况。

(2) 保护员须始终保持绳子的适当松紧度，拉紧绳子会被认为是对运动员的人为帮助或妨碍，项目裁判应判其为技术故障。

(3) 技术故障应做如下处理。（A）若技术故障由项目裁判裁定：①若运动员愿意且位于正当位置，可选择继续攀登或接受技术故障。若运动员选择继续攀登，以后将不受理与此技术故障有关的进一步申述；②若运动员因技术故障处于非正当位置，项目裁判应立即决定是否宣布为技术故障而因此终止运动员的路线攀登（根据处理技术故障的规定，允许运动员随后攀登）。（B）若技术故障由运动员申明：①运动员攀登时须判断技术故障的性质，经项目裁判同意可继续攀登或停止攀登。若运动员决定继续攀登，将不受理对该技术故障进一步申述。若运动员因技术故障而处于非正当位置，项目裁判应立即做出裁决且为最终裁决；②若运动员脱落并声明由技术故障造成，应马上护送到特别隔离区等待调查结果。主定线员应立即检查（并进行合适的纠正），并汇报给国际定线员、项目裁判和裁判长。裁判长的决定（充分考虑技术故障，还是运动员错误使用支点）将是最终裁决，且不受理对此任何进一步的申诉；③确遇技术故障的运动员在独立隔离区允许有恢复时间，但不允许接触除 ICC 或组织官员之外的任何人。运动员须立即决定何时开始其下一次攀登。其攀登应紧接着下一个运动员之后和第 5 个运动员之前进行；若后面的运动员人数少于 4 人，则最多只有 20 min 的休息时间。

9. 赛后排名

每轮难度赛、难度对抗赛、速度赛和攀石赛之后的排名根据各比赛形式的相关规定执行。

10. 攀登路线的终止

（1）运动员攀登路线的结束根据各比赛形式的相关规定执行。

（2）在不违反终止规定的情况下，运动员任何时候都可在其攀登路线上任意向下攀登。

二、难度赛规则

1. 前言

（1）该规则应与国际攀岩比赛的 ICC 总则连用。

（2）所有难度赛参赛运动员应用下方保护、以先锋攀登的形式进行比赛。

（3）若符合难度规则和规定，并且运动员以正当位置安全地把绳子扣入最后一个快挂的铁锁，则视为完攀路线。

2. 参赛人数和出场顺序

（1）除特别规定的比赛（如世界杯比赛）以外，在一条路线上进行的比赛（除决赛和超霸赛），运动员的出场顺序随机决定。

（2）若一轮比赛（除决赛和超霸赛）在两条或两条以上的路线上进行，运动员按如下规定分配到不同路线上。

①两条或两条以上难度相似的路线上的第一轮比赛，运动员随机分配到各路线；②两条或两条以上难度相似的路线上的次轮比赛，运动员以他们在前一轮比赛的名次交叉分配于各路线。如前一轮排名 1、2、3、4 的运动员将把 1、3 分配到 A 路线，2、4 分配到 B 路线。分配完后，各路线的运动员出场顺序将随机排列。

（3）决赛。出场顺序为半决赛排名的反向顺序。若按倒序排列后运动员名次仍为并列，则并列运动员的出场顺序随机确定。

（4）超霸赛。出场顺序与决赛相同。

3. 路线观察

（1）与总则一致，允许运动员（作为一个组）观察首次公开的比赛路线。

（2）超霸赛由裁判长决定是否进行路线观察。

4. 攀登程序

（1）每条路线给予规定时间，在规定时间里运动员进行攀登。规定时间还包括运动员在路线底部 40 s 的最后准备时间。

（2）当进入岩壁下的比赛区时，运动员应立即跨过正式起点线。项目裁判此时便开始计时。每名运动员有 40 s 的时间准备开始其路线的攀登。若运动员在 40 s 结束时尚未开始其路线攀登，指示其立即起步。40 s 的最后观察时间是路线总时间的一部分。任何进一步的拖延将按比赛处罚规定进行处罚。

（3）双脚离地则视为运动员的攀登已经开始。

（4）在其攀登过程中的任何时候，运动员可向项目裁判询问比赛剩余时间，项目裁判应立即通告。在规定时间的最后 60 s 时，项目裁判也应通知运动员。当路线时间结束时，项目裁判应终止运动员的攀登，并指示进行高度测量。若运动员未服从项目裁判停止攀登的指令将按比赛处罚规定进行处罚。

（5）在攀登过程中。

①每名运动员应按顺序依次连接每一个快挂或铁锁。运动员应在身体最低部位超过连接绳套的铁锁之前把绳子扣入每一铁锁（在路线上横移或在屋檐部分，沿定线员确定的路线方向上，运动员身体超过未连接的铁锁或快挂之前）。违反该规定将导致运动员路线攀登的终止，并按第五条的规定测量高度。若运动员拒绝项目裁判终止其路线攀登的指令，将按处罚规定进行处罚。

②特殊情况下（如安全因素）裁判长有权对特殊路线修正上述的规定，运动员无须下攀或回攀便能够扣快挂的最后一个支点为该处的正当位置。

③只要不违反规定或回到地面，运动员可以在路线的任意一点下攀任意长的距离。

④若运动员按上述的规定把绳子扣入快挂但发生了技术操作错误时，允许运动员按顺序扣入下一个铁锁，然后取出前一个铁锁中的绳子并重新扣入（若需要时，允许下攀）。最后，所有保护点的快挂须扣入绳子。若认为继续攀登可能违反安全规定，项目裁判可以命令其终止攀登并测量高度。

5. 高度测量

（1）符合下面第 8 条的规定，在发生脱落或项目裁判终止比赛时，沿定线员确定的路线方向测量抓握或触摸的最高支点（在路线的横移或屋檐部分，抓握或触摸的最远支点）。每一支点系指定线员在某轮比赛之前确认、运动员在比赛中确实要使用的。

（2）只有手点才计成绩。握点（held）比触点（touched）的排名高，由项目裁判判定。

①握点的高度成绩无后缀。

②触点的高度成绩后缀为减号"－"。

③握点并从该支点沿攀登路线有攀登的动作，高度成绩后缀为加号"＋"。若运动员触摸没有支点（由定线员指明）的位置，该位置不计入最高高度成绩（若为横移或屋檐部分，则以最大长度计算）。

6. 每轮比赛的排名

（1）每轮比赛之后，运动员进行排名。

（2）并列情况运动员倒计排名，即根据前一轮比赛的成绩区分本轮并列运动员的名次。若按此方法仍存在并列，则继续倒计前推。倒计方法不适用于分为两组、在两条或多条不同路线上进行比赛的运动员之间。

（3）当未另外制定比赛形式时，若资格赛需要把运动员分配至两条或多条同等技术难度、不同路线进行比赛时，未取得下一轮比赛资格的运动员的最终名次结合路线排名进行排列。

（4）超霸赛。若决赛运用倒计方法后第一名存在并列情况则需进行超霸赛；若超霸赛结束后运动员仍并列，则视为成绩相同并结束比赛。

7. 每轮比赛选手的名额

（1）本条款须与上面的第6条连用，即本条款执行之前必须首先完成运动员的排名。

（2）在前面一轮比赛中完攀路线的运动员数量不足时，固定名额的剩余席位应由后面最好成绩的运动员补足。

（3）获半决赛和决赛资格的运动员固定名额分别为26名和8名。

（4）半决赛和决赛的浮动名额若运用倒计方法后，半决赛和决赛因名次并列而超过了固定名额，最接近固定名额（从上、下计算）的运动员取得下一轮比赛的资格，半决赛和决赛的运动员分别不得少于20名和6名。浮动名额不适用非等同的两条路线上进行的比赛。

若取得决赛运动员的数量因名次并列而超过固定名额，而且运用倒计方法后计算的结果相同，高限额数量的运动员获得决赛资格。

特殊情况下（如电视现场转播的需要）可采用低限额，该决定应与组办者协商后由裁判长在赛前技术会上宣布。

8. 路线攀登的终止

（1）完攀路线。运动员完成的攀登符合1、3条款的规定则视为完攀。

（2）未完攀路线。在下列情况下，运动员视为未完攀路线：

①脱落。

②超过路线攀登的规定时间。

③触到标明的路线界线以外岩面的任何部位。

④使用岩壁侧缘或顶缘。

⑤未按规则规定连接快挂。

⑥已经起步后，身体任何部位触到地面。

⑦使用人为辅助。

第十七章 健美操

第一节 健美操概述

健美操是集音乐、舞蹈、体操、美学于一体的新型体育项目。他以其自身固有的价值和魅力，风靡世界，深受广大青年学生及群众的喜爱。目前，健美操已列入我国学校体育教学大纲，成为学校体育教学的主要教材。

一、健美操运动的概念

健美操是在音乐的伴奏下，以身体练习为基本手段、以有氧运动为基础，达到增进健康、塑造体形和娱乐目的的一项体育运动。

健美操起源于传统的有氧健身运动，是有氧运动的一种。他通常采用徒手和器械进行练习，是在氧供应充足的情况下，以人体有氧系统提供能量的一种运动形式，其运动特征是持续一定时间的、中低强度的全身性运动，主要锻炼练习者的心肺功能，是有氧耐力素质的基础。

近年来，随着健身运动的不断发展，人们对健身的理解进一步加深，知识水平和健身的科学化程度不断提高，对健身的需求也更加多样化和个性化，因此出现了多种新的健身形式，如近年来兴起的水中健美操和利用移动器械的肌体力量练习，以及在特殊场地进行的固定器械的有氧练习等。这些新的健身形式使健美操运动的内容更加丰富，适合的人群更加广泛，健身的效果更好，同时降低了运动损伤的可能性。健美操运动正是在此大环境下得到了迅速发展，呈现出更加多样化和科学化的发展趋势。

健美操运动从促进人体健康的角度来说，具有良好的作用，尤其是对于控制体重、减肥、改善体形体态、提高协调性和韵律感具有良好的效果。

健美操运动发展历史虽然不长，但已深受广大群众的喜爱。健美操不仅突出动作"健"和"力"的特点，而且更强调"美"。将人体语言艺术和体育美学融为一体，使健美操成为一个极具观赏性的体育运动项目。随着现代物质文明的提高，人们花钱买健康的观念不断增强，健美操运动在我国越来越受到欢迎，已成为人们现代文明生活不可或缺的组成部分。

二、健美操的分类

按照国内外的惯例，健美操运动分为健身性健美操和竞技性健美操两类。

（一）健身性健美操

健身性健美操练习的主要目的是锻炼身体、保持健康。健身性健美操的动作简单，实用性强，音乐速度也较慢，且为了保证一定的运动负荷和锻炼的全面性，动作多有重复，并均以对称的形式出现。健身性健美操的练习时间可长可短，在练习的要求上也可以根据个体情况而变化，严格遵循健康、安全的原则，防止运动损伤的出现，在保证安全的基础上，达到锻炼身体的目的。

健身性健美操按练习形式则分为徒手健美操、轻器械健美操和特殊场地健美操三大类。

徒手健美操包括传统意义上的一般健美操和为满足不同人群兴趣和需求的各种不同风格的健美操。传统意义上的一般健美操目前仍很受欢迎，其主要练习目的是提高心肺功能和人体的有氧代谢能力。随着社会的发展和生活水平的提高，人们健身的需求越来越多样化，近年来出现了多种新的徒手健美操练习形式，如正在国内外流行的拳击健美操和搏击操，其主要练习目的是增强肌肉的力量、弹性与身体的柔韧性，尤其是搏击操练习对腰腹有特殊的效果。其传统形式多以群体练习为主，动作变化丰富，规律性不强，不仅能提高学员的协调能力，而且能调节学员的心理，因此深受年轻人的喜爱。

器械健美操是利用轻器械、以力量练习为主的一种有氧健美操。器械健美操利用各种可移动的轻器械进行练习，既增强了健身的效果，同时也使健美操的练习形式更加多样化。目前利用轻器械的集体力量练习是世界范围内最受欢迎和发展最快的健身项目，力量练习的主要目的是使练习者保持和发展良好的肌肉外形、增强肌肉力量和防止肌肉退化，从而延缓衰老，使人更强健。如踏板健美操加大了腿部的运动负荷，增加了运动量，但减轻了对下肢关节的冲击力，同时也使动作更加多样化；而哑铃操、橡皮筋操、健身球操等可锻炼到全身的每一个肌肉群，有效地提高肌肉力量，尤其是上肢力量，弥补了徒手健美操的不足。

特殊场地健美操以其特殊的功效目前在国外发展很快，但在国内还较少开展，目前我们了解到的有水中健美操和固定器械健美操。水中健美操是目前国外非常流行的一种独特的健美操练习形式，它可以减轻运动中地面对膝、踝关节的冲击力，有效减少关节的负荷，并利用水的阻力以及水传导热能快的原理提高练习效果，达到锻炼身体和减肥的目的，因此深受中老年人，康复病人和减肥者的喜爱。固定器械健美操，如功率自行车等，则固定在某一处（地面或水中任何地方），学员可根据自己的需要进行练习，达到锻炼身体的目的。

（二）竞技性健美操

竞技性健美操是在健身性健美操的基础上发展而产生的，其主要目的是"竞赛"。目前国际上规模较大的竞技健美操比赛有国际体操联合会（FIG）组织的"健美操世界锦标赛"；国际健美操冠军联赛（ANAC）组织的"世界健美操冠军赛"；国际健美操联合会（IAF）组织的"健美操世界锦标赛"。我国正式的竞技健美操比赛有"全国健美操锦标赛""全国健美操冠军赛"和"全国青少年锦标赛"。竞技健美操比赛的项目有男单、女单、混双、3人和6人。

目前世界上较为公认的竞技性健美操的定义是"竞技健美操是在音乐伴奏下，完成连续复杂的和高强度动作，该项目起源于传统的有氧健身舞。"竞技性健美操以成套动作为表现形式，在成套动作中必须展示连续的动作组合、柔韧性、力量与7种基本步伐的综合使用并结合难度动作的完美完成。竞技性健美操在参赛人数、比赛场地和成套动作的时间等上面都必须严格按照规则进行。规则对成套的编排、动作的完成、难度动作的数量等也都有严格的规定。

由于竞赛的主要目的就是取胜，因此在动作的设计上更加多样化，并严格避免重复动作和对称性动作。近年来，运动员为争取好成绩，均在比赛的成套中加入了大量的难度动作，如：各种大跳成俯撑、空中转体成俯撑等，这样对运动员的体能、技术水平和表现力等提出了更高的要求。

除了健身性健美操和竞技性健美操，在我国还有一种表演性健美操。表演性健美操的主要练习目的是"表演"，它是事先编排好的、专为表演而设计的成套健美操。时间一般为 2~5 min。表演性健美操的动作较健身性健美操动作复杂，音乐速度可快可慢，为了保证一定的表演效果，动作较少重复，也不一定是对称性的。参与人数不限，并可在成套中加入队形变化和集体配合的动作。表演者可以利用轻器械，如：花环、旗子等，还可采用一些风格化的舞蹈动作，如：爵士舞等，以达到烘托气氛，感染观众，增加表演效果的目的。

因为表演性健美操的动作比健身性健美操动作复杂多变，所以对参与者的身体素质要求较高，不仅要具备较好的协调性，还要有一定的表演和集体配合的意识。

三、健美操的运动作用

（一）增强体质，增进健康

经常从事健美操锻炼，对身体许多器官、系统都会产生良好的影响。长期参加健美操锻炼可以使心肌增厚，心腔容量增大，血管弹性增强，进而提高心脏的功能，使心搏有力，心输出量增加，从而提高全身供氧能力。

健美操锻炼对呼吸系统的技能也有良好的影响。它能提高呼吸深度，增加每次呼吸时的气体交换量，这既有利于呼吸肌的休息，又可提高呼吸系统的功能储备，从而保证在激烈运动时满足气体交换的需要，提高机能水平。

健美操锻炼还能提高消化系统的机能。因为肌肉活动可消耗大量能量，加之健美操的髋部全方位活动较多，刺激了肠胃蠕动，可增强消化机能，有助于营养物质的吸收和利用，从而提高对疾病的抵抗能力。

经常进行健美操锻炼，还可以提高关节的灵活性，增强肌肉和结缔组织的弹性。

（二）改善体形，塑造形体美

形体分为体态和体形。姿态是我们平时的一举一动表现出来的行为习惯，受后天因素的影响较大。而体形则是我们身体的外貌，虽然体育锻炼可以适当改善体形外貌，但相对来说，遗传因素起着决定性的作用。

良好的身体姿态是形成一个人气质风度的重要因素。健美操练习的身体姿态要求与我们日常生活中良好姿态的要求基本一致，因此，通过长期的健美操联系有益于肌肉、骨骼、关节的均匀和谐发展，有利于改善不良的身体姿态，形成优美的姿态，从而在生活中表现出一种良好的气质与修养，给人以朝气蓬勃、健康向上的感觉。

健美操运动还可以塑造健美的体形。健美操练习，尤其是力量的练习，可使人体变得匀称健美。另外，健美操练习还可以消除体内和体表多余的脂肪。人体内脂肪的消耗是很多因素造成的，最重要的一点就是新陈代谢的快慢，而有氧操的强度不大，并可以持续较长时间，能消耗体内多余的脂肪，维持人体吸收消耗的平衡，降低体重，保持健美体形。

（三）调节心理活动，陶冶美好情操

健美操是在音乐伴奏下进行的身体练习。通过健美操练习，不仅能形成美的体魄，而且对人的心理状态也有良好的影响。通过优美明快的音乐节奏、活泼愉快的形体动作，使人陶醉在美好的韵律中，很快排除心理上的紧张与烦恼，身心得到了全面调节，精神面貌和气质修养都会有所改善和提高。特别是健美操是一种群体活动，在集体场所进行，能使练习者体验到个人与集体的关系，把"我"置于"我们"之中，起到协调人与人之间关系的作用。通过集体配合练习，还有助于增进友谊、结交朋友、提高群体意识。

（四）提高神经系统机能，发展身体素质

健美操是在中枢神经系统的支配调节下进行的。反过来，通过健美操锻炼也能提高中枢神经系统的机能水平。它能够提高神经过程的强度、集中能力、均衡能力和灵活性，使人的视野广阔，感觉敏锐，分析综合能力增强，生命力旺盛。同时，还可以提高人体的全面身体素质。健美操是一项要求力度和幅度的身体练习，经常参加健美操运动可使肌肉的力量得到增强，肌腱、韧带、肌肉的弹性得以提高，从而发展了人体的力量和柔韧素质。体育锻炼中肌肉经常要工作到极限，产生酸痛和疲劳，而健美操是在强劲的音乐伴奏下进行的，可以使人忘我投入，在不知不觉中提高了身体的多方面素质。健美操动作的路线、方向、速度、类型、力度等不断变化，可以加强人的动作记忆和再现力，提高神经系统的灵活性和均衡性，全面发展人的协调性。

健美操是具有较强艺术性的运动项目，经常从事该活动，可以增加节奏感、韵律感，提高认识美、鉴赏美、表现美、创造美的能力。

第二节　健美操的发展趋势

一、健身性健美操的发展趋势

（一）人们健康意识的增强将使得健身健美操的市场前景更加美好

随着知识经济的发展和生活水平的提高，现代人们的生产和生活方式发生了巨大的变化，其特点是体力活动减少，脑力劳动增加，工作和生活的压力加大。这种情况引发了各种文明病、都市病的流行与蔓延，使人们意识到健康的重要性，对健身的需求日趋强烈，从而加快了社会体育的发展。体育成为满足人们肢体运动、心理调节和情感依赖的主要手段。

另外，随着生活水平的普遍提高，人们可以从日常开支中拿出一部分钱来投资体育活动，花钱买健康的观念逐渐深入人心，健身运动已成为人们的时尚消费。

健身健美操作为社会体育的重要组成部分，以其独特的魅力和功能特点受到人们喜爱,因此,在这种社会大环境下,健身健美操的市场前景将更加广阔。

(二)健身健美操的种类和练习形式将更加多样化

为不断满足健身锻炼者的各种需求,目前,健身健美操的种类和练习形式呈多样化的趋势,如:各种器械健美操和近年来出现的水中健美操,以及一些正在流行的特殊风格的健美操。这些新兴练习形式的出现主要是因为每个参加锻炼的人的年龄、性别、身体状况、健康水平和所要达到的目的是不同的。因此,健美操要寻求自身的发展,最大限度地适应市场发展的需要,就必须不断地满足人们的不同需求。

(三)健身健美操练习的科学化程度将不断提高

首先,科学化是保证健身健美操练习效果的关键。不科学的练习方法不仅导致锻炼没有效果,而且还可能引起运动损伤。因此,只有不断提高科学性,才能使参加健美操练习的人真正达到有效地锻炼身体的目的。

其次,科学化也是健美操运动自身发展的需要。随着科学素质的不断提高,人们不再满足于只是活动一下、出一身汗的锻炼形式,而是寻求更加科学化的健身方式。是否科学、是否能真正达到锻炼身体的目的是人们选择健身项目的一个非常重要的考虑因素。因此,只有不断提高科学化程度,健美操项目才有发展,才能有市场。

(四)激烈的市场竞争将更加注重健身指导的服务质量

现代健身场所可以说是现代人类文明高度发展的产物,也是人们花钱买健康的理想方式。各类健身场所的不断增多,极大地刺激了健身市场的竞争性。现代健身场所的经营最终通过服务才能实现,服务质量的高低,直接关系到大众健身的质量和经营者的经济效益,同时,也必将影响健身市场的兴衰。所以,为健身消费者提供及时、优质、高效的服务,从而使客人达到预期的健身目的,提高健身指导的服务质量,包括服务礼貌、服务标准和服务程序,已成为推动健身俱乐部发展的至关重要的因素。

二、竞技健美操的发展趋势

(一)更加注重艺术性创新

竞技健美操是一项艺术性极高并要求不断创新的运动项目。在2001—2008年的《国际竞赛规则》中,创造性在成套动作中占2分,明确要求成套动作必须要有创造性。动作的编排、过渡连接及空间的使用和转换的流畅性都是艺术性创新的具体体现。艺术性创新要求成套动作的编排要新颖和多样化,体现音乐的风格、动作和运动员的表现之间的完美结合。艺术性创新将是竞技健美操未来发展的极其重要的部分,运动成绩的好坏将很大程度上取决于此。创新则兴,不创新则衰,因此,未来竞技健美操将更加注重艺术性创新。

(二)动作技术的完成将更加完美

2001—2008年的《国际竞赛规则》虽然对难度动作的技术完成标准和难度动作的要求降低了,却对动作的技术完成质量提出了更高的要求,同时对成套动作中出现的不同程度的错误进行累积减分,大大加重了动作完成质量的扣分尺度。因此,动作的完美完成将是运动员的技术和竞技水平的具体体现,是取得优异成绩的根本。

(三) 难度动作向多样化方向发展

2001—2008 年的《国际竞赛规则》将难度动作重新进行了分类并确定了各个难度的价值。新规则把难度动作分 4 大类、10 个组别，难度动作价值分为 0.1～1.0 分，包括预期的难度动作。在全面提高难度动作的分值和降低难度动作技术完成的标准以及减少难度动作数量的同时，对超过 12 个难度动作、超过 6 次地面动作、超过 2 次成俯撑落地、难度动作重复等方面都要进行减分，这意味着难度动作的选择将向着更加多样化的方向发展。

第三节　健美操基本动作

一、基本步伐

基本步伐是健美操动作中最小的单位，是健美操练习的一个重要部分，通过基本步伐的练习，能培养练习者的协调性、韵律感。

(一) 低冲击步伐

第一类：踏步类

动作描述：此类动作两脚依次抬起，在下落时膝、踝关节有弹性地缓冲。

动作变化：(图 17-1)

踏步、走步、一字步、V 形步、曼步。

图 17-1　踏步类步伐的动作变化

第二类：点地类

动作描述：此类动作两腿有弹性地屈伸，点地时，主力腿稍屈，另一腿伸直（脚尖或脚跟点地）。

动作变化：（图17-2）

脚尖前点地，脚跟前点地；

脚尖侧点地，脚尖后点地。

图17-2 点地类步伐的动作变化

第三类：迈步类

动作描述：此类动作是指一脚先迈出一步，同时移动身体重心，另一脚点地、并步或抬起的动作。

动作变化：（图17-3）

并步，迈步点地；

迈步屈腿，迈步吸腿；

迈步弹踢，侧交叉步。

图17-3 迈步类步伐的动作变化

第四类：单脚抬起类

动作描述：此类动作支撑腿有控制地稍屈膝弹动，另一腿以各种形式抬起，同时收腹、立腰。

动作变化：（图 17-4、图 17-5）

吸腿，踢腿，弹踢，后屈腿。

图 17-4　单脚抬起类步伐的动作变化（1）

图 17-5　单脚抬起类步伐的动作变化（2）

(二) 高冲击步伐

第一类：迈步跳起类

动作描述：此类动作是指一脚迈出，重心移动，跳起，单脚或双脚落地。

动作变化：（图17-6）

并步跳；迈步吸腿跳；迈步后屈腿。

图17-6 高冲击步伐的动作变化

第二类：双脚起跳类

动作描述：此类动作是指双脚起跳、双脚落地的动作。

动作变化：(图 17-7 ~ 图 17-9)

并腿纵跳；分腿半蹲跳；开合跳；并腿滑雪跳；弓步跳。

图 17-7 双脚起跳类步伐的动作变化（1）

图17-8 双脚起跳类步伐的动作变化（2）

图17-9 双脚起跳类步伐的动作变化（3）

第三类：单脚起跳类

动作描述：此类动作是指先抬起一脚、另一脚起跳的动作。

动作变化：（图17-10）

吸腿跳；后屈腿跳；弹踢腿跳；摆腿跳。

图 17-10 单脚起跳类步伐的动作变化

第四类：后踢腿跑类
动作描述：此类动作是指两腿依次蹬地离开地面，轻快跑跳。
动作变化：（图 17-11）
后踢腿跑；侧并小跳（小马跳）。

二、手型

健美操中手型有多种，它是从爵士舞、芭蕾舞、西班牙舞、迪斯科、武术等手型中吸收和发展的。手型的选择可以使手臂动作更加生动活泼。常见的手型有并掌、开掌、花掌、立掌、拳（图 17-12）。

图 17-11　后踢腿跑类步伐的动作变化

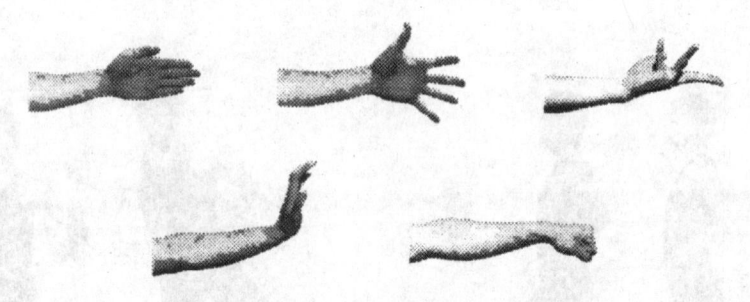

图 17-12　常见手型

第四节　健美操组合范例

以低冲击组合为例，低冲击组合共有两个 32 拍小组合动作，每个 32 拍的小组合均有右、左脚组合，即右脚先开始，32 拍组合动作结束时的最后一拍动作落在右脚上，接着左脚开始完成反方向的 32 拍组合动作。

组合 A

第 1 个 8 拍

表 17-1

| A1 ×8 | 1 | 2 | 3 | 4 | 5 | 6 | 7 | 8 |

续表

动作说明	步法	1—4	1—2 原地双膝弹动，3—4 由脚向前勾脚点地一次
		5—8	5—6 原地双膝弹动，7—8 左脚侧点地一次
	手臂	1—8	膝弹动时，双手叉腰，点地时，双手胸前击掌
	手形	1—8	自然
	面向		1 点

第 2 个 8 拍

表 17-2

A1 ×8				

动作说明	步法	1—4	右、左脚依次做并步，一拍一动，2 拍时右转 90°
		5—8	动作同 1—4，但 6 拍左转 90°
	手臂	1—8	两臂体侧屈肘前后摆动
	手形	1—8	拳
	面向		1 点开始，2 拍时右转向 3 点，6 拍时左转向 1 点

第 3 个 8 拍

表 17-3

A1 ×8				

续表

动作说明	步法	1—4	右脚向右前方走3步，4拍左膝抬起
		5—8	左脚向后退3步，8拍右膝抬起
	手臂	1—4	两臂体侧自然摆动，4拍胸前击掌
		5—8	两臂体侧自然摆动，8拍胸前击掌
	手形	1—8	自然
	面向		1—7向2点，8拍回到1点

第4个8拍

表 17-4

A1×8			

动作说明	步法	1—4	1—2右脚向侧迈步踏跳一次，同时左腿侧摆，3—4左、右踏两步
		5—8	左脚向左连续做侧跨步跳两次
	手臂	1—4	1—2两臂经胸前交叉向外绕环至体侧，3—4体侧自然摆动
		5—8	侧跨步跳时两臂侧举，6拍两臂胸前平屈，8拍还原
	手形	1—4	1—2掌，掌心向外，3—4拳
		5—8	掌，掌心向下
	面向		1点

组合 B
第1个8拍

表 17-5

A1×8			

续表

动作说明	步法	1—4	右脚"V"字步
		5—8	右、左腿依次做侧步后屈腿，同时向右转180°
	手臂	1—4	1拍右臂侧上举，2拍左臂侧上举，3拍击掌，4拍还原
		5—8	两臂体侧屈肘前后摆动
	手形	1—4	五指分开、掌心向前
		5—8	拳，拳心向内
	面向		1—5拍向1点，6—8拍向5点

第2个8拍

表 17-6

A1 ×8			
		1 　 2 　 3 　 4	

动作说明	步法	1—4	右脚开始侧交叉并步，第4拍左腿屈膝
		5—8	左脚做曼步一次
	手臂	1—4	两臂体侧屈肘前后摆动
		5—8	两臂自然前后摆臂
	手形	1—8	拳
	面向		5点

第3个8拍

表 17-7

A1 ×8	
	1　2　3　4　5—6　7—8

动作说明	步法	1—4	左脚做曼步转体180°
		5—8	左腿向侧一步成分腿半蹲，还原，两拍一动
	手臂	1—4	两臂自然前后摆动
		5—8	左臂胸前平屈，右臂侧平举
	手形	1—4	拳
		5—8	拳
	面向		5点开始，第2拍向右转至一点

第4个8拍

表 17-8

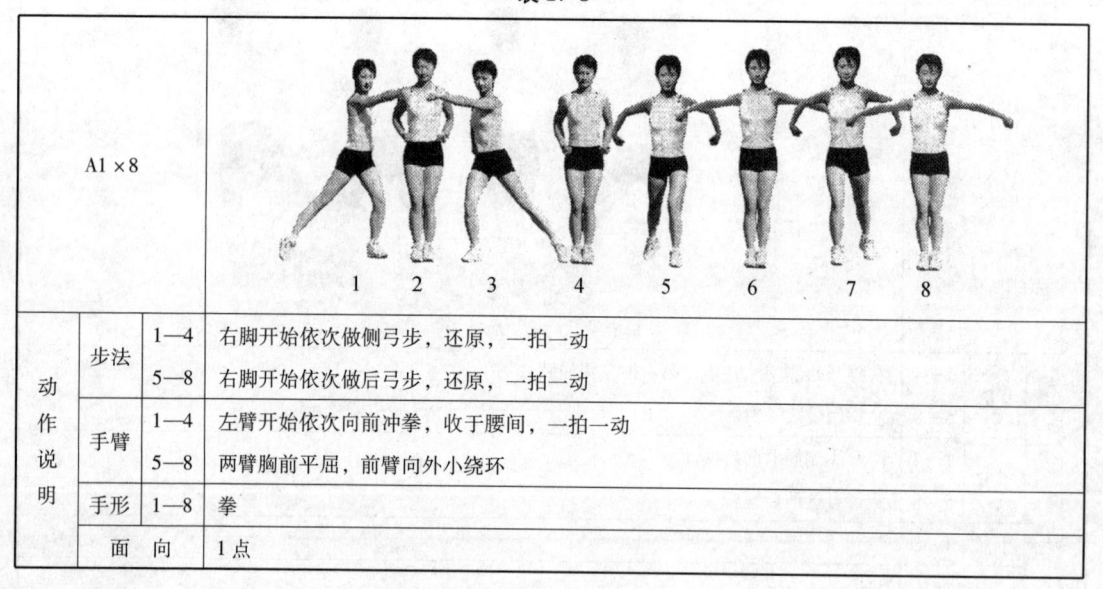

	A1×8		
动作说明	步法	1—4	右脚开始依次做侧弓步，还原，一拍一动
		5—8	右脚开始依次做后弓步，还原，一拍一动
	手臂	1—4	左臂开始依次向前冲拳，收于腰间，一拍一动
		5—8	两臂胸前平屈，前臂向外小绕环
	手形	1—8	拳
	面向		1点

第5个8拍动作同第4个8拍动作，但方向相反。

参 考 文 献

［1］高等学校体育与健康教育教材编委会．大学体育与健康［M］．北京：科学出版社，2012．
［2］高等学校教材足球教材编写组．足球［M］．北京：高等教育出版社，1997．
［3］全国体育院校教材委员会．排球［M］．北京：人民体育出版社，1999．
［4］丁承亮．大学体育与健康［M］．北京：科技出版社，1999．
［5］彭杰，孙大明，项立敏．大学体育理论教程［M］．徐州：中国矿业大学出版社，2002．
［6］任建生．心血管运动生理与运动处方［M］．北京：北京体育大学出版社，1996．